사례별로 본

실무해상법 · 해상보험법

서 동 희

法 文 社

머 리 말

이 책은 한국해운신문의 해사법률이라는 코너에 쓴 약 6년간 102회분의 칼럼을 모아서 발간하는 것이다. 해운업계의 다양한 관련 실무자들이 보는 신문에 연재하는 것이어서 철저하게 실무 위주로 글을 쓰게 되었다. 따라서 이론적인 깊이로 보면, 약할 것으로 생각된다. 그리고 신문에 쓴 글을 모은 것으로서 교정을 보기는 하였지만 여전히 내용에 일부 오류가 있을 것으로 생각한다. 그에 대하여는 독자들의 너그러운 이해를 구한다.

변호사로 일한 지가 금년으로 어언 21년이 되었다. 그 대부분을 해상법과 씨름하면서 보냈다. 어쩌다 해상법 전문 변호사가 되었는지 알 수 없는 노릇이다. 출생지가 항구나 포구도 아니고, 집안에 마도로스가 있었던 것도 아닌데. 그럼에도 불구하고 내가 해상법을 시작하게 된 것은 해상법의 특유한 매력 때문이었다. 해상법의 역동성, 국제적 성격 그리고 치밀한 이론 싸움에 매료되어, 다른 어느 법 분야를 부러워한 적이 없었다.

해상법을 배우고, 실제로 실무를 하여 본 것은 법무법인 한미(현재의 광장)와 김ㆍ장 법률사무소인데, 주로는 김ㆍ장 법률사무소의 8년간의 근무 경험이 해상변호사가 될 수 있었던 좋은 기회였던 것으로 생각한다. 그곳에서 장수길 변호사님, 정병석 변호사님, 최종현 변호사님으로부터 주로 배우고, 이진홍 변호사님께서 하는 일을 어깨 너머로 배운 것이 오늘의 지식을 쌓게 된 주된 밑거름인 것 같다. 이 기회에 김ㆍ장 법률사무소의 위 변호사님들께 감사를 드리고 싶다.

사실 이 책은 정식의 교과서가 아니다. 따라서 이러한 책에 머리말을 장황하게 쓴다는 것 자체가 어색하게 느껴진다. 그러나 나로서는 태어나서 처음 쓰는 책이므로 나름대로 감회가 깊다. 무엇보다도 나를 낳아 아무런 걱정거리 없이 중ㆍ고등학교를 잘 다니도록 하여 급기야 서울대학교 법과대학에 입학하게 하고, 이후 사법시험에 일찍 합격할 수 있게 하여 주신 어머니 박순례 여사에게 형언할 수 없는 감사의 마음을 드린다. 세상의 모든 어머님처럼 어머니는 나에게 너무나도 헌신적이셨다. 그리고 나의 일생에 빼놓을 수 없는 사람이 있다. 아내 유경은 행복한 가정이 무엇인지를 가르쳐 준 사람이고, 일생토록 내가 안정되게 변호사로서 실무를 하고, 연구를 하도록 옆에서 도와 준 사람이다. 사랑하는 아내 유경에게 어떻게 고마움을 표시하여야 할지 모르겠다. 그리고 같이 있는 시간을 거의 할애하지 못하였음에도 흐트러짐 없이 잘 커준 아들 지훈과 정훈에게도 이 기회에 사랑한다는 마음을 전하고 싶다.

아울러 한국해운신문의 해사법률 코너를 허락한 이철원 사장님과 김미득 차장님, 이 책이 나오는 데 수고를 많이 한 법무법인 정동국제의 식구들 모두, 그리고 법문사 담당자들과 특히 교정을 꼼꼼히 보아주신 김용석씨께 특별한 감사를 드린다.

끝으로 이번과 같은 책이 아닌 보다 체계화된 해상법을 써 보았으면 하는 나의 바람이 언젠가 이루어질 수 있기를 기대하며, 부족한 사람을 좋은 길로 인도하여 주시고 지금 이 순간까지도 보살펴 주시는 하느님께 감사를 드린다.

2007. 5. 22. 법무법인 정동국제 사무실에서

서 동 희

추 천 사

요즘 들어 '세계화'라는 말이 우리 사회의 가장 중요한 화두 중의 하나로 되었다. 세계화 시대에 우리나라가 생존과 번영을 계속하기 위해서 과연 어떠한 목표와 비전을 가져야 하는가 하는 문제에 우리 모두가 고민하고 있다. 그 해법 중의 하나로서 우리는 '블루 오션(blue ocean)'을 이야기 한다. 그러면 우리가 찾고 있는 '블루 오션'은 무엇일까. 나는 우리나라를 위한 가장 중요한 '블루 오션' 중의 하나는 말 그대로의 '블루 오션', 즉 '파란 바다'라고 생각한다. 우리나라는 역사적으로 신라시대 이래 해양 강국이었다. 또한 지정학적으로도 해양으로 진출할 수 있는 최적의 여건을 갖추고 있다. 이러한 역사적, 지정학적 배경을 바탕으로 현재 우리나라는 조선업이 세계 1위의 자리를 고수하고 있고 해운업이 세계 7, 8위를 다투는 해양 강국이 되어 있다. 이처럼 해양은 현재는 물론 미래에 있어서 우리나라의 생존 및 번영의 토대가 될 '블루 오션'이다.

이러한 '블루 오션'을 근거로 하는 우리나라의 해운업과 조선업을 법적으로 뒷받침하는 분야가 해상법(및 해상보험법)이다. 그러나 해상법은 일반인에게 생소한 분야임은 물론 법률전문가들에게조차 난해한 분야로 알려져 경원시되어 왔다. 이는 해상법 분야에 관하여 제대로 된 학문적 연구서나 실무적인 저서가 적었다는 점에도 그 원인이 있다. 그런데 이번에 서동희 변호사가 「사례별로 본 실무해상법 · 해상보험법」을 펴낸다는 반가운 소식을 들었다. 서 변호사는 법무법인 광장과 김 · 장 법률사무소의 변호사를 거쳐 현재는 법무법인 정동국제의 대표 변호사로서 20여년 이상 해상법 분야의 실무에 종사해 온 중견 변호사이다. 서 변호사는 실무가이면서도 대단히 학구적이어서 평소 꾸준히 해상법 분야를 연구해 온 것으로 알고 있다. 이번에 서 변호사가 저술한 「사례별로 본 실무해상법 · 해상보험법」은 실무상 자주 접하는 해상법과 해상보험법상의 여러 문제에 관하여 주제별로 어렵지 않게 풀이하는 한편 그러한 문제의 예방과 합리적인 해결을 위하여 해운업계의 담당자들이 유의하여야 할 점까지 상세히 언급하고 있어 실무자들에게 대단히 유용한 자료가 될 것임이 분명하다. 또한 이 책은 학문적인 연구서라기

보다는 실무적인 저서이기는 하나 이론적인 부분도 소홀하게 다루지 않고 있어 학문적인 연구의 길잡이가 되기에도 충분하다. 따라서 이 책이 해상법 분야에 대한 일반인 및 법률 전문가들의 이해를 높이고 우리나라의 해운업과 조선업의 발전에 크게 이바지하게 될 것임을 믿어 의심치 않는다.

이러한 역저를 펴낸 서 변호사의 노고를 치하하며 앞으로도 꾸준한 정진으로 해상법의 발전에 더 많은 기여를 할 것을 기대한다.

2007. 5. 28.

연세대학교 법과대학 교수
변호사 최 종 현

차 례

Ⅰ. *Cargo Claim*

Ⅱ. *Bill of Lading*

Ⅲ. *Marine Accident(Collision)*

Ⅳ. *Arrest, Arbitration, etc*

Ⅴ. *Marine Insurance*

Ⅵ. 외국법

Ⅶ. 부 록

I

Cargo Claim

001. Said To Contain 기재와 화물손상에 대한 손해배상책임

양하항에서 수하인이 화물을 인수했는데 화물의 손상이 발견된 경우, 수하인(화주)은 화물손상과 관련해 운송인에 대해 손해배상을 청구할 수 있는지 검토하게 된다.

수하인이 운송인에게 화물손상에 대한 손해배상책임을 추궁하려면, 무엇보다도 수하인은 운송인이 화물을 운송하는 구간에서 화물이 손상되었음을 증명해야 한다. 이를 위하여 수하인은 무고장 또는 무유보 선하증권(clean bill of lading)을 제시해 선적시 화물의 상태가 양호했음을 주장할 수 있다. 양하항에서의 화물의 상태가 양호하지 않았음은 소위 'cargo convention'이나 'cargo boat note'에 의하여 입증할 수 있을 것이다.

선적당시 화물의 상태를 입증하는 것과 관련, 운송인이 선하증권에 아무런 유보(exception)를 기재하지 않은 clean bill of lading을 발행하게 되면, 선적당시 화물의 상태는 양호했던 것으로 추정된다. clean bill of lading의 이러한 추정적 효력과 관련해 두 가지 사항을 유념할 필요가 있다.

첫째는 추정적 효력의 의미이다. 추정적 효력으로 인해 선하증권에 기재된 내용은 추정이 될 뿐이지, 확정적으로 증명된 것은 아니라는 것이다. 따라서 운송인은 선하증권에 기재된 내용과 달리 선적당시 화물의 상태가 양호하지 않았음을 다른 증거로써 증명하는 것이 가능하다. 이러한 증명은 현실적으로 다소 어렵지만 불가능한 것도 아니다. 다만, 수하인이 선하증권의 기재내용이 사실과 다르다는 것을 모르고 있는 경우, 그 수하인에 대하여는 선하증권의 기재는 확정적인 증명력이 있다 (상법 제814조의 2 참조). 이러한 경우를 법률적인 표현으로 '선의의 수하인'이라고 한다.

두 번째로 추정되는 것은 선적당시 화물의 상태가 외관상 양호했다는 점이다. 선장의 눈으로 보아 외관상 양호하였는가 여부에 따라 clean bill of lading을 발행할 것인가 아니면 선하증권에 유보(exception)를 기재할 것인가를 판단한다. 실제로 상태가 불량한 화물이라도 외관상 양호하면 clean bill of lading이 발행된다는 것이다. 단, 운송인이나 선장이 추후 해당화물이 실제로는 선적당시 상태가 불량했음을 주장하는 것이 허용된다. 운송인이나 선장이 그러한 주장을 할 때 clean bill of lading이라는 기재는 전혀 장애가 되지 아니한다.

이같은 상황은 농산물운송에 있어서 자주 발생되는 것으로서 선적시 선장이 화물의 상태를 단기간 내에 판단해야 하는 시간적인 제약과 선장이 모든 농산물에 대하여 전문적인 지식을 갖출 수 없다는 점에서 발생되는 것이다. 물론 외관상 양호하지 않은 화물에 대해 선장은 송하인으로부터 소위 보상장(Letter of Indemnity)을 받고 clean bill of lading을 발행해주면 된다.

선장이 화물의 외관상태에 대하여 전혀 판단할 수 없는 경우도 있다. 예를 들어 운송인이 컨테이너 화물을 받을 때 소위 FCL(Full Container Load)의 경우에는 송하인이 화물을 적입하고 seal로 봉인하므로, 운송인은 컨테이너 안의 내용물을 볼 수 없다. 그러한 경우 운송인은 선하증권에 'said to contain' 또는 'shipper's load and count' 등을 기재하게 된다. 이같은 문언을 부지약관(unknown clause)이라고 한다. 이러한 부지약관의 효력에 대하여 당초에는 부정적이었으나, 현재는 원칙적으로 그 유효성이 인정되고 있다(서울지방법원 1997. 5. 23. 선고 95가합71037 판결).

다만, 부지약관이 어느 경우에나 효력이 인정되는 것은 아니고, 운송인이 선적할 당시 화물의 상태에 대하여 이를 확인할 적당한 방법이 없는 때에 한하며(상법 제814조 제2항 참조), 그와 달리 운송인이 합리적인 수단으로 화물의 상태를 확인할 수 있음에도 불구하고 만연히 'said to contain'이라고 기재한 경우에는 무효가 된다. 즉, 운송인은 해당 화물을 양호한 상태로 수령한 것으로 추정된다. 위에서 본 컨테이너 화물의 경우 운송인이 그 컨테이너에 적입된 화물의 상태를 확인할 방법이 없으므로, 내부에 적입되어 있는 화물의 상태에 대하여 'said to contain' 기재가 있는 선하증권을 발행하는 것이 허용된다. 이 경우 수하인은 선적 당시 그 화물의 상태가 양호했음을 다른 방법으로 입증해야 할 것이다. 이와는 달리 컨테이너에 화물이 전혀 적입되어 있지 않았는데 화물이 적입된 컨테이너인 것처럼 운송 의뢰된 경우, 운송인은 합리적인 방법으로 용이하게 컨테이너 내부의 화물이 선하증권 기재와 다르다는 것을 알 수 있으므로, 위와 같은 부지약관의 도움을 받지 못하게 된다.

상술한 바와 같이 운송인이 선적당시 화물의 상태를 확인할 수 없는 경우에는 'said to contain'이라는 기재를 하는 것을 잊지 말아야 한다. 또한 수하인은 'said to contain'이라는 기재가 있다고 하여, 항상 유효한 것이 아니고 일정한 경우에 한하여만 유효성이 인정되기 때문에, 운송인에게 화물손상에 대한 손해배상청구를 할 것인지 여부를 판단할 때 그 점을 고려해야 한다.

002. 냉동화물 손상사고시 유의사항

상온이 아닌 일정한 온도 이하에서 보관되어야 할 화물을 냉동화물이라고 한다. 냉동화물 중에 특히 문제가 되는 것은 어류(fish)이다. 근래 우리나라의 어류 수입량이 늘면서 냉동화물로 운송되는 어류의 수량이 증가하고 있다.

냉동 bulk 화물이든 냉동 컨테이너 화물이든 우선 운송인이나 화주가 주의하여야 할 첫번째 사항은 유지되어야 할 온도를 선하증권상 분명히 기재하여 두는 일이다. 간혹, 몇도에서 몇도 사이에 있는 화물을 수령하였다는 식의 기재(received on board at temperature from ___ to ___)를 하는 경우가 있다. 이러한 기재는 후일 운송인과 화주 사이에 유지하여야 할 온도에 대하여 다툼의 소지가 있을 수 있다. 따라서 화물은 몇도 이하로 보관되어야 한다(to be stored below ___)는 식으로 보관 온도가 정확히 기재되는 것이 바람직하다.

다음으로 냉동 화물손상 사고와 관련하여 문제되는 사항은 양하항에서 발견된 해동 손상이 운송인의 운송구간 중에 발생하였음이 입증되기 쉽지 않다는 점이다. 물론 운송인의 입장으로 보면 운송구간 중에 발생한 것이 아님을 입증하기도 용이하지 않다. bulk 화물의 경우는 선적당시 외관상태를 서로 확인할 수 있으므로 입증하기가 보다 용이한 것은 사실이다. 냉동화물이 선적당시 해동되어 있으면, 딱딱한 형체가 녹아서 다소 흐트러져 있는 외관이 발견될 수 있기 때문이다. 송하인이나 운송인은 서로 외관상태를 확인하고 이상이 없으면 선하증권상에 외관상 양호하게 수령함이 기재된 무고장 선하증권(혹은 무유보 선하증권, clean bill of lading)이 발행되게 된다.

그러나 화주로서 주의할 사항은 이러한 경우에도 안심할 일이 아니라는 점이다. 우리나라 법원은 통상적인 상황에서 clean bill of lading이 발행되면, 선적당시 화물의 상태가 양호하였음을 인정하려 할 것이다. 그러나 이러한 점에 대하여 엄격한 입증을 요구하는 국가에서 재판을 하게 되면, 화주는 clean bill of lading 외에 선적당시 화물의 온도나 상태가 정상이었음을 입증할 것을 요구받는 수가 있다. 이러한 점을 감안하여 화주로서는 가액이 크거나 분쟁의 소지가 다소 예견되는 화물인 경우에는 선적지에서 화물의 온도나 상태에 대한 검정보고서를 별도로 받아 두는 것이 좋다.

냉동 컨테이너에 의하여 운송된 화물의 경우에는 운송인이나 화주 공히 입증하기 더 어렵다. 운송인의 입장으로서는 선적당시 FCL 화물, 즉 봉인된 컨테이너 상태로 화물을 수령하는 경우에는 컨테이너 냉동장치의 이상 여부나 수령당시의 냉동 컨테이너의 온도만을 확인할 수 있을 뿐, 컨테이너 내부의 화물이 이미 해동된 적이 있어서 손상된 화물이 다시 냉동된 것인지, 아니면 정상적이었는지 확인할 방법이 없기 때문이다. 따라서 양하항에서 컨테이너채로 인도된 사안에서, 화주가 냉동화물에 손상이 발생되었다고 주장하는 경우에는 운송인으로서는 그 사안을 대처하기가 어렵게 된다.

특히, 화주로서는 clean bill of lading과 함께 선적항에서 운송인에게 인도할 당시 냉동 화물이 정상적이었다는 것을 선적지의 수출자나 기타 관련인들의 진술서를 제출하여 입증하려 할 것이다. 적어도 우리나라 법원에서는 이러한 정도의 입증을 받아 주는 경향이 있다. 그러한 경우 운송인으로서는 선적지에서 화물의 상태를 확인한 적이 없으므로 그것을 반박하는 아무런 증거를 낼 수 없는 입장에 처하게 된다.

이러한 상황에서는 운송인이 할 수 있는 최선은 운송중 일정시간마다 온도를 확인한 온도기록지(컨테이너 내부에서 자동으로 기록되는 것이 더 신빙성이 있다)와 냉동 유니트에 대한 검정보고서(내부 점검 자료도 무방함)를 제출하면서 운송도중 온도는 정상을 유지하고 있었으며, 냉동 유니트는 정상적으로 작동하였음을 입증하는 것이다. 이러한 점을 감안하면 운송인은 냉동 컨테이너 화물에 대한 화물 손상의 분쟁이 발생하는 경우 상대적으로 열세에 놓일 가능성이 있기 때문에, 위와 같은 온도 기록이나 냉동 유니트에 대한 검사 등 절차를 철저히 확인하여 둘 필요가 있다.

반면, 화주 입장으로서는 화물 손상의 분쟁이 발생한 경우 운송인에 대하여 무엇보다도 위와 같은 자료의 자진제출을 요구하는 것이 바람직하다. 그리하여 쌍방이 재판으로 가기 전에 가능하면 손상 원인을 합리적으로 밝혀내도록 노력하고, 그 결과에 따라 원만한 합의를 하는 것이 필요하다. 그러한 분쟁이 법원으로 진행하는 경우 법원이나 변호사나 어느쪽도 묘수가 없이 사건 해결에 고민하게 될 것이기 때문이다.

이와 아울러 냉동화물 손상 사고에서 주의하여야 할 사항은 양하지에서 최초로 화물손상이 발견되었을 때에 손해 검정을 정확히 해두는 일이다.

즉, 손상의 원인이 무엇인지 최대한 자세히 조사되어야 하며, 손상의 규모가 어느 정도이어서 금액으로 환산하면 어느 정도인지가 검정보고서상 분명히 나타나 주어야 화주로서는 손해배상청구에서 그만큼 편리하여진다는 점이다. 만일 냉동 화물손상의 분쟁이 법정으로 비화할 가능성이 있는 경우에는 손상된 화물처분에 보다 합리적인 방법을 동원하는 것이 쌍방에 다 유리하다. 손상된 화물을 일방적으로 처분하면, 법원으로서는 그 처분의 적정여부를 yes 아니면 no라는 두 가지 극단적인 선택을 가지고 고민하고, 사건 해결이 그만큼 지연될 수 있기 때문이다.

003. 수하인이 화물을 인도하여 가지 않는 경우 선사는 미수운임을 어떻게 회수할 수 있나?

화물을 운임후불(freight collect) 조건으로 해상운송한 경우, 선사(또는 운송인)는 수하인이 도착화물의 인도를 요구하는 때에 미불운임을 지급받을 수 있다. 수출자(즉, 송하인)와 수입자(즉, 수하인 또는 통지처) 사이에 체결된 매매계약상의 인도조건이 FOB인 경우 운임은 수입자(즉 수하인 또는 통지처) 쪽에서 지급하게 되므로, 운임후불 조건이 된다. 물론 매매계약상 인도조건이 CFR[1], 또는 CIF이어서, 선하증권상 운임전불(freight prepaid)로 기재되었지만, 실제로는 운임후불인 경우도 있다. 이 경우에 선사(또는 운송인)는 선하증권을 소지하고 있고 선하증권의 기재대로 운임이 지급된 것으로 알고 선하증권을 취득한 선의의 수하인에 대하여 운임지급을 청구할 수 없다. 이때 선사(또는 운송인)가 운임이 지급되지 않았다는 이유로 수하인에게 화물인도를 거절하면, 오히려 화물 인도지연의 책임을 질 수 있으므로, 선사(또는 운송인)는 이를 유의해야 한다. 일반적인 운임후불의 경우, 수하인이 미불운임을 지급하지 않을 때는 선사가 화물의 인도를 거절하고 계속 유치하게 되므로, 수하인은 미불운임을 지급할 수밖에 없다. 실무에서 자주 문제가 되는 것은 특별한 사유로 수하인이 화물인도를 요구하지 않는 경우이다. 이 경우 선사가 미불운임을 회수할 방법은 무엇일까? 국내법상 수하인은 운송계약의 당사자가 아니다. 따라서 수하인은 운송계약에 기속되지 않는다. 이는 선사(또는 운송인)가 수하인에 대하여 운송계약의 내용을 언급하면서 운임의 지급을 청구하는 것이 불가능하다는 것이다. 이처럼 수하인이 화물인도를 포기할 경우 선사(운송인)가 취할 수 있는 방법은 2

1) Incoterms 1990의 C&F조건이 Incoterms 2000에서는 CFR로 명칭이 변경되었다.

가지이다. 법원의 허가를 얻어 운송물을 공매, 그 공매대금으로부터 운임을 회수하는 방법이 있다. 간혹 선하증권의 이면약관에 선사가 임의경매할 수 있다는 규정을 두는 경우가 있으나, 선사가 그러한 규정에 전적으로 의지해, 운임이 미불된 화물을 임의로 제3자에 매각처분하는 것은 위험하다. 그 조항의 유효여부와 관련해 아직 뚜렷한 선례가 없다. 따라서 선사가 시장가격에 현저히 미달하는 가격으로 화물을 매각했다면 그 차액에 대하여 선사가 책임을 져야 한다는 화주측 주장이 거셀 수 있기 때문이다. 즉, 특별히 시간을 다투는 경우가 아니라면 선사는 법원의 허가를 얻어서 집달관이 시행하는 공매절차를 차근차근 밟아 가는 것이 바람직하다. 또하나의 방법은 선사와 운송계약을 체결한 당사자가 누구인지 확인, 그 운송계약의 상대방에게 미불운임을 청구하는 것이다. 선하증권(B/L)에 의하여 운송되는 대부분의 운송계약은 선하증권외에 별도로 운송계약이 체결되지 않기 때문에 운송계약의 대상이 일견 의문일 수 있다. 그러한 경우 운송을 의뢰한 사람을 확인해야 한다. 보통 송하인으로 기재된 회사가 운송을 의뢰하기 때문에 운송계약의 당사자도 송하인이 된다. 실무상 자주 발견되는 양상으로는 송하인란에 'forwarder X가 수출자를 대리하여'라고 기재돼 있어, forwarder와 수출자 중 누가 송하인인지 애매할 때가 있다. 이 문제와 관련해 최근 내려진 대법원 판결(2000. 3. 10. 선고 99다55052 판결)에 의하면, 개별사안이 처한 구체적인 상황에 따라 정해야 하는 것이 원칙이지만, 통상 forwarder가 송하인이 된다. 또다른 실무상 문제는 FOB 거래조건에서 송하인에 의하여 선박이 수배되고, 화물이 선적된 경우이다. 선사와 운송계약을 체결한 상대방이 누구를 정하는가는 계약 그 자체의 내용 또는 계약체결의 상황에 따라 달라진다. 통상 송하인이 계약의 상대방이 된다. 다만, 대법원은 FOB 거래조건에서 송하인은 수입자(즉, 수하인)를 대리하여 운송계약을 체결한 것으로 본다(대법원 1996. 2. 9. 선고 94다27144 판결). 이러한 대법원 판결은 타당하지 않다고 생각되며, 언젠가는 변경되어야 할 것이다. 요컨대, 선사(또는 운송인)는 운송계약의 상대방인 송하인에 대하여 미불운임의 지급을 청구할 수 있다. 위 2가지 방법외에 선사가 운임을 회수할 수 있는 뚜렷한 방법은 없다. 따라서 선사는 예외적인 경우가 아니면 freight collect 조건의 운송에 보다 신중해야 한다. 즉, 송하인과 수하인 모두가 오랜 거래관계를 유지해왔거나, 송하인의 재력이 건실하다거나, 운송되는 화물의 가치가 운임이나 발생이 예상되는 체화료에 비해 충분히 높을 경우를 제외하고 선사는 freight collect 조건의 운송에서 운임회수의 어려움을 예상해야 한다. 반면 화물의 수입업자는 운송계약상의 의무는 없지만, 화물을 수령하는 순간부터 선사(또는 운송인)에 대한 운임, 체화료 등의 지급의무가 발생하기 때문에(상법 제800조 제1항), 화물수령 여부를 신중하게 결정해야 한다. 물론, 수입자(즉, 수하인)가 화물수령을 포기하고, 그로 인해 수출자(즉, 송하인)가 선사로부터 미수운임을 지급청구당할 경우, 수출자는 수출계약의 내용에 따라 수입자에 대하여 그 운임의 지급을 청구할 수도 있다. 그러한 거래관계는 결국 수출자와 수입자 사이의 내부적인 문제이다.

004. 선적 뒤 수하인이 매매대금을 지급치 않을 때

한국 송하인(수출자)이 외국의 수입자에게 물건을 수출하게 되어 선적까지 마쳤는데, 운송도중 수하인(즉, 수입자)이 파산하게 되는 등의 사유로 매매대금을 지급하지 못하게 된 경우, 한국 송하인은 화물이 수하인 수중으로 인도되는 것을 막기 위한 어떠한 조치를 취할 수 있을까? 이는 해운실무상 외국의 수입자가 파산 또는 지급불능 상태에 빠진 경우 흔히 발생될 수 있는 의문이다. 아울러 이는 송하인이 외국 수출자이고 수하인이 한국의 수입자인 경우에도 거꾸로 발생할 수 있는 문제이다.

우선 전자의 경우를 살펴 본다. 한국법이 준거법으로 적용되는 경우에는 선하증권이 발행된 경우와 발행되지 아니한 경우를 구분하여 보아야 한다. 선하증권이 발행되어 송하인(수출자)이 선하증권을 소지하고 있을 경우에는 운송인에 대하여 화물의 운송의 중지, 운송물의 반환 기타 처분을 청구할 수 있다(상법 제812조에 의하여 해상운송의 경우 상법 제139조 제1항이 적용된다). 송하인(수출자)이 위와 같은 권리를 행사하는 것은 화물이 수하인에게 인도되기 전이면 언제든지 할 수 있고, 그 사유여하를 따지지 아니한다. 운송인이 선하증권의 회수 없이 화물을 인도하였으면, 선하증권의 소지인이자 위 송하인(수출자)은 운송인에 대하여 손해배상청구를 할 수 있으므로, 선하증권이 송하인(수출자)의 수중에 있는 한 화물은 수하인에게 인도될 수 없다.

위와 같은 처분권을 행사하게 되는 통상의 경우는 수하인(수입자)이 매매대금을 지급하지 아니하거나, 파산 등의 사유가 발생하여 매매대금의 지급이 불능에 빠지게 된 경우일 것이다. 아무런 사유가 없이 송하인(수출자)이 화물에 대한 처분권을 행사하면 그것은 매매계약 위반이 될 여지가 있다. 송하인(수출자)이 할 수 있는 가장 흔한 조치는 수하인 변경 혹은 반송 요구이다. 반송을 요구받은 운송인으로서는 그러한 반송을 요구하는 송하인(수출자)으로부터 본래의 선하증권의 원본 전부를 회수하고, 새로이 반송 선하증권을 발행하게 된다. 물론 반송운임은 당초의 운임과 별도로 지급되어야 할 것이다. 송하인이 제3자에게 지시식 선하증권을 배서, 양도한 경우에는 선하증권을 소지하고 있는 피배서인도 송하인(수출자)과 같은 처분권을 갖게 된다.

한국의 수출자(송하인)가 외국의 수입자(수하인)에게 화물을 수출하는 것을 전제로 하는 위의 경우에 있어서 만일 선하증권이 발행되지 아니하였다면, 송하인이 위와 같은 처분권을 행사할 수 있는가 여부는 화물이 도착지에 도착하고, 수하인이 화물의 인도를 요청하였는가 여부에 달려 있다(상법 제140조 제1항 및 제2항). 원칙적으로 파산의 경우가 아닌 한, 송하인은 화물이 도착지에 도착하여, 수하인이 화물의 인도를 요청하기 전 까지만, 위와 같은 처분권을 행사하는 것이 허용된다. 일단 수하인이 화물의 인도를 요청하면 송하인은 처분권을 상실한다(상법 제140조 제2항).

영국법에서 송하인이 화물을 선적하는 순간 매매조건에 따라 통상 화물에 대한 권리(title) 또는 위험(risk)이 매수인에게 이전된다. 그럼에도 불구하고, 수하인(수입자, 매수인)이 지급불능 상태가 되어 매매대금을 지급받지 못한 송하인(수출자, 매도인)은 운송인에 대하여 운송중인 화물의 반환을 요청하여 점유를 회복할 수 있다. 단, 시간상으로 화물이 실제로 수하인에게 인도되기 전이어야 한다. 수하인에 대하여 실제의 인도가 이루어진 경우에는 운송계약이 종료되기 때문에 송하인의 운송인에 대한 추가의 요청을 할 수 없다. 아울러 선의로 선하증권을 취득한 사람에 대하여는 이러한 권리를 행사할 수 없다. 이러한 제도를 'stoppage in transitu'라고 한다.

stoppage in transitu와 유사한 제도는 우리 법에도 있다. 즉, 「채무자회생 및 파산에 관한 법률(이하 통합도산법)」 제408조[1])가 그것이다. 다만, 통합도산법은 속지주의 원칙상 한국 내에 있는 것에 대하여만 효력이 있다. 따라서 한국의 수입자(수하인)가 물건을 수입한 후 파산한 경우에 외국의 수출자(송하인)가 한국의 통합도산법의 권리를 행사할 수 있다. 물론 영국이나 미국, 혹은 다른 외국에도 유사한 법 규정이 있는 경우에는 한국의 수출자(송하인)도 그러한 권리를 행사할 수 있을 것이다. 통합도산법 제408조가 적용되는 경우는, 물건이 도착지에 도착하였으나 수하인(수입자)이 아직 수령하지 아니한 경우, 수출자(송하인)는 동 규정상의 환취권을 행사할 수 있다는 것이다. 환취권을 행사하게 되면 다른 파산채권자는 그 물건에 대하여 배당을 요구할 수 없다. 이러한 환취권이 위력을 발휘하는 것은 수하인이 화물의 인도 요청을 함으로써 상법 제139조의 적용의 한계를 벗어났지만 아직 화물의 수령을 하지 아니한 때이다.

이상에서 보는 바와 같이 물건이 운송되는 도중에 매매계약의 상대방에게 파산 등의 이례적인 사유가 발생하는 경우에는, 화물이 도착지에 도착하거나 혹은 경우에 따라서 수하인이 수령하기 전에 상법 또는 통합도산법, 혹은 그와 유사한 외국법의 제도를 활용하면, 물건이 파산재단으로 그대로 들어가 버리고 매매대금의 실질적인 변제는 되지 아니하는 사태를 예방할 수 있다.

1) 구 파산법 제81조.

005. 과실이 없는데도 해상물건운송인이 책임을 지는 경우도 있는가?

이번에는 해상물건운송인이 화주에 대하여 손해배상책임을 지는 원칙, 달리 말하면 기본 원리가 무엇인지에 대하여 보기로 한다. 근대민법의 3대 지도원리의 하나로서 과실책임의 원칙이 있다. 이는 개인이 타인에게 준 손해에 대하여서는 그 행위가 고의 또는 과실에 기한 경우에만 책임을 지고, 그러한 고의 또는 과실이 없는 행위에 대하여서는 책임을 지지 않는다는 것이다. 해상물건 운송인이 화주에 대하여 손해배상책임을 지는 원리도 크게 보아서는 이와 같다. 즉, 해상물건 운송인에게 화물의 손상이나 멸실에 대하여 어떠한 과실이 있는 경우에만 책임을 지게 된다. 이러한 말을 하면 혹자는 의문을 제기할 것이다. 해상운송구간 중에 화물이 멸실되거나 손상이 되면, 그로써 바로 해상물건운송인은 배상책임을 지게 되는 것인데, 거기에 과실이 있고없고는 상관이 없는 것 아니냐는 것이다. 그러나 그것은 입증책임 문제와 과실책임 원칙을 구별하지 아니하였기 때문에 생긴 오해라고 할 수 있다.

통상적으로 해상운송도중에 화물에 손상이 있거나 화물의 전부 또는 일부가 멸실된 경우, 화주는 clean bill of lading과 양하항에 수령한 화물이 손상되었다는 증빙(예를 들면 cargo convention이나 boat note 등)을 제시함으로써 일단 손해배상청구를 할 수 있고, 해상물건운송인은 그 손해배상청구에 대하여 화물의 수령, 선적, 적부, 운송, 보관, 양륙과 인도에 관하여 주의를 해태하지 아니하였음을 증명하여야 책임을 면하게 된다(상법 제788조 제1항). 실무적으로는 화주에 의하여 화물의 손상 또는 멸실의 원인이라고 주장되는 사유에 대하여 해상물건운송인의 과실이 개입되었는가 아닌가 하는 문제이다. 이 손상 또는 멸실의 원인에 해상물건운송인의 과실이 전혀 개입된 바 없음이 증명되면, 청구를 당한 그 해상물건운송인은 상법의 위 조항에 따라 손해배상 책임이 면제된다.

그런데 자주 문제되는 것은 화물손상 또는 멸실의 원인이 명백히 밝혀지지 아니한 경우이다. 화물의 손상 혹은 멸실이 운송도중에 발생된 것은 분명하지만, 그 구체적인 원인은 규명되지 아니한 경우이다. 이때가 바로 입증책임이 발동되는 순간이다. 입증책임이란 어떠한 사실의 존재 혹은 부존재가 확정되지 않을 때에 당해사실이 존재하지 아니하는 것으로 취급되어 법률판단을 받게 되는 당사자 일방의 위험 또는 불이익으로 정의된다(이시윤 저, 신정3판 민사소송법, 569면). 이때 누구를 불리하게 할 것인가가 문제된다. 근대민법 3대 지도 원리 중의 하나인 과실책임의 원칙은 본래 그러한 불이익을 과실이 있다고 주장하는 자 즉, 현재의 경우에는 화주(claimant)에게 이를 지우는 것을 원칙으로 한다.

이처럼 입증책임을 말하는 이유는, 바로 해상물건운송계약에 있어서 해상물건운송인이 화주에 대하여 지는 책임에 대한 입증책임이 해상물건운송인에게 있음을 언급하려는 것이다. 즉, 화물의 손상 또는 멸실의 원인이 밝혀지지 아니한 경우에는 그로 인한 불이익이 해상물건운송인에게 떨어지며, 반사적인 이익이 화주에게 떨어지게 된다. 해상물건운송인으로서는 화물의 수령, 선적, 적부, 운송, 보관, 양륙과 인도에 관하여 주의를 해태하지 아니하였음을 증명하여야 하는데, 화주가 특정사항을 화물의 손상 또는 멸실의 원인이라고 주장하고 나오면, 해상물건운송인으로서는 그러한 원인에 대하여 해상물건운송인의 아무런 과실이 개재된 바가 없음을 입증하여야 한다. 반면, 화주가 주장하는 화물손상의 원인이 분명하지 아니하고 단지 운송도중에 화물이 손상된 사실만을 주장하고 증명할 때에는, 해상물건운송인으로서는 부득이하게 관련 화물의 해상운송과 관련하여 화물의 수령, 선적, 적부, 운송, 보관, 양륙과 인도에 관하여 주의를 해태하지 아니하였음을 증명하여야 한다. 그런데 해상물건운송인이 증명하여야 할 사항은 부존재 사실로서, 어떠한 사실의 존재를 증명하는 것과는 달리, 부존재 사실의 증명은 지극히 곤란하고 막연한 일이다. 결국, 해상물건운송인이 스스로 화물손상의 원인을 밝혀내고, 그 원인과 자신의 과실과는 무관함을 증명하여야 하는 큰 부담을 지게 된다. 여기서 해상물건운송인의 면책 list가 등장한다. 해상물건운송인이 실무상 가장 애용하는 면책사유는 역시 송하인의 행위 (상법 제789조 제2항 제6호), 운송물의 포장의 불충분(같은 항 제9호), 운송물의 특수한 성질 또는 숨은 하자(같은 항 제10호) 등이다. 해상물건운송인으로서는 황천(bad weather)을 상법 제789조 제2항 제1호 해상 기타 항행할 수 있는 수면에서의 위험 또는 사고 또는 제2호 불가항력에 해당되는 면책사유로 주장하고 싶은 대목이 자주 있는데, beaufort scale 기준 10 이내의 황천이었다면 면책사유로 주장하기는 현실적으로 어려움이 많을 것이다. 물론 면책사유가 되는 황천이 일률적으로 정하여지는 것은 아니다. 이러한 면책사유들이 화물의 손상 또는 멸실의 원인이라는 것을 입증하면 해상물건운송인은 손해배상책임을 면할 수 있다.

해상물건운송인이 선박을 해당 항해를 감당할 만하게 유지·보수하는 책임(소위 감항능력에 관한 주의의무)을 소홀히 한 경우나, 기타 화물의 수령, 선적, 적부, 운송, 보관, 양륙과 인도에 관하여 주의를 해태한 경우(이를 항해과실 또는 선박 관리상의 과실에 대비하여 강학상으로 상사과실이라고 함)에 해당되면서, 동시에 면책사유가 화물의 손상 또는 멸실의 원인을 제공한 경우에는 어떻게 되는가? 이때는 면책사유가 되는 사유와 책임을 지는 사유가 경합하는 경우로서 그 두 가지 원인이 각각 기여한 부분이 확실히 드러나면 그 비율에 따라 면책이 되거나 책임을 지거나 하게 될 것이다. 만일 해당 손해가 어느 쪽 원인에서 발생된 것인지 분명히 규명되지 못하면 해상물건운송인은 책임을 면하지 못한다. 이것이 미국법원에 의하여 확립된 Vallescura 법칙이다. 그 사건에서는 불충분한 통풍(improper ventilation)과 황천(즉, peril of the sea)의 사유가 경합하였었다.

요컨대, 해상물건운송인의 손해배상책임은 과실이 있어야 손해배상책임을 지는 과실책임이며, 과실이 없어도 손해배상책임을 지는 '무과실책임'이 아니다. 따라서 해상물건운송인이 화주가 주장하는 화물손상에 대하여 아무리 생각하여 보아도 해상물건운송인에게 아무런 잘못이 없는 경우에는, 손상의 원인을 밝혀 내고 그 원인에 자신이 무관함을 보임으로써 면책을 시도하여 볼 수 있다. 반면, 화주로서는 해상물건운송인이 과실책임을 지지만, 그 과실이 없음을 증명하여야 할 책임은 해상물건운송인에게 있다는 입증책임의 원칙을 이해하고, 해상물건운송인이 스스로 화물손상의 원인과 자신의 과실이 무관함을 증명할 때까지는 손해배상청구에서 승소할 수 있다는 확신을 가져도 된다.

006. 선박에서 발생된 화재로 화물이 손상되는 경우의 법률문제

선박에서 화재가 발생되면 그 상황이 얼마나 위험한 것인지는 겪어 본 사람이 아니면 알 수 없다고 한다. 선박에서 발생하는 이러한 화재의 파괴력을 감안하여 해상화물운송 분야에서도 운송인을 되도록 보호하고 있다. 즉, 상법 제788조 제2항은 "운송인은 화재로 인하여 생긴 운송물에 관한 손해를 배상할 책임을 면한다. 그러나 운송인의 고의 또는 과실로 인한 화재의 경우에는 그러하지 아니하다"는 규정을 두고 있는 것이 그것이다. 여기서 운송인의 고의 또는 과실이란 운송인 자신의 고의 또는 과실을 의미하는 것으로서, 운송인이 개인인 경우에는 그 개인을 말하고, 운송인이 기업인 경우에는 그 기업과 동일시될 수 있는 수준 정도의 관리자를 말한다. 운항을 담당하는 이사 정도이면 운송인 자신에 해당된다고 볼 여지가 있을 것이다. 운항을 담당하는 부장, 과장급의 사람은 구체적인 권한 내용이나 사안에 따라 판단되어야 한다고 본다. 여하튼 선박에서 화재가 발생하여 운송물이 손상된 경우, 그 화재가 선장이나 선원들의 고의 또는 중과실로 인하여 발생된 경우라고 하더라도 원칙적으로 운송인은 그 배상책임이 면제된다. 물론 운송인 또는 그 피용자에게 중과실이 있다고 인정이 되는 경우, 실화책임에 관한 법률에 기하여 상법과는 별도로 손해를 입은 화주가 운송인에 대하여 손해배상청구를 하는 것은 가능하다(대법원 1977. 12. 13. 선고 75다107 판결).

화재로 인하여 화물이 손상된 경우, 선박이 출항당시 감항성을 갖추고 있지 못하였다고 하면, 운송인은 화재면책 자체를 주장하는 것이 불가능한 것인가 하는 의문이 대두되는 때가 많다. 이에 관하여 미국법의 입장은 항소법원간에 대립이 있기는 하나, 대체로 감항성을 갖추는 것은 화재면책 주장의 전제 요건이 아니라고 한다. 이는 특히 미국 해상물품운송법(1936 COGSA)에는 1851년 화재규정이 그대로 적용됨이 명시적으로 규정된 결과이기도 하다. 그러나 영국법의 입장은 감항성을 유지하는 것에 대하여 상당한 주의의무를 기울여야 하는 것이 운송인의 의무이며, 운송인이 이 의무를 소홀히 한 경우에는 화재면책을 주장하는 것이 허용되지 아니한다.

그러나 실제의 문제로 선주 자신의 고의 또는 과실이 있었는지, 혹은 선박이 출항당시 감항성을 유지하고 있었는지, 나아가 그에 대하여 상당한 주의의무를 기울였다고 할 수 있는지 쉽게 판단하기 어려우며 사안에 따라 구체적으로 판단할 수밖에 없다. 통상 일정한 항해를 함에 있어서 선상에서 수리할 수 있는 하자가 있었던 경우에는 그 선박은 출항시 그 항해를 감당할 수 있는 것으로 본다. 즉, 선박은 감항성이 있는 것으로 본다. 반면, 다소 복잡한 부분에서 하자가 발생하였기 때문에 선상에서 기관사들의 힘으로 수리가 될 수 없는 정도인 경우에는 출항당시 감항성이 없었던 것으로 본다. 화재가 발생하였는데, 대처를 적절히 하지 못하여 손해가 확대된 경우에는, 경우에 따라서 확대된 부분에 대하여 화재면책을 주장하지 못하고 운송인이 손해배상책임을 져야 할 것이다. 이러한 예로 선박에 소화시설이 불량하게 비치되어 있어서 적절히 대응을 못하거나, 선장과 선원들이 평소 화재예방훈련을 충실히 하여야 함에도 불구하고 이를 소홀히 하여 실제 화재발생시 제대로 대처하지 못함으로써, 화재가 확대되는 경우가 있다. 선박에서 화재가 발생한 경우, 완전히 진화하는 것도 역시 중요하다. 완전히 진화되었는지 여부에 대하여 충분히 확인을 하지 못하여 2차 화재로 이어지는 경우가 있기 때문이다.

화재로 인하여 생긴 운송물에 관한 손해인가와 관련하여 부선에 양하되었다가 부선에서 화재가 발생한 경우에는, 통상적으로는 운송인의 책임이 양하와 동시에 종료될 것이므로, 운송인은 그에 대하여 손해배상책임을 지지 아니한다. 반면, 소화를 위하여 물을 뿌린 것에 의하여 화물이 손상된 경우는 화재로 인한 손해로 본다. 화재로 인한 손해에 대하여는 말할 것도 없이 화주가 운송인에 대하여, 소화비용에 대하여는 운송인이 화주에 대하여, 서로 공동해손 분담금 청구를 할 수 있다.

007. 선박관리상의 과실과 운송물의 보관상의 과실

상법 제788조 제2항은 운송인은 선장, 해원, 도선사 기타 선박사용인의 항해 또는 선박의 관리에 관한 행위로 인하여 생긴 운송물에 관한 손해를 배상할 책임을 면한다고 규정하고 있다. 이와 같이 항해상의 과실 또는 선박관리상의 과실에 대하여 운송인의 배상책임을 면하게 하는 것은 해운계에서는 당연한 법리로 이해되고 있으나, 통상의 법리로 본다면 매우 특이한 것이다. 왜냐하면, 다른 사람을 사용하여 채무를 이행하는 사람은 어쨌거나 그 사람의 과실에 대하여 계약의 상대방에 대하여 책임을 져야 하는 것이 일반적인 법리이기 때문이다. 그럼에도 불구하고 항해상의 과실과 선박관리상의 과실에 대하여 운송인을 면책하게 한 이 제도는 19세기 말로 거슬러 올라간다. 19세기에 제정된 소위 올레론 해법에는 이러한 항해과실 또는 선박관리상 과실의 면책이라는 제도가 없었으나, 19세기 후반에 가서, 선주들이 면책약관 중의 하나로 선하증권에 삽입함으로써 일반화되었다. 그러던 것이 미국의 1893년 Harter 법과 소위 1924년 Hague Rules에 규정됨으로써 법률로 편입된 것이다. 1924년 Hague Rules은 운송인에게는 면책약관을 임의로 만드는 것을 제한하는 대신, 감항능력에 관한 의무를 상대적 의무로, 그리고 포장에 기하여 손해배상책임을 제한할 수 있게 함으로써 선주와 화주의 절묘한 타협점을 찾은 것이다. 이러한 특이한 법제는 시간이 갈수록 그 존재의의를 상실하는 것으로 보인다. 그리하여 마침내 소위 Hamburg Rules에서는 이와 같은 항해상의 과실이나 선박관리상의 과실에 대하여 운송인이 책임을 면하는 제도는 폐지되었다. Hamburg Rules 제5조 제1항에서 운송인이 면책되는 경우는 사고를 방지하기 위하여 합리적으로 취할 수 있는 모든 수단을 다 취하였음을 입증한 경우로 국한시키고 있다. 이는 다름 아닌 과실책임 원칙을 천명한 것이라고 본다.

이와 같이 운송인이 면책되는 경우와 대비하여, 상법 제788조 제1항은 운송인은 자기 또는 선원 기타 선박사용인이 운송물의 운송, 보관에 관하여 주의를 해태하지 아니하였음을 증명하지 아니하면 운송물의 멸실, 훼손 또는 연착으로 인한 손해를 배상할 책임이 있다고 규정하고 있다. 이를 소위 상사과실이라고 하여 상사과실로 손해가 발생한 경우에 운송인은 손해배상책임이 있다는 점도 상식에 속한다.

화물을 선적하여 운송하던 도중 수리할 필요가 있어서 항구에 기항하여 수리를 하였는데, 한 선원의 과실로 선창이 열려 있고, 선창 내의 화물이 타폴린으로 덮혀 있지도 아니한 상황에서 비가 내려 화물이 비에 젖는 손상사고가 발생하였다면, 이는 선박관리상의 과실에 속할 것인가, 아니면 운송물의 보관상의 과실에 속할 것인가. 동일한 사안에서 1929년 영국 귀족원[1]은 그것은 화물보관상의 과실에 속한다고 판시하였다(Gross Millard *v.* Canadian Merchant Marine 사건). 동 귀족원은 특히 선박관리상의 과실로 인정하면 운송물을 안전하게 운송할 운송인의 의무를 대체로 무효화시키는 것이므로, 당사자간의 합의가 명백한 언어로 되어 있어서, 반드시 그렇게 하여야만 되는 경우가 아닌 한 법원은 선박관리상의 과실로 돌려서는 아니 된다는 견해를 취하였다.

반면, 선박의 냉동설비 취급을 잘못하여 화물이 손상된 경우, 영국 King's Bench는 선박의 냉동설비는 화물을 보호하기 위한 것일 뿐 아니라 선박에 공급된 모든 것을 보호하기 위한 것이므로, 선박관리상의 과실에 속한다고 판시한 바 있다. 이에서 보는 바와 같이 사실 어떠한 과실이 선박관리상의 과실인지 화물보관상의 과실인지 판단하기 어려운 경우가 보통이다. 이에 대한 유용한 기준으로 제시된 것이, 화물손상이 화물보관상의 과실만에 의하여 혹은 화물보관상의 과실이 주된 원인이 되어 발생하였다면 운송인은 화물보관상의 과실이 있음을 이유로 그 손해에 대하여 책임을 지며 반면, 화물손상이 선박 자체 혹은 선박의 일

1) The House of Lords.

부의 보호 관리상의 과실에서 비롯된 것이면 선박관리상의 과실이 있었던 것으로 인정되어, 운송인은 면책된다는 것이다.

요컨대, 과실이 화물보관과 관련된 것이냐, 아니면 선박 그 자체의 보관·관리에 대한 것이냐에 따라 운송인이 면책되는가 아니면 운송인이 책임지는 것인가 정하여진다는 점이다.

008. 운송인에 대하여 Cargo Claim을 제기할 수 있는 사람 —선하증권 소지인

화물 손상 혹은 멸실이 있는 경우 누가 손해배상청구를 할 수 있는가를 말하려면, 그보다 앞서 청구원인을 생각하여야 한다. 청구원인으로는 채무불이행과 불법행위가 있다. 전자의 경우는 운송인과의 계약이 있음을 전제로 그 계약에 불이행 사유가 있음을 이유로 손해배상을 구하는 것이다. 반면, 불법행위란 그러한 계약관계가 있고 없고를 불문하고, 한 사람이 타인에게 위법행위를 가하여 손해를 야기한 경우에 인정되는 청구원인이다. 그런데 우리 법에서는 두 가지 청구원인이 경합하여 발생되는 것이 인정된다. 즉, 운송인과 계약을 체결한 상대방은 채무불이행을 이유로 손해배상청구를 할 수 있을 뿐 아니라, 불법행위에 기한 손해배상청구를 할 수도 있다. 그러한 이유에서 소장에 통상 원고는 채무불이행 또는 불법행위에 기한 손해배상청구를 함을 표시하게 된다. 이번에는 불법행위에 기한 손해배상청구를 할 수 있는 주체가 누구인지를 보도록 한다.

불법행위에 기한 손해배상청구는 화물의 소유자가 할 수 있다. 즉, 화주가 운송인에 대하여 손해배상청구를 할 자격이 있는 사람임에는 의문이 있을 수 없다. 그런데 실무에서는 도대체 화주가 누구인지가 불분명할 때가 많다. 선하증권이 발행된 경우에는 그 선하증권의 적법한 소지인이 화주가 될 것이다. 여기서 선하증권의 소지인이라는 개념과 화주라는 개념의 두 가지가 등장한다. 선하증권을 소지하고 있다는 사실만으로 화주라고 보기 어려운 경우는 얼마든지 있을 수 있다. 예를 들면, 수하인란이 'to order of X bank'로 되어 있는 경우에서 아직 X 은행까지 선하증권이 가기 전에 중간에 취득한 사람은 비록 그 사람이 선하증권의 소지인이라고 하더라도 화주가 될 수 있는 선하증권의 적법한 소지인이 되지 아니한다. 그 선하증권은 일단 X 은행에 도달되어야 하고, 그 X 은행이 배서 양도함으로써 적법하게 유통되기 시작하는 것이기 때문이다.

여기서 수하인은 화주와 동일한가라는 의문을 제기할 수 있다. 수하인은 통상적으로 운송계약에서 운송인이 그 물건을 전달하여 줄 사람이다. 선하증권이 발행되지 아니한 운송계약에서는 운송인은 송하인이 수하인으로 지정하는 사람에게 물건을 운송하여 주어야 할 계약상의 의무를 지게 된다. 이에 대한 대표적인 경우가 항공화물운송이다. 주지하는 바와 같이 항공화물운송장은 유가증권으로 발행되지 아니하기 때문에 항공화물운송장의 소지 여부와 상관없이 항공화물운송인은 수하인으로 표시된 자에게 화물을 인도하게 되어 있는 것이다. 선하증권이 발행된 경우에는 선하증권의 수하인란에 기재된 사람을 의미한다. 다만, 선하증권이 발행된 경우에는 운송인은 그 수하인에게 화물을 인도할 의무를 지기는 하지만, 그 수하인이 제시하는 선하증권과 상환하고 화물을 인도하여야 한다. 그러한 상환을 하지 아니하고 화물을 인도하면, 그 인도가 수하인으로 기재된 사람에게 이루어졌다고 하더라도, 운송인이 손해배상책임을 진다는 것은 널리 알려진 바와 같다. 이에서 보는 바와 같이 수하인은 선하증권의 소지인일 수도 있고, 아닐 수도 있다.

이상에서 보는 바와 같이, 선하증권이 발행된 경우 화주는 선하증권을 적법하게 소지하고 있는 사람이라고 말하여도 틀리지 아니하다. 현재 논의하고 있는 주제로 다시 돌아오면, 운송인에 대하여 불법행위에 기한 손해배상청구를 할 수 있는 사람은 선하증권의 적법한 소지인이라는 것이다. 소유권이 침해되었다며 불법행위를 주장하는 선하증권의 적법한 소지인이 그 소유권 침해와 관련하여서는 유일한 손해배상청구권자이다.

상법 제811조는 수하인의 운송인에 대한 손해배상청구의 제소기간을 규정하고 있다. 이 규정에 따라 선하증권의 적법한 소지인의 운송인에 대한 불법행위에 기한 손해배상청구도 동일한 제소기간이 적용되는지가 문제된 사례가 있다. 이에 대하여 대법원은 선하증권의 정당한 소지인이 상법 제811조의 수하인이라고 보고, 선하증권의 정당한 소지인의 운송인에 대한 위 청구에도 1년의 제소기간이 적용된다고 판시한 바 있는데(대법원 1999. 10. 26. 선고 99다41329 판결), 타당한 판결이라고 본다. 화주가 운송인에 대하여 손해배상청구를 하는데 선하증권을 반드시 소지하여야 하는지의 문제에 대하여는 Bill of Lading 편에서 보기로 한다.

009. 누구를 상대로 하여 손해배상청구를 할 것인가?(불법행위)

철 제품이 양하항에서 인도되어 화주가 상태를 확인하여 보니 녹 손상이나 scratch 손상이 되어 있었다. 화주는 누군가에 대하여 손해배상청구를 하여야 되겠다고 생각하였다. 선하증권을 보니, 서명란에 외국의 선적항에서 어떤 회사가 'on behalf of Master'라고 기재하고 선하증권을 발행하였다. 선하증권의 이면에는 이 선하증권으로 증명되는 운송계약은 선박소유자(즉, 선주)와 체결된 것이며, 운송계약과 관련한 손해배상책임은 선박소유자만이 책임을 진다는 규정이 있다(이러한 규정을 소위 Identity of Carrier 조항이라고 한다). 해당 선박은 운송당시 선주가 정기용선을 하여 준 상황이었다. 누구를 상대로 하여 손해배상청구를 할 것인가 하고 화주는 고민하게 된다. 이러한 상황은 자주 발생할 수 있는 것이다. 위와 같은 cargo claim을 하여야 하는 경우 화주는 우선 이것을 생각하여야 한다. 즉, 손해배상청구를 할 수 있는 원인에는 채무 불이행과 함께 불법행위가 있다는 점이다. 불법행위를 원인으로 한 손해배상청구는 행위자가 누구인지를 밝혀서 그 행위자 혹은 그 행위자의 행위에 대하여 책임을 지는 자(예컨대 민법 제756조에서 규정하는 사용자 책임에서의 사용자를 규명하는 일이다)를 상대로 하여 손해배상청구를 하여야 한다. 그러나 위의 사안과 마찬가지로 많은 경우 선주 또는 정기용선자에게 과실이 있었음을 화주가 입증하여야 하며, 그 입증을 하지 못하면 불법행위를 원인으로 한 손해배상청구가 인정이 되지 아니한다. 그러면 어느 정도의 자료를 내면 과실이 입증이 된 것이라고 할 수 있는가? 실제에 있어서는 판단하기 어려우며, 아울러 간단하게 구분짓는 것이 매우 어렵다. 다만, 분명한 것은 위의 사안에서 clean B/L과 양하항에서 화물이 손상되어 있었음을 보여주는 Cargo Convention만을 내는 것으로 과실을 입증하였다고 볼 수는 없다는 점 정도이다. 어쨌든,

화주가 불법행위를 원인으로 한 손해배상청구를 하려면 위 자료 이상의 어떠한 증거로써 선주나 운송인에게 과실이 있음을 입증하여야 한다.

선박이 나용선된 경우이거나, lease되어 있는 경우에는 선주는 선원들에 대하여 지휘·감독권한이 전혀 없으므로 선주에게 불법행위를 원인으로 한 손해배상청구를 추궁하는 것은 허용되지 아니한다. 상법 제766조 제1항에 선박임차인이 선박소유자와 동일한 책임이 있다고 규정한 것도 같은 취지이다. 정기용선된 경우에는 어떠한가? 이는 곧, 선장이나 선원들의 과실이 화물을 손상 또는 멸실시켰는데, 그 선장이나 선원들의 행위에 대하여 누가 사용자로서 책임을 지는가의 문제인 것이다. 우리는 우리 대법원의 'POLSA DOS' 호 판결과 관련하여, 정기용선의 경우 운송인은 누구인지에 대하여 많은 논의가 있다는 것을 익히 들어서 알고 있다. 그러나 거기에서 논의하는 것은 선하증권이 누구를 기속하는가와 관련된 것이고, 지금 보고 있는 것과 같은 불법행위 책임과 관련하여 논의한 것이 아니다. 소위 New York Exchange Form 정기용선계약서 제8조는 "The Captain, (although appointed by the Owners), shall be under the orders and directions of the Charterers as regards employment and agency"(저자 역: 선장은 비록 선주가 임명하였다고 하더라도 고용 및 대리에 관한한 용선자의 지시에 따라야 한다)고 규정하고 있다. 이를 소위 'employment clause'라 하며, 정기용선의 특징적인 조항의 하나로 꼽힌다. 이 조항외에도 정기용선계약에는 용선자의 마음에 들지 아니하여 용선자가 요청하면 선주는 특별한 사정이 없는 한 해당 선장이나 선원을 교체하여야 하는 소위 'misconduct clause'도 두고 있다. 이러한 정기용선계약하에 운항되고 있던 선박에서 발생된 화물의 손상 또는 멸실 사고에 대하여 선주를 사용자로 보아 그에게 불법행위를 원인으로 한 손해배상책임을 물을 수 있을 것으로 본다. 정기용선자에 대하여 사용자 책임을 묻는 것이 가능한지는 분명하지 아니하다. 어쩌면 거론되고 있는 선장이나 선원들의 과실 혹은 작업이 정기용선자가 실제로 지휘·감독하는 사항인지 아닌지에 대하여도 살펴서 판단하여야 할 일인지도 모른다. 우리나라 법이 적용된다면 영국법이 적용되는 경우보다 사용자 책임을 묻는 것이 용이할 것으로 생각한다. 유감스럽게도 이에 관한 우리나라의 선례를 아직 보지 못하였다. 영국의 권위있는 해상법 서적인 *Scrutton on Charter Parties*에 의하면 영국에서는 정기용선은 소위 demise charter에 이르지 아니한 것으로 보고 있고, 아울러 정기용선자가 선박을 점유하는 것으로 보지 아니하므로, 정기용선자에 대한 사용자 책임이 인정될 가능성은 적다고 한다. 다음에는 채무불이행 책임과 관련하여 본다.

010. 누구를 상대로 하여 손해배상청구를 할 것인가?(채무불이행)

지난번에 제시한 예를 다시 한번 들어 보자. 즉, 철 제품이 양하항에서 인도되어 화주가 상태를 확인하여 보니 녹 손상이나 scratch 손상이 되어 있었다. 화주는 누군가에 대하여 손해배상청구를 하여야 하겠다고 생각하였다. 선하증권을 보니, 서명란에 외국의 선적항에서 어떤 회사가 on behalf of Master라고 기재하고 선하증권을 발행하였다. 그런데 우연히 동 선박은 당시 정기용선되어 있었던 중이었음을 알게 되었다. 이러한 상황에서 화주는 손해배상청구를 선주를 상대로 하여 할 것인가 아니면 정기용선자를 상대로 할 것인가 고민하게 된다. 채무불이행을 원인으로 한 손해배상청구는 계약의 상대방에게 하게 되는 것인데, 선하증권으로 증명되는 운송계약의 상대방이 선주인가 아니면 정기용선자인가의 문제이다. 이는 달리 말하면 선장의 위 서명이 선주를 기속하는가 아니면 정기용선자를 기속하는가의 문제이다. 이 문제에 관하여 널리 알려진 바와 같이 우리 대법원은 영국법과 다른 입장을 취하고 있다. 즉, 정기용선계약이 선박임대차 계약에 근사하므로, 대외관계에 있어서 정기용선자는 선박임차인의 경우와 마찬가지로 선주와 같은 책임을 지며, 선주는 그 책임을 지지 아니한다는 것이다(대법원 1992. 2. 25. 선고 91다14215 판결). 이에 반하여 영국법은 원칙적으로 선장이 서명한 것은 선주를 기속하므로, 정기용선 중이었다고 하더라도 선장이 서명한 선하증권에 의하여 증명되는 운송계약의 당사자는 선주이라는 것이다. 영국법은 그러한 원칙에 대한 예외로서 선하증권이 정기용선자가 사용하는 서식이어서 선하증권 표면에 정기용선자의 회사명이나 로고가 찍혀 있다든지, 정기용선된 선박이 정기용선자의 정기선 항로(liner service)에 투입되어 있었다든지 하는 요소가 있는 경우에는 그 선하증권은 정기용선자를 기속하는 것이라는 입장이다. 따라서 영국법에 의하면 개개의 사안별로 검토하여야 한다는 말이 된다.

실제의 경우로서 위의 사안과 같은 상황에 처하여 있다면 화주로서는 선주를 상대로 할 것인가 아니면 정기용선자를 상대로 할 것인가를 고민하게 된다. 그에 대하여는 구체적인 사안에 따라서 판단하여야 할 일이다. 다만 주의를 요하는 것은 정기용선자를 채무자로 보면서, 해당 선박(정기용선자가 용선하였으나 그 소유권은 선주에게 있는 선박임)을 가압류할 수는 없고, 나아가 선박의 국적에 따라서는 선박우선특권에 기한 압류도 하지 못한다는 점이다. 이상은 채무불이행에 의한 손해배상청구를 검토하는 것이므로, 화주로서는 어떠한 과실이 구체적으로 화물 손상을 야기하였는지를 주장하거나 증명할 필요가 없다. 이는 불법행위를 원인으로 한 손해배상청구와의 큰 차이점이다.

실례로, 운송을 특정업체에 의뢰하였는데 동 업체가 발행한 선하증권의 명의는 다른 회사("A")로 ―통상의 경우로서 편의치적회사로― 되어 있는 경우가 있다. 대부분의 그러한 경우 송하인은 그 업체("A")가 화물을 수령하고 선하증권을 발행하였으므로 선하증권의 발행주체가 누구로 되어 있는지는 관심이 없는 것이 사실이다. 그런데 그러한 선하증권하의 운송이 분쟁에 휘말렸을 경우에는 누구 명의로 선하증권이 발행되었는가가 우선 문제시된다. 여기서 일단 선하증권의 발행주체가 송하인이 생각하던 회사("A")가 아닌 다른 회사("B") 명의로 된 경우에는 소송상 청구함에 있어서 일단은 장애가 있는 것이다. 물론 송하인이나 해당 업체의 당시의 언행으로 볼 때 해당 업체("A")가 운송인으로서 화물을 인수하였다고 볼 여지가 충분히 있으면, 선하증권의 기재에도 불구하고 운송계약의 상대방은 선하증권의 발행명의인("B")이 아니고 그 회사("A")라고 주장하여야 할 것이다. 하여튼 선하증권을 받은 송하인은 선하증권의 발행인이 누구 명의로 되어 있는지를 확인하여 문제가 있는 선하증권은 선적당시에 시정하도록 하여야 할 것이다.

0Ⅱ. 포장당 손해배상책임(포장의 의미)

우리 나라에서 진행된 어떤 소송사건에서 적하 보험자를 대리한 한 변호사는 포장당 손해배상책임이 구시대의 유물로서 불합리한 것이라는 이유로 포장당 손해배상책임에 관한 법 규정(즉, 상법 제789조의 2)에 대하여 위헌심판청구를 시도한 일이 있다. 포장당 손해배상책임이 해상운송인을 특별하게 보호하는 측면이 있기는 하다. 그리고 손해배상청구를 하는 화주의 입장으로서는 손해의 완전한 배상을 불합리하게 제한하는 것으로서 자칫 불공정하다고 느낄 수 있는 것이 사실이다. 그럼에도 불구하고 가장 최근이라고 할 수 있는 1978년에 제정된 소위 Hamburg Rules 역시 포장당 손해배상책임을 그대로 유지하고 있다. 즉, 포장당 835 SDR(국제통화기금의 특별인출권으로서 경제신문에 미화 달러와의 교환율이 게재되고 있다), 킬로그램당 2.75 SDR로 책임제한을 하고 있다. 이 포장당 손해배상책임은 1924년 Hague Rules에서 처음 등장한 이래, 전 세계 대부분의 나라가 이러한 포장당 손해배상책임을 유지하고 있다. 이러한 상황으로 볼 때 포장당 손해배상책임은 아직도 좋은 법 제도로 인정되고 있는 것 같다. 이러한 연유인지 위 위헌심판청구는 실패로 종결이 되었다(서울지방법원 1998. 6. 9.자 97카기7078 결정).

좀 더 엄밀히 말하면 포장당 손해배상책임에 의하면 운송인은 그가 부담할 손해배상책임의 범위를 손상 내지 멸실된 화물의 포장 수 혹은 단위 수로 제한할 수 있다. 여기서 포장이란 Hague Rules 때부터 적용되던 기준으로서 carton, bale, bundle을 포함하여 pallet에 이르기까지 해체를 방지하거나 운송에 적합하도록 결집 혹은 포장하여 놓은 개별물건(채이식 저, 상법강의 하권, 784면)을 말한다. 이 포장의 개념에 container가 들어 가게 됨은 상법 제789조의 2 제1항 제1호에 의하여 분명하다. 다만, 실무상 문제되는 것은 화물을 우선 포장한 뒤 그 포장된 화물을

container에 적입한 경우, 포장의 개수는 외부의 container 개수인가 아니면 내부의 포장의 개수인가 하는 것이다. 포장당 손해배상책임이 자연법적으로 하늘에서 떨어진 것이 아니고 Hague Rules에서 고안된 만큼 포장의 개수를 container 기준으로 할 것인가 여부도 당사자의 의사가 가장 우선된다. 만일 당사자의 의사가 분명하지 아니하다면, 상법은 당사자의 의사를 보충하는 방식으로서 내부의 포장의 개수를 선하증권에 표기하였느냐에 따라, 만일 이를 표기하였다면 당사자의 의사를 내부의 포장의 개수를 책임제한의 기준이 되는 포장으로 보고 있다(제789조의 2 제2항 제1호). 선하증권의 인쇄된 서식에는 'total number of packages or unit'라는 난이 있어서 당사자가 합의하는 포장이 개수를 그곳에 기재하게 되어 있다. 만일 위 란에는 container의 개수를 표시하고, 선하증권 표면에는 container에 적입된 포장의 개수를 표시하는 경우, 책임제한의 기준이 어느 것이 될 것인지 혼선이 생길 수 있다.

만일 화물 1855 bundle이 8개의 pallet에 포장되어 1개의 container 내에 적입되었는데, 그 컨테이너 전부가 멸실된 경우 운송인의 손해배상책임은 8개의 pallet를 기준으로 하는가 아니면 1855 bundle을 기준으로 하는가? 이에 대하여는 아직 우리나라 법원의 선결례는 보지 못하였다. 같은 내용의 사실관계에 대하여 영국 Queen's Bench Division은 1996년 'River Gurara' 사건에서, 위와 같은 경우 포장당 손해배상책임의 제한은 가장 작은 포장인 bundle을 기준으로 하여 한다고 판결한 바 있다(이 판결은 선주에 의하여 영국의 항소법원인 Court of Appeal에 항소되었으나, 항소기각되었다). 우리나라에서 동일한 쟁점이 문제될 때에 참고가 될 것으로 본다.

012. 포장당 손해배상책임(2)

요즈음 문제가 되고 있는 사례를 하나 소개하고자 한다. 컨테이너에 화물이 적입되어 있는데, 적입 전에 먼저 박스로 한번 포장이 되었고, 몇 개의 박스가 모여져 팔레트 위에 고정되어 포장되었으며, 그 팔레트들이 컨테이너에 적입된 경우이다. 그리고 선하증권에는 팔레트 수는 물론 박스의 수도 기재하였다. 이러한 경우 포장당 손해배상책임을 적용할 기준은 팔레트인가, 아니면 박스인가의 문제이다. 사실, 우리나라 상법 제789조의 2 제2항 제1호는 "운송용기에 내장된 운송물의 포장의 수를 선하증권 기타 운송계약을 증명하는 문서에 기재한 때에는 그 각 포장을 하나의 포장으로 본다"라고 규정하고 있는데, 위와 같은 경우에 어느 포장이 포장당 책임제한의 기준이 되는지에 대하여 분명하게 규정하고 있지 아니하다.

이에 관하여 우리나라 법원의 분명한 판결례는 아직 없다. 상법의 위 규정은 소위 헤이그 비스비 규칙에서 따 온 것인데, 헤이그 비스비 규칙에 관하여도 뚜렷한 유권적인 해석은 아직 없는 것으로 안다. 다만, 헤이그 규칙 아래에서 동일한 문제를 다룬 영국의 판결이 있다. 즉, River Gurara 사건의 판결이 있는데, 여기서 영국의 1심 법원(King's Bench)은 위와 같은 경우 최소 포장 단위가 포장당 책임제한의 기준이 되어야 한다고 판시하였고, 항소심(Court of Appeal)도 그 결론에 동의하여 항소를 기각한 바 있다. 요컨대, 영국 법원은 위와 같은 경우 박스가 포장당 책임제한의 기준이 된다고 판시한 것이다. 물론 화주와 선주 양측에서 여러 가지 논거를 가지고 다툰 결과, 그렇게 판결한 것이다. 우리나라에 아직 이러한 판결이 없지만, 영국의 위와 같은 판결은 우리나라에서도 그대로 채용하여도 무방하리라 본다. 헤이그 규칙의 해석례라도 우리나라 상법의 위 문제 해결에 큰 차이가 없다고 보기 때문이다.

이에 대하여, 운송인(선주)이 컨테이너 내부를 알 수 없는 상황에서, 포장의 개수에 대하여 송하인이 알려 주는 대로 포장당 책임제한을 정하는 것은 부당하지 않느냐는 반론을 할 수 있을 것이다. 이러한 운송인의 어려움을 전적으로 수용하게 된다면, 결국 컨테이너만 포장이 된다는 결론에 도달되어, 포장당 책임제한이 운송인에게 너무 유리하게 해석될 수 있게 된다. 그러나 운송인은 송하인이 보내 주는 화물의 포장명세서 및 송장을 보고 선하증권을 작성하여 송하인에게 보내게 되는데, 그 과정에서 포장의 개수가 선하증권에 어떻게 기재될 것인가를 알 수 있고 필요한 경우 그 과정에서 송하인과 절충을 하는 것이 불가능하지 아니하므로, 위 판결과 같이 운송인이 확인하지 아니한 박스의 개수에 의하여 포장당 책임제한 금액이 정하여진다고 하여 그다지 부당하다고 할 수는 없다. 또 하나 운송인(선주)측에 제기할 수 있는 문제는 선하증권의 기재 란 중 컨테이너 또는 포장의 수 란에 어떻게 기재되어 있는가를 기준으로 하여야 한다고 하는 주장이다. 이는 양 당사자의 의사를 존중할 수 있다는 점에서 그럴 듯한 생각이기는 하다. 그러나 그것을 관철한다면, 매 선적시마다 화주와 선주는 포장당 책임제한의 기준이 되는 포장을 일일이 정하여 선하증권에 기재하여야 한다는 것이 되는데, 현실적으로 실천하기 어려운 면이 있다. 이러한 점에서 각국의 법원은 이미 그 란의 기재가 당사자의 의사라고 단정할 수 없다고 일찍부터 판시하여 오고 있다. 요컨대, 위 쟁점에 관하여는 법원의 판결례가 조속히 나와서 이 문제에 대한 기준이 확립되어야 할 것이다. 그래야 더 많은 사건이 소송 전 화해로 종료될 수 있으며, 불가피한 최소한의 사건만이 법원의 판결에 의하여 종결되도록 할 수 있을 것이다.

013 포장당 손해배상책임 제한(선적단위 또는 중량에 의하는 경우)

상법 제789조의 2 제1항은 운송인이 손해배상책임을 제한하는 것은 포장의 개수에 의할 뿐 아니라, 선적단위에 의하여도 이것이 가능함을 규정하고 있다. 여기서 선적단위란 무엇인지에 관하여 논란이 있다. 의문의 여지가 없이 여기서의 선적단위는 Hague Rules이나 Hague Visby Rules에 규정되어 있는 'unit'에서 유래된 것이다. 선적단위에 대하여 혹자는 그것이 포장 안 된 화물의 개수를 의미하는 것이라고 주장하기도 하며, 혹자는 그것이 운임단위(freight unit)를 의미하는 것이라고 주장하기도 한다(Tetley 교수). 이 문제는 특히 자동차의 대수를 손해배상책임제한의 기준으로 할 수 있는가의 문제이기도 하다. 실제로 자동차의 대수를 기준으로 한 손해배상책임제한 항변이 문제가 된 사례가 있었는데, 포장당 100 파운드의 가치에 대하여도 양 당사자 사이에 논박이 있었으므로, 두 가지 쟁점을 적정히 조화시켜 중도 합의로 종결되었다. 아울러 목재 1개를 손해배상책임제한의 기본으로 인정한 고등법원의 판결도 있다. 통상 운임단위로 손해배상책임을 제한하게 되면, 손해배상책임한도액이 지나치게 커져 책임제한의 실효를 거두지 못하는 경우가 많을 것으로 본다. '자동차의 개수가 선적단위로 인정이 되지 아니한다면, 경우에 따라서 매우 우연한 사유로 인하여 어떤 운송인은 포장당 손해배상 책임제한의 이익을 누리고, 다른 운송인은 사실상 손해배상 책임제한의 이익을 누리지 못한다는 다소 모순된 결과가 발생될 수 있다. 여기서 만일 영리한 운송인이 있어서, 선하증권의 이면약관에 포장이 안 된 운송물의 경우, 그 개수가 손해배상책임제한의 기본이 됨을 명시적으로 규정하였다면 사정은 어떻게 달라질까?

한편, 우리상법은 중량에 의한 손해배상책임을 규정하고 있지 아니하다. 만일 선하증권의 이면약관에 중량당 손해배상책임의 제한 규정이 있고, 해당 사안에서 그와 같은 방식에 의하여 산정하는 손해배상책임 제한금액이 포장당 500 SDR로 산정하는 손해배상책임 제한금액보다 높은 경우에 그 약관 규정이 유효함은 말할 것도 없다고 본다. 상법에서 규정하고 있는 수준보다 운송인의 책임을 가중하는 규정은 언제나 유효한 것이고, 위에서 본 선하증권 이면약관은 바로 그러한 규정에 속하기 때문이다. 만일 중량에 의하여 산정한 손해배상책임 제한금액이 포장당 500 SDR로 산정한 금액보다 낮은 경우에는 무효가 된다(서울지방법원 1997. 3. 27. 선고 95가합109000 판결).

운송물에 관한 손해가 운송인 자신의 고의 또는 그 손해가 생길 염려가 있음을 인식하면서 무모하게 한 작위 또는 부작위로 인하여 생긴 것인 때에는 포장당 손해배상책임 제한을 원용할 수 없다. 문제가 되는 것은 첫째 운송인 자신이라는 것이며, 둘째 고의 또는 그 손해가 생길 염려가 있음을 인식하면서 무모하게 한 작위 또는 부작위이다. 전자의 사항과 관련하여 선장은 운송인 자신에 해당되지 아니하므로(대법원 1995. 6. 5. 선고 95마325 판결), 선장에게 무모한 과실이 있다고 인정되는 경우에도 운송인은 여전히 포장당 손해배상책임제한을 원용할 수 있다. 마찬가지로, 선박대리점에게 무모한 과실이 있다고 인정되는 경우에도 대리점은 운송인 자신에 해당되지 아니하므로 운송인은 여전히 포장당 손해배상책임제한을 원용할 수 있다. 한편 후자에서 말하는 사항과 관련하여서 '무모한 과실'은 종래의 중과실과는 질적으로 차이가 있으며, 중과실보다는 더 심각한 수준의 잘못에 해당된다. 그러나 구체적으로 무모한 과실에 해당된다고 하여, 책임제한원용을 배제한 사례가 거의 보이지 아니하여 무모한 과실의 의미를 정확히 해석하기가 어려운 실정이다. 간혹 항공운송사고와 관련하여서는, 우리 법원은 피해자 보호의 관점에서 조종사의 무모한 과실을 인정한 사례가 적잖이 있는데, 그러한 점만을 본다면, 우리법원이 막상 실제의 사건에서 무모한 과실인가 여부를 따질 때에는 다른 나라보다 피해구제의 차원에서 판결을 내리지 않을까 하는 생각이 든다. 이와 관련하여 특히 문제가 될 소지가 많은 것은 운송인이 선하증권을 받지 아니하고 화물을 인도하는 행위이다. 종래에는 중과실이라고 평가되는 행위이지만, 무모한 과실이라고까지 할 수 있는지는 의문이다.

014. 하역회사나 내륙운송 회사의 작업지연

대형 하역회사나 내륙운송업체가 법정관리에 들어 가는 무렵에는 자연히 임금 등의 지급이 지체되기 십상이고, 이에 따라 작업 근로자들이 작업을 지연하거나 작업을 하지 아니할 수 있다. 이 때문에 물류대란이 예고되기도 한다. 이 장에서는 이러한 하역회사나 내륙운송 회사의 작업지연이 물품운송계약관계에 어떠한 법적 의미가 있는지 보고자 한다.

통상의 살적화물은 화물이 선박의 난간을 지날 때에 운송인의 책임은 종료되고, 양하에 대한 비용이나 책임이 선주에 있는가, 아니면 화주에 있는가에 따라 'liner terms'과 'Free Out terms'으로 나누어진다. Free Out terms에서는 화주가 양하에 대한 책임을 지게 되므로, 화주가 수배한 하역부들이 양하를 지연하는 경우에는 화주가 선주에게 체선료를 지급하는가라는 문제는 발생할지언정, 선주는 화주에 대하여 하역지연으로 인한 책임을 지지 아니한다.

통상 CY/CY 조건에서는 운송인의 책임은 양하항의 컨테이너 야드에서 화물이 반출되는 시점에서 종료된다. 따라서 그 이후의 운송, 즉 내륙운송 과정에서 발생되는 여하한 사태에 대하여 운송인은 책임을 지지 아니하는 것이 원칙이다. 화주가 수배한 내륙운송인(즉, 보세운송업자)이 내륙운송을 지연 혹은 거부하는 경우에도 운송인은 책임을 지지 아니한다. 만일, 화주를 대리한 내륙운송인이 화물의 반출 자체를 요청하지 아니함으로써, 화물이 양하항 컨테이너 야드에 반입된 채로 그대로 있는 경우에는, 화주의 수령지체의 문제가 발생한다. 수령지체 기간 중에 발생하는 손해에 대하여 화주가 책임을 져야 할 가능성이 높다. 실무상 보세운송 신청을 운송인이 하는 경우가 있을 수 있는데, 이는 화주를 대리하여 운송을 의뢰하는 것으로 볼 수 있다.

운송조건에 따라 해상운송인이 내륙운송까지를 하여 주기로 하고, 그에 대한 비용을 운임에 포함시켜 받는 경우도 있을 수 있다. 소위 'Mill Delivery Terms'이 그러한 경우에 해당된다. 그러한 경우 내륙운송업자의 작업 지연이나 거부에 대하여 운송인에게 책임이 있는지가 문제될 수 있다. 그러나 대부분은 파업이나 태업으로 인하여 운송인이 운송계약을 이행하지 못하는 경우에는 운송인의 책임은 없다는 규정을 두게 되고, 그러한 규정에 의하여 운송인은 그 책임을 면할 수 있을 것이다.

만일, 운송인이 운송지연에 대하여 책임이 있다고 할 경우, 운송인은 손해배상책임을 지는 것인가? 운송지연은 영국법에서는 소위 '이로'에 해당할 정도로 심각한 경우가 아닌 때에는 손해배상책임이 잘 인정되지 않았다. 이러한 연유에서 Hague Rules이나 Visby Rules에도 운송물의 멸실 혹은 손상에 대하여 규정을 하고 있지만, 운송지연에 대하여는 언급을 하지 아니하고 있다. Hamburg Rules에 와서는 운송지연으로 인한 손해배상책임을 명시적으로 인정하기에 이르렀고, 그 인도지연으로 인한 손해배상책임 한도는 지연된 부분의 운임의 2.5 배 이내이되, 어떠한 경우에도 해당 운송계약상의 전체운임을 초과하지 아니하는 것으로 규정되었다. 우리법은 종래부터도 운송지연에 대하여 손해배상책임을 인정하고 있고, 그에 대한 손해배상액수는 인도가 있었을 당시의 시가와 실제인도시 시가의 차이 금액이라고 해석되고 있다.

015. Himalaya Clause(운송인의 사용자가 면책약관을 원용할 수 있는지?)

해상운송인은 상법에 규정된 포장당 손해배상책임(책임제한에 관한 규정)이나 항해과실로 인하여 운송물에 야기된 손해에 대한 면책(책임면제에 관한 규정) 등의 제반 책임제한, 면책의 권리를 향유하고 있다. 이러한 책임제한, 면책의 권리는 육상 운송의 경우에 비추어 보면 해상운송인에게 매우 특이한 것이다. 해상운송에는 이와 같이 책임제한이나 면책에 관한 규정이 즐비하기 때문에 그 분쟁의 처리에 보다 더 많은 전문성을 필요로 하는 것이다. 그에 비하여 육상운송업자(예를 들면 트럭운송업자)의 화주에 대한 손해배상책임은 대개는 피할 길도 책임을 제한할 길도 없다. 해상운송인이 향유하는 이러한 특권을 해상운송인이 사용하는 사용인이나 대리인도 향유할 수 있는 것인가? 이러한 문제가 1954년 영국 법원의 판단을 받게 되었다. 즉, 여객선 Himalaya 호의 승객인 Adler 부인이 승선 중 gangway가 선박에서 바다로 떨어지는 바람에 부상을 입은 뒤, 여객선사에 대하여는 승선권상에 여객선사의 사용자의 과실로 인한 여객의 신체의 상해에 대하여는 책임을 지지 아니한다는 규정이 있었기 때문에 소송을 제기하지 못하고, Himalaya 호의 선장 Dickson을 상대로 소송을 제기한 사건이 바로 그것이다. Dickinson 선장은 여객선사가 향유하는 면책규정은 사용자인 자신도 사용할 수 있는 것으로 여객선사와 Adler 부인 사이에도 명시적 혹은 묵시적으로 적용하기로 하는 합의가 있었다고 주장하였다. 법원은 우여곡절 끝에 Dickison 선장의 주장과 달리 그러한 명시적 혹은 묵시적인 합의가 없었다고 판결하였다(Adler *v.* Dickson). 이후 해상운송인들은 그러한 명시적인 합의를 선하증권에 규정하기에 이르렀다. 이에 관한 국내선사의 한 규정은 "Every servant, agent and sub contractor(including all interests engaged in the owning or chartering of the Vessel, stevedore, warehousemen, and other independent contractor) and the agents of each shall have the benefits of all provisions herein for the benefit of Carrier"로 되어 있다. 이러한 규정을 소위 'Himalaya Clause'라고 부른다. 이는 법적으로 분석하여 보면, 계약 당사자 사이에 당사자 아닌 제3자에게 이익을 주기 위한 계약이고, 우리법상 제3자를 위한 계약이 인정되고 있으므로, Himalaya Clause의 효력도 인정된다(대법원 1997. 1. 24. 선고 95다25237 판결). 물론 영국이나 미국에서도 대체로 Himalaya Clause는 효력이 인정되고 있으며, 나아가서 Hague Visby Rules은 독립적 계약자(independent contractor)를 제외한 사용자, 대리인은 운송인의 책임제한 및 면책특권을 향유할 수 있다는 명문규정을 두고 있다. Hague Visby Rules이 적용되는 경우에는 소위 Himalaya Clause가 없다고 하더라도 사용자, 대리인은 운송인이 누리는 면책과 책임제한의 이익을 누릴 수 있는 것이다. 이러한 구조는 현행 상법 제789조의 3 제2항과 거의 같다. 특히 실무상 문제가 될 수 있는 것은 육상운송업자의 package limitation 원용이 가능한가 여부이다. 해상운송인이 약속한 화물의 인도장소가 내륙의 한 장소이고, 화물이 그 장소까지 운송되다가 멸실, 손상되는 사고가 발생되었다면, 육상운송업자나 해상운송인은 공히 package limitation의 주장을 할 수 있다고 본다. 반면, 해상운송인의 통상적인 경우의 책임종료시점이 컨테이너 야드(FCL 운송에서 컨테이너채로 운송인이 인도하여 주는 항구 내 장소)에서 화물이 반출될 때이므로, 그 이후의 운송을 담당한 계약자는 해상운송인이 주장할 수 있는 package limitation을 주장할 수 없다고 본다. 어쨌든, 그러한 육상운송을 담당하는 사람이나 그 육상운송인에게 손해배상청구를 하는 사람은 해상운송에 있는 면책, 책임제한 규정이 그 구간에도 적용될 수도 있다는 점을 잊어서는 아니 될 것이다.

016. 감항능력주의의무(1)

물건을 매도한 매도인은 그가 판 물건에 대하여 하자담보책임을 진다. 그 물건이 상품으로서 하자가 없고, 사용하려는 용도에 적합하다는 담보를 하는 것이다. 이와 유사한 개념이 해상법에 있다. 선주는 화주에 대하여 그 선박이 감항성이 있음을 담보한다는 것이다. 감항성이란 해당 선박이 해당 계절에 해당 항해를 감당할 수 있는 능력이라고 할 수 있다. 민법에서 말하는 하자담보책임이 유구한 역사를 가진 제도인 것처럼 감항성을 갖춘 선박을 공급하여야 한다는 법리 역시 common law에서 인정된 것이다. common law상 선주는 감항성을 갖춘 선박을 제공하여야 하는 절대적인 의무를 지었으나, 선주에 대한 이러한 의무는 Harter Act와 1924년 Hague Rules에서는 선주는 감항성을 갖추도록 상당한 주의의무를 기울이어야 하는 것으로 변경되었다. 이는 달리 말하면, 설령 해당 선박이 감항성을 유지할 수 있도록 선주로서는 상당한 주의의무를 기울였음에도 불구하고 감항성이 결여된 것이라면, 그 선주는 감항성에 대한 어떠한 책임도 지지 아니한다. 감항성에 관하여 선주가 지는 책임은 과실책임이지, 무과실 책임인 것이 아니다. 이처럼 소위 상대적인 의무로 변경됨으로 인하여, 선주가 책임을 지기 위하여는 발항시 해당 선박이 감항성을 유지하지 못하고 있었을 뿐 아니라, 감항성을 유지하지 못한 것은 선주가 상당한 주의의무를 기울이지 못하였기 때문이라는 두 가지 점이 증명되어야 하게 된 것이다.

그러나 실제의 문제로 들어가서 보면 감항성에 대한 선주의 책임이 있는지 여부를 판단하는 것은 용이하지 아니하다. 예를 들어 한 선박이 항해를 하는 도중에 화재가 발생하였는데, 그 원인이 발전기에 부착된 연료 파이프에서 연료가 새어 나가, 그 연료가 고열 부분에 닿은 것이었다고 할 경우, 과연 그 선박이 발항시 감항성이 있다고 하여야 할지 의문이 아닐 수 없다. 우선 연료 파이프에 하자가 있었다고 하는 경우, 그 것이 반드시 감항성을 상실하였다고 할 것인지, 아니면 항해도중 선원들에 의한 수리가 가능하므로 감항성을 상실한 것은 아니라고 할 것인지가 문제된다. 이에 관하여 영국법에서는 해상에서 간단하게 수리할 수 있는 정도의 하자이었다면, 그 선박은 감항성을 상실한 것이 아닌 것으로 본다. 반면, 항해도중의 수리가 선원들이 할 수 있는 범위를 넘는 것이라면, 그러한 하자를 안고 출항할 때에 해당 선박은 감항성을 유지하지 못한 것으로 인정된다.

만일, 위와 같은 사안에서 해당 선박이 감항성을 상실하였던 것으로 인정이 되면, 선주, 선원 기타 선박 사용인이 발항시 상당한 주의의무를 기울였는가 여부를 또 판단하여야 한다. 이것 역시 상당한 주의의무라는 말에서 보는 바와 같이 구체적인 사안에서 개별적으로 판단하여야 할 것으로서, 일률적으로 말하기 어려운 면이 있다. 일반적으로 말할 수 있는 것은, 문제의 고장에 대하여 사전에 수리한 적이 있고, 그 수리가 미흡하여 다시 고장이 발생하는 것이라면, 일단 해당 선박의 감항성에 대하여 선주가 상당한 주의의무를 기울였다고 볼 것인지 의문이 제기될 것이다.

한편 감항능력의 유무, 그리고 그에 대하여 선주가 상당한 주의의무를 기울였는지 여부는 어느 측이 입증하여야 하는가라는 또 다른 문제가 대두된다. 일반적으로 본다면, 선주가 면책사유(예를 들면 황천에 의한 손상)가 있음을 주장・입증하고 나면, 화주는 손상은 오히려 해당 선박이 감항성이 없는 선박이었기 때문에 발생하였다는 일응의 주장・입증을 할 것이다. 그리고 구체적으로 선주가 상당한 주의의무를 기울였는지 여부는 선주가 입증하여야 하는 것이 합당하다. 왜냐하면 화주는 선박측의 사정을 정확히 알기 어렵기 때문이다. 그러한 점에서 출항한 지 하루도 되지 아니하여 레이더가 고장이 나서, 인근항으로 이로하여 레이더를 수리할 정도인 경우, 해당 선박은 출항시 불감항이었고, 그에 대하여 선주는 상당한 주의의무를 흠결하였다고 판시한 판결은 수긍할 만하다(대법원 1998. 2. 10. 선고 96다45054 판결).

017. 감항능력주의의무(2)

앞서 보았던 감항능력주의의무(1)에서는 일반적인 의의, 입증책임 등에 관하여 살펴 보았다. 이번에는 개별적인 사례를 가지고 논하고자 한다. 우리 상법 제787조 제1호 내지 제3호는 세 가지의 유형을 규정하고 있다. 즉, 선박자체의 항해능력, 선원·선박의장과 필요품, 선창 등의 감항능력이 그것이다. 우선 항해능력과 관련하여 레이더가 선박에 비치되지 아니한 경우를 보자. 레이더가 선박의 필수품이 된 지 오래이므로, 레이더가 고장인 상태로 출항하였다가 그로 말미암아 해난사고를 야기하였고, 화물에 손상을 야기하였다면, 그 선박은 감항성이 상실된 선박이라고 말할 수 있다. 이와 관련한 경우로서, 연안에서 항행하는 거의 모든 예부선은 운항허가를 받을 때에 해양수산관청으로부터 무중항해를 하지 않는다는 제한조건으로 허가를 받게 된다. 그런데 많은 경우 무중임에도 불구하고 그러한 예선열이 항해하다가 국내외 선박과 충돌사고를 야기하는 경우를 보게 된다. 이러한 예선열에 대하여 무중항해를 제한하는 것은 선박의 항해설비나 인적·물적 설비에 대한 관청의 관리감독이 외항선에 비할 수 없을 정도로 느슨한 수준인 것을 감안하여, 관청은 운항허가를 하되, 무중에는 항해를 하지 말 것을 요구하는 것이므로, 위와 같은 예부선이 무중에 선박충돌사고를 야기하였다면, 일단 예부선측에서 감항능력주의의무를 위반하였을 가능성이 높아진다.

선급협회로부터 정기검사를 받아서 합격하였다고 하여, 해당 선박이 감항능력을 보유하고 있다고 말할 수는 없다. 왜냐하면, 감항성이 있는가 여부는 실질적으로 판단할 사항이기 때문이며, 선급협회에서는 규칙에서 정하여진 대로만 선박을 검사하는 것이지, 선박의 감항성에 대하여 완벽하게 검사하는 것이 아니기 때문이다. 오히려, 선급협회가 정하여 놓은 항목에 대하여 부실하게 검사함으로써, 선박의 불감항성이 일찍 발견되지 아니하였고, 이로 인하여 화물손상 사고가 발생한 경우에는 선급협회의 제3자에 대한 책임성립 여부를 논할 수 있을 것이다. 선박에는 늘 최신 해도가 비치되어 있어야 한다. 만일 해도 수정이 적절히 되지 아니한 해도를 비치하고 다니다가, 그로 말미암아 해난사고가 발생한 경우, 그 사고는 전형적으로 불감항에서 비롯된 사고라 말할 수 있다.

인적 감항능력과 관련하여 특히 문제가 되는 것은 인원수이다. 선박직원법에서 요구하는 법정인원에 미달되는 경우에는 일단 인적 불감항이 아닌가 의심하여야 한다. 예를 들면, 항해사가 부족하여 2교대근무 도중에 항해사가 피로하여 항해상의 과실을 야기하였고, 그로 말미암아 해난사고가 야기되었다면, 이 역시 선박의 불감항에서 비롯된 사고라 말할 수 있다. 이와 관련하여, 항해사 자격이 인적 감항능력 여하를 따지는 결정적인 사항인가? 그렇지 아니하다. 따라서 법에서 요구하는 면허가 있더라도, 예컨대 레이더 판독능력이 전혀 없는 사람이 항해하다가 그로 인하여 사고가 야기되었다면, 그 선박은 인적 감항능력이 없었다고 말할 수 있다. 반대로, 무면허라도 충분한 항해능력이 있다면, 인적 감항능력의 요건을 충족하였다고 볼 경우도 얼마든지 있다.

감항능력이 흠결되었던 것으로 인정되고, 운송인이 그에 대하여 주의를 해태한 과실도 있다고 인정되면, 무엇보다도 운송인은 면책사유를 주장할 수 없게 된다. 예를 들어 레이더 고장으로 항해사가 어렵게 조선하다가 상대선과 충돌사고를 야기한 경우, 항해과실로 면책되는 것이 아니라, 경우에 따라서 이쪽 선박은 감항능력주의의무를 해태한 것으로 인정되어 운송 중인 화물의 화주에 대하여 손해배상책임을 져야 할 것이다. 주의할 것은 감항능력주의의무 위반이 있다고 하여 포장당 책임제한이 배제되는 것은 아니라는 점이다. 포장당 책임제한의 배제사유는 감항능력주의의무 위반보다도 훨씬 높은 무모한 과실 기준에 의하기 때문이다.

018. 화물불법인도와 화물손상에 대한 손해배상청구권의 1년의 제소기간

상법 제811조는 운송인의 송하인 또는 수하인에 대한 채무는 운송물을 인도한 날로부터 또는 인도할 날로부터 1년 내에 재판상 청구가 없으면 소멸한다고 규정하고 있다. 1991년 12월 31일의 이러한 상법개정은 그간 우리 상법이 'time bar'에 관하여 분명하지 아니한 태도를 보이고 있던 것에 비하여 상당한 진전이 아닐 수 없다. 더구나 그간 논란이 있었던 당사자간의 합의에 의한 연장이 가능함도 분명히 하였다(동조 단서). 그러나 위와 같은 개정 이후에도 1년의 제소기간에 관하여는 여전히 다음과 같은 의문이 있었다. 즉, 운송인이 양하지에서 선하증권을 소지하고 있는 적법한 권리자가 아닌 제3자에게 화물을 인도함으로써 선하증권 소지인의 권리를 침해하였을 때에, 1년의 제소기간은 적용되는 것인가? 그리고 그 기산점은 언제인가에 관한 의문이 그것이다. 사실 상법개정 전에는 1년의 소멸시효기간이나 선하증권상의 1년의 time bar는 운송인에게 악의 또는 중과실이 있는 경우에는 적용되지 아니한다고 보았다. 그리고 운송인의 화물불법인도는 그러한 악의 또는 중과실이 있는 경우로 보았으므로 화물의 불법인도로 인하여 손해배상청구를 당하는 경우에는 운송인은 1년의 time bar를 주장하는 것이 허용되지 않았다. 현행 상법에는 어떠한 경우에 1년의 제소기간을 원용할 수 없는지에 대하여 아무런 규정을 두지 아니하였기 때문에 의문이 생긴 것이다. 참고로 현행 상법 제789조의 2 제1항에 의하면 운송인에게 소위 무모한 과실이 있다고 인정되는 경우에는 포장당 손해배상책임을 원용할 수 없다는 명문규정을 두고 있다. 아직 무모한 과실의 의미가 국내외적으로 정립되지는 아니하였다. 이러한 상황에서 대법원은 항공화물운송에서의 화물불법인도 사건에서 그러한 사고에는 운송인의 악의 또는 중과실이 있었으므로 항공운송인의 운송물의 중량에 비례한 킬로그램당 책임제한을 원용하는 것이 불가능하다는 판결을 여러 차례 낸 바 있기 때문에, 이런저런 논리를 모아서 적용하면 해상화물운송 분야에서도 불법인도는 곧 악의 또는 중과실에 의한 것이고, 그러한 경우에는 운송인은 어떠한 면책약관이나 법규정도 원용할 수 없다는 결론이 도출될 수 있는 상황이었다.

그러나 위와 같은 의문에 대하여 대법원은 운송인의 악의로 인한 불법행위 채무 역시 1년 내에 재판상 청구가 없으면 소멸한다고 판시함으로써, 해상화물의 불법인도 사건에는 1년의 제소기간이 적용됨을 분명히 하였다. 그리고 이 대법원 판결 이후 법원 실무는 기산점을 인도한 날로 보고 기산하고 있다. 이러한 대법원의 판결에 따라 해상화물불법인도 사건에도 1년의 제소기간이 적용됨이 분명하여진 것이다. 사실, 대법원의 위와 같은 판결로 인한 결과는 영미 해운국가의 태도와 동일한 것이다. 불법인도는 무조건 중과실로 보지도 아니하고, 나아가 중과실이 있다고 하여 제소기간의 적용을 배제하는 것도 아니라는 점에서이다. 이와 같은 대법원 판결은 위에서 언급한 항공운송에 관한 대법원 판결과 다소 모순이 있다고 본다. 특히 항공운송에 관한 대법원 판결이 무모한 과실이 있는가 여부를 판단하여야 할 대목에서 악의 또는 중과실이 있다는 이유로 운송인의 책임제한이 불허된다는 것은 법리의 혼동을 야기하는 것이라고 생각한다.

019. Cargo claim에 기한 파나마 선적 선박에 대한 압류

통상 선주나 운송인에 대하여 손해배상청구권을 가지고 있음을 이유로 압류하는 것에는 두 가지의 방법이 있다. 그 하나는 가압류이고, 다른 하나는 선박우선특권에 기한 압류, 즉 경매신청을 하는 것이다. 채무자가 곧 선주이면 가압류를 하는 것으로 충분할 것이다. 그럼에도 불구하고, 선박가압류에는 후술하는 두 가지의 문제점 때문에, 늘상 부당가압류의 위험이 있다. 하나는 소유권 확인의 문제이다. 상당 부분의 선박이 파나마 등에 편의치적하여 놓았기 때문에, 운송인과 해당 선박의 소유자가 불일치하는 경우가 너무 많다. 예를 들면 실제 선주 A가 파나마에 paper company를 설립하여 그 paper company로 하여금 소유자가 되게 한 뒤, 자신은 그 paper company로부터 정기용선 받아, 실제 선주 A가 그 명의로 선하증권을 발행하여 운송하다가 화물에 손상이 발생하였으면, 우리법원의 선례에 의하면, 화주에 대하여 손해배상책임을 지는 당사자는 A가 될 수 있다. 그 경우 선주와 A가 불일치함으로 인하여 화주는 해당 선박의 가압류를 하지 못하게 된다. 여기서 물론 해당 선박의 실제선주가 A임을 증명하여 보이면, 가압류는 가능하게 될 것인데, 그러한 증명이 쉬운 것이 아니다. 또 하나의 문제는 선박우선특권과 관련된 것이다. 우리법원은 선박우선특권이 허용되는 경우로서, 그에 기하여 압류하는 것이 가능하다면, 선박가압류는 허용하지 아니한다. 우리법원은 그러한 경우를 소위 보전의 필요성이 없는 경우로 본다. 이론상으로는 그러하지만, 실제로는 문제이다. 선박우선특권이 허용되는지는 우리법에 의하는 것이 아니라, 선적국법에 의하게 되어 있기 때문이다. 따라서 cargo claimant는 일일이 화물운송선으로서 압류를 고려하고 있는 해당 선박의 선적국 법에서 cargo claim에게 우선특권이 부여되고 있는지를 확인하여야 하는 부담이 있게 된다. 만일 여기서 선적국법이 우선특권을 허용함에도 불구하고 선박가압류를 하였다면, 부당 가압류의 문제가 제기된다.

가장 흔히 볼 수 있는 편의치적국인 파나마 해상법상 cargo claim에는 선박우선특권이 부여된다. 즉, 파나마 해상법 제1507조 제11호는 "Indemnities due to shippers and passengers for non-delivery of items loaded or for damage to these attributable to the Captain or crew during the last voyage"(저자 역: 마지막 항해 동안에 선장 또는 선원의 과실로 인하여 발생된 손해 또는 화물 불인도로 인하여 입게 된 화주 또는 여객의 손해배상청구권)라고 규정하여, 마지막 항해 동안의 화물손상으로 인한 손해배상청구권이 우선특권의 대상임을 분명히 하고 있다. 나아가 파나마 변호사의 의견도 일반적으로 cargo claim에 대하여는 선박우선특권이 있다고 보고 있다.

따라서 선박의 국적이 파나마인 것이 확인된 선박에 대하여는 cargo claim을 위한 선박가압류를 하여서는 아니 된다. 우리나라 선적의 선박에 대하여는 cargo claim에 선박우선특권을 부여하지 아니한다. 따라서 우리나라 선박에 대하여는 선박우선특권에 기한 압류가 허용되지 아니한다. 이처럼 선박압류나 가압류를 위하여는 해당 선적국을 알아 보아야 하는 번거로움이 있다. 이러한 일로 파나마나 기타 편의치적국법의 해상변호사는 일감이 있게 되는 것이다.

020. Clause Paramount와 선하증권상의 준거법(1)

많은 선하증권에 준거법 조항과 함께 소위 'Clause Paramount'(지상약관)을 두고 있다. 흔히 볼 수 있는 준거법 조항과 Clause Paramount 조항은 다음과 같다.

(Paramount Clause): Subject to the provisions of Clause herein, the terms of the Bill of Lading shall be governed by the provisions of the maritime law, rules, and regulations of the place of receipt of the goods by the Carrier so long as such laws, rules, or regulations have been enacted for the purpose of incorporating the rules of the international Convention for the Unification of certain Rules relating to Bills of Lading at Brussels of August 25. 1924. However, if any such law, rules, regulations are in effect at the place of delivery of the cargo, and apply to the carriage of the goods to the place of delivery such law, rules of regulations of the place of delivery shall be paramount.

(Applicable law): This Bill of Lading shall have effect subject to the provisions of the Carriage of Goods by Sea Act of the United States approved April 16. 1936. The Carrier and its agent and subcontractors shall be entitled to all of the rights and immunities set forth in that Act, and to the extent that any terms of the Bill of Lading is repugnant to, or inconsistent therewith, and such inconsistency is not permitted by that Act, then such term shall be amended, but only to the minimum extent necessary to comply with the terms of that Act.

국제 계약을 함에 있어서 해당계약에 관련된 분쟁에 대하여 외국의 특정법을 적용하는 것으로 하는 조항을 두는 경우가 많이 있다. 선하증권에 들어가 있는 준거법 조항도 크게 보아서는 일반적인 국제계약상의 준거법 조항에 해당되는 것이다. 이러한 소위 준거법 조항의 효력은 적어도 계약 불이행을 청구원인으로 하는 손해배상청구에 유효하며, 나아가서 선하증권과 관련하여 불법행위를 원인으로 한 손해배상청구에도 그 준거법 조항이 적용되어야 한다고 본다. 실무상으로는 Clause Paramount 조항과 준거법 조항간의 관계가 오히려 문제된다. Clause Paramount를 두기 시작한 역사적인 배경에 대하여는 유감스럽게도 아직 확인을 하지 못하였으나, 생각컨대 Clause Paramount 조항은 1924년 Hague Rules이나 이후 개정된 Hague Visby Rules을 선하증권 아래에서 발생된 분쟁에 적용함으로써, 그 분쟁이 어느 나라 법원에 처리되든 가능한 한 동일한 법 원칙을 적용하기 위하여 고안된 것으로 보인다. 양 조항간의 관계에 대하여는 사안별로 해당 규정을 검토하여 구체적으로 판단할 것이기는 하나, 위와 같은 제정배경을 염두에 두고 접근하건대, 일반적으로는 Clause Paramount 조항이 맨 먼저 적용되고 준거법 조항은 보충적으로 적용되어야 한다고 본다. 바로 그러한 이유에서 어떠한 조항보다도 우선적으로 적용하라는 의미로 Paramount라는 수식어가 붙은 것이다. 어떤 면에서 이러한 법 원칙과 달리 해석할 소지를 야기하는 선하증권 조항은 그 뜻이 분명하게 수정되어야 할 것이다. 양자간의 관계가 일단 정립이 되면, 그 다음에는 선적지나 양하지에 제정되어 적용되고 있는 법이 헤이그 룰 입법(달리 말하면, Hague Rules을 국내법으로 입법화시킨 것)이냐 아니냐 하는 문제가 대두된다. 영국은 통상 국제조약에 가입하는 경우, 그 내용과 동일한 국내법을 제정하는데, 영국은 종전 Hague Rules에 가입하였고, 나아가 Hague Rules을 그대로 국내법화 하였던 적이 있으므로, 그 당시의 영국법이 헤이그 룰 입법이라는 데에는 의문이 있다. 참고로 영국은 현재 Hague Visby Rules의 국내입법을 가지고 있다. 우리나라는 Hague Rules이나 Hague Visby Rules에 가입하지 아니하였고, 상법개정으로 거의 대부분의 Hague Visby Rules 조항이 국내법 규정으로 되어 있지만, 우선 포장당 손해배상책임이 제한액이 667 SDR이 아니라 500 SDR인 것, 중량당 손해배상책임의 제한이 없다는 것 등의 차이가 있다. 따라서 우리상법이 헤이그 룰 입법 혹은 Hague Visby Rules인가에 대하여는 다소 분명하지 아니한 점이 있다.

021. Clause Paramount와 선하증권상의 준거법(2)

미국에는 1924년 Hague Rules을 국내입법화 한 '1936년 COGSA'가 있다. 미국의 이 1936년 COGSA는 미국의 항구에 입항하거나, 미국의 항구에서 출항하는 항해에 강행적으로 적용된다. 그래서인지 한국과 미국의 항로를 주로 운항하는 선사들은 선하증권상 포장당 책임제한액을 미화 500달러로 하려는 경향이 있다. 그러한 선하증권하에서 발생된 분쟁이 한국의 법정에서 심리되는 경우, 미화 500달러의 책임제한 조항은 상법상의 500 SDR보다 적은 금액인데, 미화 500 달러의 조항이 유효한 것으로 인정될 것인가? 이에 대하여 우리법원이 당사자간의 채권계약의 준거법을 외국법으로 하는 것을 당사자자치 원칙상 허용하고 있고, 우리의 책임제한 수준인 500 SDR과 미화 500 달러 사이에는 큰 차이가 없다는 점, 그리고 무엇보다도 민사분쟁은 당사자가 원했던 방향대로 해결하게 하는 것이 좋다는 점에서 유효한 것으로 인정하더라도 아무런 문제가 없다고 본다.

그런데, 이와 같이 두 개의 책임제한금액의 차이가 위와 같이 근소한 경우가 아니고, 그 차이가 매우 큰 경우에도 외국의 책임제한금액이 유효한 것으로 인정될 것인가? 이와 관련하여 아주 적은 수준인 멕시코법상의 책임제한금액(약 미화 30달러 수준)이 우리법원에서 심리된 적이 있다. 널리 알려진 바와 같이, 우리상법은 포장당 책임제한액에 관하여, 운송인의 책임을 경감하는 당사자간의 특약은, 설령 이를 하였다 하더라도 효력이 없음을 분명히 하고 있다(제790조 제1항). 위 사건의 1심 판결도 멕시코 책임제한 조항에 따른 멕시코 국내법에 의한 배상책임제한액이 근소하여 사실상 운송인의 책임을 면제하는 경우에 해당한다는 이유로 그 멕시코 책임제한규정은 무효라고 판결한 바 있다. 이에 대하여 서울고등법원은 멕시코의 내륙운송이 빈번한 무장강탈사고로 인하여 피해를 자주 당한다는 점에서 저액의 책임제한금액에 대한 나름의 근거가 있고, 단지 금액이 근소하다는 사유만으로 우리의 공서법(즉, public order)에 위반된다고 할 수 없다면서, 멕시코 책임제한 조항을 유효한 것으로 인정하였다. 그리고, 상고심에서 대법원 역시 위 멕시코의 책임제한조항이 유효한 것으로 판결한 바 있다(대법원 1999. 12. 10. 선고 98다9038 판결). 따라서 이 대법원 판결이 지속된다면, 책임제한 수준이 아무리 적다고 하더라도, 그 책임제한금액이 우리법원에서도 인정될 수 있다는 우려가 생긴다.

그러나 우리 국제사법상 외국법에 의하여야 할 경우에 있어서 그 규정이 선량한 풍속 기타 사회질서에 위반하는 사항을 내용으로 하는 것인 때에는 이를 적용하지 아니한다는 규정을 두고 있다(제5조). 이 규정은 외국법이 우리법원에서 적용되는 경우라 하더라도, 외국법의 내용이 우리나라의 소위 公序에 반한다고 판단되는 경우에는 그 외국법의 적용이 허용되지 아니한다는 것이다. 이러한 공서 규정에 따라 외국법 중 우리의 공서에 부합하지 아니하는 상당한 규정들이 걸러질 수 있다. 마찬가지로 위 멕시코 책임제한금액은 우리의 포장당 책임제한 금액인 500 SDR(약 미화 650 달러)에 비하면 20분의 1도 안 되는 것이므로 마땅히 공서 위반이라고 보아야 한다. 국가간의 법 적용이나 판결의 승인, 집행에 있어서 제일의 원칙은 상호주의이다. 우리 법률이 외국에서 적지 않은 경우 적용이 배제되고 있는 것이 현실인데, 위와 같은 멕시코 책임제한 조항을 우리 법원이 유효한 것으로 인정한 것은 지나치게 너그러운 태도가 아닌가 생각된다. 어쨌든 위와 같은 아주 적은 금액의 포장당 책임제한조항의 효력은 앞으로 좀 더 두고 보아야 한다.

022. 위험한 화물

송하인이 선박에 표백제 60 상자를 선적하였다. 그런데 일부 화물에 석회 염화물이 있어서 그 상자들을 부식시켰고, 나아가 다른 화물도 손상시키게 되었다. 송하인은 제3자로부터 받은 상자를 그대로 선적하였기 때문에 그러한 문제를 몰랐고, 과실이 없으므로, 다른 화물의 손상에 대하여 아무런 책임이 없다고 항변을 하였다. 이는 곧 송하인이 위험한 화물을 선적하였기 때문에 지는 책임이 절대적인 책임(absolute liability)인가, 아니면 과실이 있는 경우에 한하여 책임을 지는 것인가에 관한 문제이다. 이에 대하여 영국 법원은 송하인의 위와 같은 의무는 절대적이므로, 설령 과실이 없다고 하더라도 송하인은 다른 화물의 손상에 대하여 손해배상책임을 진다고 판결을 하였다(1856년에 내려진 Brass *v.* Maitland 판결). 여기에서 보는 바와 같이 common law상 송하인(혹은 용선자)에게는 위험한 화물을 선적하지 말아야 할 묵시적인 의무가 있다. 여기서 위험한 물건이란 물리적으로 위험하여 위 사례와 같이 인접 화물에 손상을 가하는 경우뿐만 아니라, 문제의 화물이 법적인 장애를 야기하여 해당 선박이 억류된다거나 화물을 해상에서 방기함으로 인하여 비용이 발생하는 경우를 포함한다. 그런데 이 점은 1924년 Hague Rules에 의하여 선하증권에 의하여 운송하는 개품물건에도 적용되어 송하인도 위험한 물건을 선적하지 말아야 하며, 그로 인한 손해에 대하여는 일정한 경우 송하인이 책임을 지게 되어 있다(제4조 제6항). Hague Rules에 의하면 선장이 위험한 물건임을 알지 못한 채 화물이 선적된 경우, 뒤에 위험한 물건임이 밝혀지면 선장은 어느 때나 그 화물을 양하할 수 있다. 다만, 용선계약의 경우와 달리 송하인은 법률상 장애로 인하여 발생한 손해에 대하여는 책임을 지지 아니한다.

그리고 송하인이 위험한 화물의 선적으로 인하여 손해배상책임을 지는 것은 운송인이 해당 화물이 위험한 것인지 여부를 알지 못한 경우에 한하는 것이다. 따라서 그 화물이 객관적으로 위험한 성질이 있어서, 운송인이 익히 알 수 있는 경우에는 그 화물에 대한 조치를 운송인이 미리 취하였어야 하기 때문에 송하인은 위와 같은 책임을 지지 아니한다. 용선계약상, 위험한 화물을 선적하였기 때문에 지는 송하인의 책임은 인접 화물이 물리적으로 손상된 경우뿐만 아니라, 해당 화물이나 인접 화물이 양하항에 반입되지 못하고 해상에 투기되어, 그로 인하여 항해의 지연이 발생한 경우, 그 지연에 대한 책임도 지게 된다(1998년에 내려진 Effort Shipping Co., Ltd. *v.* Linden Management S.A.). 요컨대, 송하인은 자신의 화물이 위험한 성질이 있는지를 주의 깊게 살펴야 하고, 만일 그러한 위험한 성질이 있다고 하는 경우에는 운송인에게 그 정확한 취급 방법을 알려 주어야, 위험한 화물의 운송으로 인한 예기치 못한 책임을 지는 것을 면할 수 있다.

023. 갑판적 화물

선하증권 표면에 'carried on deck at shipper's risk'라고 기재되어 있는 상황하에서 화물은 실제로 갑판상에 선적되었다가, 파도에 휩쓸려 유실되었다면, 화주는 운송인에 대하여 손해배상청구를 할 수 없는 것인가? 운송인은 달리 합의가 없는 한, 갑판 아래, 곧 선창 내에 화물을 적재하여야 할 의무가 있다. 그런데 컨테이너 선의 출현 등으로 갑판상에 적재하여 운송되는 경우가 증가하였다. 철제화물과 같이 살적화물(bulk cargo)의 경우에도 갑판상에 적재되어 운송되는 경우가 증가하였다. 이러한 경향에도 불구하고, 운송인은 수령한 화물을 갑판상에 임의로 적재하여서는 아니 된다. 이는 컨테이너 화물의 경우에도 마찬가지이다. 운송인이 임의로 화물을 갑판상에 적재하여 운송하면, 이는 계약의 근본을 위반한 것으로 인정된다. 미국법상으로는 이러한 경우에 소위 '준이로'(quasi deviation)에 해당하는 것으로 본다. 이 경우 운송인은 갑판상 화물이 운송 중 멸실, 손상된 경우 어떠한 면책이나 책임제한도 이를 원용할 수 없다.

따라서 운송인은 사전에 송하인으로부터 동의를 받고, 화물을 갑판상에 적재하여야 한다. 운송인은 그러한 동의를 받았음에 대한 증거로서 보통 선하증권에 carried on deck at shipper's risk와 같은 기재를 하게 된다. 아울러 갑판적 화물과 관련된 법률문제에 관하여 통상적으로 아래와 같은 선하증권의 규정이 있다.

Goods carried on deck, livestocks, fruits, vegetables, fish and all perishable goods, and glass, crockery or castings or any articles of a fragile nature, or goods in bales or crates, or unprotected pieces are accepted solely at the risk of the Merchant, and the Carrier shall be under no liability for any loss or damage thereto, howsoever caused, including by reasons of the negligence of the carrier, his servants, agent or independent contractors. All the conditions and exceptions contained in this Bill of Lading shall also apply to livestocks or the goods carried in deck and stated herein.

이러한 경우에는 운송인은 적법하게 운송하는 것이 된다. 이러한 갑판적 화물(on deck cargo)에 대하여 우리 상법이나 헤이그 규칙에는 특별한 규정이 있다. 즉, 상법의 운송인의 책임제한 혹은 책임면제의 제반 규정이 적용되지 아니하거나, 헤이그 규칙의 적용을 전혀 받지 아니한다는 점이다. 주지하는 바와 같이 상법의 운송인의 면책 혹은 책임제한에 관한 강행규정 혹은 헤이그 규칙의 적용의 바깥에 있게 되면, 운송인은 임의로 책임제한 혹은 면제의 규정을 둘 수 있게 된다. 위 선하증권의 이면 규정은 이러한 점에서 유효하다. 따라서 위와 같이 상호 합의하에 갑판적된 화물에 손상 혹은 멸실이 있는 경우에는 운송인의 선하증권의 이면에 규정된 바에 따르게 된다. 통상적으로 운송인으로서는 갑판상에 적재됨으로 인하여 발생한 손해에 대하여 면책되고자 한다. 따라서 위 carried on deck at shipper's risk의 규정에서는 갑판상에 적재됨으로 인하여 발생된 손상, 멸실에 대하여는 원칙적으로 운송인은 책임을 지지 아니한다.

이러한 원리가 운송인이 감항능력주의의무를 해태하였고, 그로 인하여 갑판적 화물이 손상된 경우에도 적용될 것인가? 이에 관하여 미국의 판결들은 갑판적 화물임에도 불구하고 운송인은 그 책임이 면제되지 아니한다는 입장이다(Globe Solvents 사건 등).

024. 구상청구권의 time bar

해상법에 있어서 cargo claim이 1년이라는 단기시효에 걸린다는 것은 주지의 사실이다. 즉, 화주 혹은 선하증권의 소지인이 운송인에 대하여 화물의 멸실 혹은 손상으로 인하여 손해배상청구를 하는 경우에는 1년 내에 하여야 한다. 그런데 예를 들어 선박소유자 A가 정기용선자 B에 선박을 정기용선하여 주었고, B는 선박을 이용하여 화물을 운항하다가 선박 자체의 결함으로 인하여(예를 들어 hatch cover의 수밀성이 완벽하지 못하여) 화물에 손상이 발생한 경우를 생각하여 볼 수 있다. 그 경우 B가 선하증권을 발행하였다면, 화주 C는 B에 대하여 손해배상청구를 할 수 있음은 물론, 선박소유자인 A를 상대로 하여 손해배상청구를 하는 것이 가능하다. 그런데 여기서 화주 C가 B만을 상대로 하여 손해배상청구를 하였다고 하자. 그리고 그 제소는 화물의 인도일로부터 1년 내에 행하였다고 하자. 여기서, B가 화주 C와의 소송에서 패소판결을 받고 이 판결이 확정된 후, 선박소유자 A를 상대로 구상청구를 하였을 때에는 이미 화물의 본래의 인도일로부터 1년이 경과한 후인 경우, 이 구상청구는 제소기간 도과라는 이유로 각하될 것인가, 아니면 1년의 제소기간은 적용이 없다는 이유로 제소는 유효한 것으로 받아들여질 것인가가 문제될 수 있다.

이러한 문제는 적어도 우리나라에서는 해결을 보지 못한 채 최근까지 계속되었다. 사실 어느쪽의 이익을 보호할 것인가로 첨예하게 대립되는 문제이기 때문이다. 즉, 선박소유자 A의 입장에서는 운송이 종료된 후 1년이 경과하면, 운송으로 인한 책임에서 벗어나고자 할 것이다. 선박소유자 A는 1년이 경과되도록 누구로부터도 손해배상청구 혹은 구상청구가 없으면, 일단 해당 운송은 무사히 종료된 것으로 생각하고, 그러한 바탕 위에서 영업을 계속할 것이다. 그러므로 선박소유자 A의 이러한 이익이나 기대를 보호할 만한 충분한 이유가 있는 것이다. 어차피 1년의 기간을 정한 마당에 선박소유자이든 정기용선자이든 이를 원용할 수 있어야 한다고 주장할 것이다. 또한, 1년의 기간은 화주 C가 직접 A에 대하여 손해배상청구를 하는 경우나, 화주 C가 B에 대하여 손해배상청구를 하였기 때문에 B가 A에 대하여 구상청구를 하는 경우나 차이 없이 적용되어야 한다고 생각할 것이다. 위 두 가지 경우는 A와 무관하게 발생된 차이에 불과하므로, 그로 인하여 A가 불이익을 당하여서는 아니 된다고 주장할 것이다.

반면, 구상청구를 하는 B의 입장에서 보면, 손해발생의 근본원인을 제공한 것은 선박 즉, A이고 B로서는 잘못이 없으므로 A에 대한 구상청구가 가능하여야 할 것인데, 만일 화물 인도일로부터 1년 내에 소 제기하여야 한다는 규정이 구상청구에 대하여도 적용된다고 하면, B로서는 부당하게 손해를 보는 경우가 발생할 수 있다고 할 것이다. 즉, B가 제소된 날이 1년의 기간이 완성되기 수일 전이어서 1년이 경과되는 시점에서 B는 소 제기 사실조차도 모르고 있었다고 하자. 그 경우에 B가 어떻게 A에 대하여 그 1년 내에 구상청구를 하는 것을 생각할 수 있겠는가이다. 실제로 B는 소송에 임하여 C의 청구를 정밀하게 검토하여 보아야, B가 패소할 것인지 여부를 판단할 수 있을 것이다. 심지어는 법원의 판결로서 B가 패소확정되기 전에는 B가 책임을 질 것인지 여부가 불분명한 경우도 적지 아니할 것이다. 이러한 경우에도 화물인도일로부터 1년 내에 구상청구를 하여야 한다고 하면, 그것은 분명히 B에게는 가혹하다고 주장할 것이다.

어느 측을 보호하는 것이 보다 합당한가? 이에 대하여 최근에 대법원은 그와 같은 구상청구에 대하여는 1년의 제소기간이 적용되지 아니한다고 판결하였다(대법원 2001. 10. 30. 선고 2000다62490 판결). 이로써 우리나라에서도 이 점에 대하여 유권적인 해석을 갖게 되었고, 이와 관련된 많은 문제의 해결에 커다란 지침이 생겼다고 할 수 있다.

025. 보세창고업자의 손해배상책임의 제소기간

해상운송인에 대하여 화물손상에 대한 손해배상청구를 제기하려면 화물이 화주에게 인도된 날로부터 1년 이내에 제기하여야 한다. 이러한 점은 상법에도 규정되어 있고, 나아가 지극히 기본적인 사항이라 별 의문이 있을 수 없다. 그런데 해상운송인의 주변에서 화물이 최종적으로 화주에게 인도될 때까지 사이에 화물의 운송, 하역, 보관 등에 개입하는 당사자들에 대한 제소기간은 어떠할까? 이에 대하여 대법원에서 보세창고업자에 대한 판결(대법원 2004. 5. 14. 선고 2001다33918 판결)을 내림으로써 이 분야에 대하여 대법원의 입장 하나가 만들어졌다(필자는 대법원의 이 견해에 대하여 반대한다. 다만, 일단 이 판결이 변경될 때까지는 본결에 따라 법원에서 사건이 처리될 가능성이 매우 높으므로 숙지하여야 할 것이다). 즉, 대법원은 해상운송인을 지원하여 주는 관련 회사들에 대한 제소기간이나 여타의 책임제한 등의 제반 조항을 적용함에 있어서 그 관련 회사가 소위 독립적인 계약자이냐 아니면 종속적인 계약자이냐로 구분하여 종속적인 계약자의 경우에 한하여 해상운송인이 가지는 여러 면책특권이나 책임제한 권리 — 물론 1년의 제소기간을 원용할 권리를 포함하여 — 가 적용되며, 그러하지 아니하고 독립적인 계약자에 해당된다고 할 경우에는 그러한 권리나 특권을 주장하지 못한다는 판결을 하였다. 그러한 독립계약자의 경우에는 불법행위 일반에 관한 규정이 적용되므로, 불법행위를 이유로 하여 손해배상청구를 하는 경우에는 3년의 시효기간이 적용됨이 원칙이라는 것이다. 이 대법원 판결로써 독립적인 계약자로 인정되는 수많은 보세창고업자, 하역회사, 내륙운송업자 등은 해상운송인에게 주어지는 특권을 원용하지 못하게 된 것이다. 그리고 위 판결에서 대법원은 종속적인 계약자라 함은 고용관계 또는 위임계약 등에 따라 운송인의 지휘·감독을 받아 그 업무를 수행하는 자를 말한다고 판시하였다. 대법원의 이 판결은 상법 제789조의 3 제2항에 규정된 사용인 또는 대리인의 개념에 대하여 그것은 종속적인 계약자나 운송인의 피용자에 국한된다고 해석한 것이 된다. 이러한 원리에 의거하여 대법원은 보세창고업자는 고용관계 또는 위임관계에 있는 자가 아니니, 위 특권(단기의 위 제소기간에 대한 특권 포함)을 향유할 수 없다는 것이다.

생각건대, 대법원의 위 판결은 종전의 소위 인도에 관한 많은 잘못된 판결에 더하여 운송물의 하역, 내륙운송, 보관 및 인도 등에 관련된 분야에 실로 커다란 혼선을 초래하였다고 본다. 즉 해상운송인이 대외적으로 책임지는 구간(그것이 계약상 명백한 것이든, 대법원의 현재의 견해대로 보세창고에서 출고될 때까지이든) 내에서 운송인의 책임의 일부를 대행하거나 보조하는 당사자는 모두 상법 제789조의 3 제2항에 의거하여 운송인이 가지는 모든 특권을 향유하는 것으로 해석되어야 타당할 것이다. 즉, 보세창고업자 역시 운송물의 잘못된 인도(소위 wrongful delivery 사건)의 경우 1년의 단기의 제소기간이 적용되어야 하는 것이다. 그러한 점에서 대법원이 거의 3년 동안의 고민을 거듭한 끝에 위 판결을 내렸지만, 위 판결은 하루 빨리 변경, 폐기되어야 한다고 본다.

026. 손해배상청구권을 누가 갖는가?

해사법률 시리즈 연재의 초기(2000년도)에 한 번 살펴본 것처럼 선하증권이 발행된 경우에는 우리법상으로 선하증권 소지인만이 운송인에 대하여 불법행위 또는 계약 불이행으로 인한 손해배상청구권을 갖게 된다. 그러나 선하증권이 발행되지 아니한 운송계약에서는 이 문제에 관해 다소 다툼이 있을 수 있다. 선하증권이 발행되지 아니한 경우에는 현행법상 화물이 일단 도착항에 도착하고, 나아가 수하인이 그 인도를 요청한 이상 수하인의 권리가 송하인의 권리에 우선한다고 규정되어 있다(상법 제140조 제2항. 이 조항은 상법 제812조에 의하여 해상운송에 준용된다). 그렇다면 손해배상청구권도 수하인의 권리가 송하인의 권리에 우선한다거나, 그에 따라 수하인만이 운송인에 대하여 손해배상청구권을 갖는다고 하여야 할 것인지 의문이 제기될 수 있다. 이는 주로 적하보험자가 보험금을 지급한 이후에 구상을 위하여 서류를 적확하게 징구하여야 함에도, 이를 제대로 못하였을 경우, 운송인의 대위가 제대로 성립되지 아니하였다는 소위 technical defence에서 발생할 수 있는 사항이다. 이는 특히 우리법의 체계가 청구권자의 개념, 그리고 나아가 원고의 변경에 대하여 매우 경직되어 있고 유연성이 없다는 점에서 발생될 수 있는 것이다.

위 문제에 대하여 아직 우리나라에 뚜렷한 유권해석은 없기는 하나, 상법 제812조, 제140조 제2항에 의하여 일단 화물이 도착항에 도착하고, 수하인이 인도까지 받아 갔다면(이 사건과 같이), 손해배상청구권을 취득하는 당사자는 수하인뿐이며, 송하인은 더 이상 손해배상청구권을 갖지 아니한다고 본다. 이에 관한 국내의 문헌은 다소 불명확하게 설명되어 있거나, 한편으로는 수하인과 송하인이 공히 손해배상청구권을 갖는다고 설명하고 있는바, 필자는 그럼에도 불구하고 우리법 해석상 수하인만이 운송인에 대하여 손해배상청구권을 갖는다고 본다. 그 이유는 첫째 운송물이 도착하여 수하인이 일단 인도청구를 한 이상, 운송인에 대하여 운송물 인도청구권 등의 제반권리를 수하인은 송하인에 우선하여 갖게 되기 때문이고(상법 제140조 제2항) 둘째, 운송물의 인도청구권을 갖는 사람이 운송물의 손상에 따른 손해배상청구권을 갖는 것이 당연하므로 그 손해배상청구권 역시 수하인은 송하인에 우선하여 갖는다고 하여야 하기 때문이다. 셋째, 하나의 물건에 대하여 소유자가 2인 이상일 수 없듯이, 그 물건의 손상에 대한 손해배상청구권자 역시 2인 이상이 될 수 없다. 그렇다면 수하인만이 손해배상청구권자가 되는 것이다. 넷째, 손해가 있어야 손해배상청구를 할 수 있을 것인데, 송하인은 원칙적으로 손해가 발생할 수 없다(물론 송하인이 수하인에게 손해배상을 할 수밖에 없었고, 그로 인하여 손해배상청구권을 양수 받을 수는 있으나, 그러한 경우는 송하인에게 손해가 발생한 때에 해당된다). 이상의 점에서 수하인만이 손해배상청구권을 갖고, 송하인이 수하인과 더불어 손해배상청구권을 갖는 것은 아니라고 본다. 무엇보다도 이러한 점에 대하여 대법원의 유권 해석이 조속히 나오기를 바란다.

027. 화물 일부를 찾아가지 않은 경우의 운송인의 책임

컨테이너 2대가 도착항에 도착하여 운송인의 컨테이너 야드에 반입, 보관되어 있던 중, 화주가 화물인도지시서(Delivery Order)를 제시하며 컨테이너 1대는 인도 받아 갔지만, 1대는 추후 인도 받겠다고 하였는데, 컨테이너 야드에 해수가 밀려 와, 남아 있던 컨테이너 내의 화물이 그 해수에 침수되는 사고가 발생하였다고 할 경우, 운송인이 화주에 대하여 손해배상책임을 질 것인가? 이에 대하여 최근에 내려진 대법원 판결(2005. 2. 18. 선고 2002다2256 판결)에 의하면 운송인은 화물인도지시서가 제시되어 처음 1대를 인도할 때에 나머지 1대에 대한 인도의무도 종료하였으므로, 그 이후에 발생된 해수에 의한 손상에 대하여 운송인은 책임을 질 이유가 없다고 판시하였다. 따라서 이 대법원 판결을 감안할 때에 화주의 입장에서는 인도 받지 않은 컨테이너에 대하여 만연히 본래의 컨테이너 야드에 보관시킬 것이 아니라, 보관에 대한 어떤 계약 조건을 두고 보관료를 정식으로 지급하는 것이 바람직할 것이다. 이 점은 사실 운송인에 대하여도 마찬가지이다. 왜냐하면, 아래에서 보는 바와 같이 대법원 판결의 사안에서 다소 불투명한 점 내지는 분쟁의 여지가 있는 점이 있기 때문이다. 운송인도 그러한 분쟁의 여지를 없애기 위하여는 보관에 대한 계약조건을 분명히 하여 두는 것이 바람직할 것으로 보인다. 그러한 계약조건을 화주가 수락하지 아니한다면, 해당 컨테이너에 대하여는 소위 수령지체가 되므로, 그에 상응하는 조치(상법 제803조에 의거하여 공탁이나 법에서 정하는 곳에 인도하는 일)를 하는 것이 바람직할 것이다.

대법원 판결의 사안에서 불분명한 점은 만일 나중 컨테이너가 해수에 의하여 침수 손상을 당한 것이 운송인의 중과실 혹은 단순 과실에 의할 경우에도 같은 결론이 될 것인가이다. 물론 운송인이 일부러(즉, 고의로) 해당 컨테이너 내의 화물을 손상, 멸실시켰다면 운송인에 대하여 화주는 손해배상책임을 물을 수 있을 것임에 별 의문이 없다. 민법 제401조에 의하면 소위 수령지체 중에 목적물에 손해가 발생한 경우, 고의 중과실에 한하여 인도할 의무를 지게 되어 있다는 점을 감안하면, 중과실의 경우에는 화주가 운송인에게 손해배상청구를 할 경우 운송인이 책임 질 가능성이 많다고 본다. 마지막으로 문제되는 것은 단순과실인데, 운송인이 화주가 나머지 1대를 추후에 인도 받아 가겠다고 하였을 때에 운송인이 화주의 요청을 수락하였다고 해석될 여지가 있고, 그럴 경우 운송계약과 무관하게 임치(보관)계약이 성립되었다고 볼 여지가 대두된다. 그럴 때 운송인에게 손해배상책임이 있는지는 운송물의 인도의무를 다하였는지 문제와 구별되어 다투어 질 소지가 있다. 이러한 점에서 운송인도 대법원의 위 판결에 지나치게 방심할 것이 아니라, 화주가 화물의 일부를 그대로 두고, 나중에 인도하여 가겠다고 할 경우에는 운송인의 이익을 보호할 수 있는 계약조건을 제시하여 만일의 사태나 분쟁에 대비하는 것이 필요할 것이다.

028. space charter와 실제 운송인의 책임

선사간에는 특정 정기선 노선에 대하여 개별적으로 선박을 별도로 확보하여 운항하는 것보다 경우에 따라 선사들간에 제휴를 맺어 서로 선복(space)을 빌려 주어서, 해당 노선에서 보다 경제적인 방법으로 정기선 운항을 하는 경우가 있는데, 이를 두고 space charter 또는 slot charter라고 한다. 1 slot이란 20피트 짜리 컨테이너(TEU) 1대를 선적할 수 있는 공간이나 면적을 의미하는 것이므로 slot charter란 선사 A가 선사 B의 선박에 있는 일정 수의 slot을 용선하는 행위나 계약을 말한다고 할 수 있다. 선사 B로부터 선사 A가 선복(또는 slot)을 용선한 뒤, 송하인 S로부터 운송의뢰를 받으면, 선사 A는 송하인 S에게 선하증권을 발행하게 될 것이다.

선하증권을 발행한 선사 A는 해상법상에서 말하는 일반적인 의미의 해상물건운송인이 될 것이다. 즉, 선사 A는 당해 운송에 대하여 계약운송인이 된다. 이에 비하여 실제로 선복을 제공한 선사 B는 송하인과 아무런 계약 관계가 없다. 선사 B는 선사 A와의 계약에 따라 선복을 선사 A에게 제공하여 주기만 하였을 뿐이고, 송하인 S와 직접 계약을 한 바 없으므로 송하인 S는 선사 B에 대하여 계약상 손해배상청구를 할 수 있는 근거는 없다. 송하인 S가 선사 B에 대하여 손해배상청구를 하려면 어떻게 하여야 하는가? 송하인 S는 선사 B가 실제운송인임을 이유로 불법행위에 의한 손해배상청구를 하여야 한다.

그런데, 불법행위에 의한 손해배상청구를 하는 것은 계약상 손해배상청구를 하는 것과 차이가 있다. 후자의 경우에는 선적항에서 clean B/L(무하자 선하증권)이 발행되었고, 양하항에서 화물이 손상되었음이 발견되었을 경우에는 계약운송인이 면책사항임을 입증하지 못하는 한 계약운송인이 책임을 져야 하는 데에 비하여, 전자의 경우에는 화주(즉 수하인)가 그러한 손상이 실제운송인이든 계약운송인이든 그들의 고의 또는 과실에 의하여 발생하였음을 입증하여야 한다. 요컨대, 양자의 청구 사이에는 입증책임이 다르다는 것이다.

선사 B는 위 송하인 S의 컨테이너 화물을 그가 운항하던 선박의 2번 선창에 적재하여 부산항에서 미국의 어느 항구까지 운송하였는데, 부산항에서는 마침 중국에서 미국으로 가는 환적화물이 있어서 그 컨테이너 화물도 같은 선창에 환적되었다. 그런데 선사 B가 환적 컨테이너 화물(이산화티오요소 300 드럼이 적입된 것)을 받을 때에 그 컨테이너는 해당 송하인이 직접 적입하였고, 선사 B는 송하인측으로부터 300 드럼의 위 화학물질이 적입되었다는 통지를 받았을 뿐, 별도로 내용물의 상태 및 명세에 대하여 아무런 통지를 받지 아니하였다. 당시 이산화티오요소는 국내법규나 국제해상위험물규칙에서 위험물로 아직 분류되지 아니할 때였고 2번 선창에 특별한 문제가 없었으나, 이산화티오요소는 습기와 고온에 약하고 금속과 반응하면 위험하므로 컨테이너 내부에서 적절한 차단 장치를 취하여야 한다. 그런데 그러한 차단을 하지 아니하였고, 컨테이너 내부에 위 드럼들을 버팀대도 없이 엉성하게 쌓아 놓은 결과 위 화학물질이 드럼내부에서 서서히 분해되다가 운송과정에서 상당수의 드럼이 컨테이너 내부의 빈 공간으로 기울어지거나 쓰러지면서 드럼 밖으로 쏟아져 나와 공기 중의 습기와 결합하면서 폭발적으로 화학반응이 일어나 2번 선창에 고열과 연기 및 가스가 분출되게 되었고, 그에 따라 위 선박의 선원들은 부득불 이산화탄소 가스를 위 선창에 주입시켰다. 그 결과 송하인 S가 의뢰한 화물도 손상이 되었다. 이러한 정도의 사실 관계 아래에서 실제운송인인 선사 B의 과실은 입증되었다고 볼 수 있는가? 이에 대하여 대법원 2001. 7. 10. 선고 99다58327 판결은 과실이 입증되지 아니한 것으로 판단하고 S측의 B에 대한 불법행위에 의한 손해배상청구를 기각하였다. 여기서 보는 바와 같이 불법행위법상의 손해배상청구는 계약상 손해배상청구에 비하여 청구인측에서 승소하기가 그만큼 어렵고, 그러한 사정은 선복(space)을 제공하였을 뿐, 선하증권을 발행한 바 없는 위 선사 B에 대한 청구에서 볼 수 있다.

029. 선박대리점과 보세창고업자의 관계

해상운송되어 온 화물이 항구에서 양하되면, 많은 경우 해상운송인은 실수입자가 지정하는 제3자가 운영하는 영업용 보세창고에 입고하게 된다. 실수입자가 스스로 보세장치장을 가지고 있는 경우, 즉 자가장치장을 가지고 있는 경우에는 그 화물은 자가장치장으로 입고될 것이겠지만, 여기서는 영업용 보세창고에 입고하는 경우만을 보기로 하자. 전자의 경우 해상운송인이 외국해운사인 경우 국내에는 외국해운사를 위하여 화물인도 및 선하증권 회수 등의 업무를 포함하는 선박 입출항 관련의 제반문제를 처리하여 주는 선박대리점이 존재하게 된다. 화물이 도착하면 선박대리점은 선하증권을 회수하고 화물인도지시서(D/O)를 발급하여 주거나, Principal인 운송인의 지시에 따라 화물이 보세운송되어 보세창고에 입고되게 한다. 여기서는 선하증권 원본을 회수하지 아니하고 보세창고에 입고되었다가 보세창고에서 무단 반출까지 된 경우 선박대리점과 보세창고업자의 관계를 살펴 보고자 한다.

첫째 보세창고업자가 선박대리점의 인도 의무를 보조하는 입장에 있는가 여부이다. 대법원은 계속된 판결을 통하여 영업용 보세창고업자가 수입화물의 실수입자와의 임치계약에 의하여 수입화물을 보관하게 되는 경우, 운송인 또는 그 국내 선박대리점의 입장에서는 수입화물이 자신들의 지배를 떠나 수하인에게 인도된 것은 아니고 보세창고업자를 통하여 수입화물에 대한 지배를 계속하고 있는 것이라는 논리를 구성하고 있다. 이러한 논리 아래에서 대법원은 선박대리점은 보세창고업자를 통하여 수입화물에 대한 통관절차가 끝날 때까지 수입화물을 보관하고, 적법한 수령인에게 수입화물을 인도하여야 하는 주의의무를 지고 있다는 취지로 판시하여 오고 있다. 이러한 논리에서는 선박대리점이 화물의 보세창고입고, 무단반출과정에서 어떠한 적극적 위법행위를 범하였는지 여부는 별로 고려하지 아니하고 보세창고업자가 화물을 무단반출하면, 선박대리점은 자동으로 불법행위 책임을 지게 된다(대법원 2005. 1. 27. 선고 2004다12394 판결). 요컨대 현재의 대법원 판결에 의하면 보세창고업자는 선박대리점의 의무이행을 보조하는 지위에 있게 된다. 한가지 소개할 만한 사항은 최근에 내려진 위 판결에서 대법원은 보세창고업자의 무단반출이 곧 선박대리점의 중대한 과실이 있는 것으로 연결될 수 없다고 판시하였는데, 이 판시 내용은 종래의 판결 경향에 비추어 대법원 판결의 변화라고 생각한다. 왜냐하면 이로써 선박대리점은 포장당 책임제한을 주장할 수 있게 되었기 때문이다.

둘째 민법의 사용자책임의 법리와 관련하여 선박대리점은 사용자이고 보세창고업자는 피용자인 관계가 될 수 있는지 여부이다. 이에 대하여 선박대리점이 보세창고업자로부터 D/O 없이는 화물을 반출하지 않겠다는 내용의 각서를 받는 등의 방법으로 보세창고업자를 지휘, 감독한 것이 아니냐는 논란이 있을 수 있는데, 그러한 각서를 받는 등 D/O 징구에 대한 주의를 촉구하는 정도의 관계는 사용자, 피용자 관계를 형성시킬 수 있는 지휘, 감독관계가 되지 아니한다. 달리 말하면 양자의 관계는 독립된 사업자 사이라는 것이며, 결국 보세창고업자는 선박대리점에 대한 관계에 있어서 피용자가 되지 아니한다(위 대법원 판결).

결국, 화물의 인도 업무에 있어서 보세창고업자는 선박대리점의 의무 이행을 보조하는 위치에 있기는 하지만, 민법의 사용자 책임에서 말하는 피용자는 아니라는 것이다. 다소 모순된 듯한 판결이나, 어차피 대법원이 맨 윗부분에서 설명한 법리를 계속 취하여 오고 있으므로, 발생되는 현상이 아닌가 생각한다.

030. 과적선박과 감항능력 담보

과적상태로 운항중인 선박들이 전복되거나 침몰되는 경우 동 선박을 감항능력을 상실한 선박이라고 할 수 있는지 여부와 그 경우 보험자는 선박보험금 지급의무가 면책되는지 여부가 문제될 수 있다. 감항능력이란 정하여진 항해를 수행할 수 있는 인적, 물적 능력을 말하며, 여기에는 주어진 화물을 해당 항해에서 안전하게 운송할 수 있는 능력(즉, 감하능력)도 포함된다. 감항능력에 대한 개념은 해상보험법 분야라고 하여 해상분야와 특별히 다른 개념으로 이해하고 있지 아니한데 과적 선박은 일반적으로 말하면 감항능력이 상실된 것으로 본다(Julian Cooke외 5인 공저, *Voyage Charters* 2판, 203면). 아무리 잘 만들어지고 잘 설비된 선박이라도 선박이 과적을 하여 해당 항해를 수행하는 데에 부적당한 경우에는 그 선박은 감항능력을 상실한 것이다. 요컨대, 과적선박이 감항능력을 상실한 선박이라는 점에 대하여는 별 의문이 없다.

실무상의 문제로는 오히려 감항능력의 상실이 있다고 하면 곧 바로 보험자가 선박보험금 지급책임을 면할 수 있는가이다. 소위 협회기간보험약관 — 선박(즉, Time policy)에서는 주지하는 바와 같이 감항능력에 대한 담보(warranty)는 없는 것이 원칙이다. 다만, 예외적으로 출항 당시 선주가 선박의 감항능력이 상실되어 있음을 이미 알았고, 선박의 전복 또는 침몰이 그 안 사항으로 인하여 발생되었을 경우에 한하여 보험자는 해당 보험금의 지급책임을 면할 수 있다(1906 MIA 제39조 제5항). 따라서 과적선박의 선주가 선박을 운항시키는 도중 과적으로 인하여 선박이 전복되거나 침몰되는 경우에는 보험자로서는 보험금 지급 책임이 없다. 단, 이때에도 논란 거리는 여전히 남아 있는데 과적 상태로 출항한 사실을 "선주"가 알고 있어야 할 것이 면책의 요건이라는 점인데, 법인인 경우 담당 이사나 팀장(head man)과 같이 선주와 동일시 될 수 있는 사람이 해당 사항을 알고 있어야 한다는 점이다. “안다”는 것은 위 MIA에서는 “privy”라고 규정되어 있는데, 이는 영국법상의 개념이므로 우리가 정확하게 이해하는 데 한계가 있으나 ‘실제 알고 있거나 쉽게 알 수 있음에도 더 확인하지 아니하고 무시하여 버리는 것’을 의미하는 것으로 이해하면 될 것이다.

II

Bill of Lading

031. 선하증권의 배서는 어떻게 하나?

Bolero 선하증권이 논의되고 있는 상황이라도 선하증권은 여전히 해상물건 운송에 있어서는 중심에 위치하고 있다. 선하증권의 여러가지 기능 중에 법정에서 자주 문제되는 것은 아무래도 유가증권(document of title)으로서의 기능이다. 유가증권으로서의 선하증권의 성질에 관하여는 상법 제813조 내지 820조에서 규정하고 있고, 보다 상세한 사항은 상법 제129조 내지 133조가 준용된다(이 중 문언증권성에 관한 상법 제131조는 제814조의 2의 신설로 준용에서 배제되었다). 상법의 이 규정들로도 지시증권으로서의 선하증권의 성질을 논하기가 부족할 때가 있는데, 이러한 경우에는 민법 508조 내지 522조의 지시채권에 관한 규정이 보충적으로 적용될 것이다. 물론 선하증권의 성질을 해석함에 있어서 어음법이나 수표법의 규정에 대한 해석은 많은 참고가 될 것이다.

실무상 우리가 자주 보는 선하증권의 수하인 란의 기재 형태를 열거한다면 (i) 'to order', (ii) 'X(회사의 이름)', (iii) 'to order of X' 등이 있겠다. 첫 번째는 전형적인 지시식 선하증권(order bill of lading)이다. 이러한 선하증권 하에서는 송하인으로부터 배서 양도 받은 사람은 누구나 권리자로 인정된다. 반면 둘째의 경우에는 무엇보다도 지명된 사람에게 인도되어야 함을 의미하는 기명식 선하증권(straight bill of lading)이다. 이 경우에는 선하증권이 우선 기명된 수하인에게 이전되어야 하고, 기명된 수하인의 배서로부터 정당한 배서가 시작된다. 이 두번째의 경우 비록 수하인이 특정인으로 기명되어 있지만, 배서에 의하여 양도할 수 있다(상법 제130조). 이를 당연한 지시증권성이 있다고 한다. 당연한 지시증권성이 인정된다고 하더라도, 어음상의 권리자는 배서금지 즉, Non negotiable을 기재함으로써 당연한 지시증권성을 배제할 수 있다. 이 경우에 선하증권상의 권리를 양도하려면 일반적인 채권양도의 경우처럼 양도인이 채무자에게 양도통지를 하여야 한다는 불편이 있게 된다.

둘째의 경우와 첫째의 경우의 차이는 첫째의 경우에는 송하인으로부터 적법한 배서를 받은 사람도 권리자가 되는데에 비하여, 둘째의 경우에는 기명된 수하인에게 이르기까지 중간에 선하증권을 취득한 사람은 정당하게 권리를 취득한 것으로 인정되지 아니한다는 점이다. 셋째의 경우는 둘째의 기명식 선하증권의 경우와 실제 결과에 있어서는 차이가 없다.

배서란 도대체 어떻게 하는 것인가? 실무상 선하증권의 이면에 은행의 명판이 찍혀 있는 것을 많이 보게 되는데, 이것은 적법한 배서인가? 배서란 해당 권리를 양도한다는 취지의 기재를 하고 기명날인하는 것을 말한다. 일종의 법률행위이고 양도행위인 것이다. 흔히 볼 수 있는 배서의 양식으로서는 어음의 이면에 '앞면에 적은 금액을 (누구에게) 또는 그 지시인에게 지급하여 주십시오'라고 기재된 문구 옆에 기명 날인하는 것이다. 앞의 문구가 권리를 양도한다는 취지의 기재이고 뒤의 것은 기명날인인 것이다. 그런 점에 비추어 보면 선하증권의 이면에 수하인(통상은 신용장 개설은행)이 명판을 찍고, 그대로 수입자(실수요자)에게 교부하는 것은 적법한 배서라고 할 수 있는가라는 의문이 생길 수 있다.

권리 양도의 취지의 기재가 없는 배서를 약식배서라고 하여 그 유효성은 인정되고 있으므로 큰 문제는 없다, 다만 날인 부분이 빠져 있는 선하증권은 배서가 유효하게 이루어지지 아니하였다는 이론이 있을 수 있다. 엄밀히 말하면 수하인의 이와 같은 명판 날인만으로는 적법한 배서가 되기 어렵다. 그러한 점에서 운송인이 그러한 선하증권을 소지한 사람에게 화물을 인도하는 것은 위험이 전연 없는 것은 아니다. 다만, 선하증권에 대하여는 어음의 경우 보다 그 엄격성을 완화하여 적용하는 것이 법원의 입장이고(서울고등법원 1995. 12. 12. 선고 95나 9473 판결, 이 판결은 대법원에서 상고 기각으로 확정되었다), 실무상 선하증권에는 배서인이 날인을 하지 아니하는 것이 대부분의 관행이라는 점에서, 운송인이 기명날인한 배서만을 인정하겠다고 하면, 운송인의 태도가 매우 비현실적인 것으로 비쳐질 여지는 있다.

기명식 선하증권에서 수하인으로 기재된 개설은행이 선하증권의 인수를 거절하는 경우에는 선하증권상의 권리자는 누가 되는가? 이점에 관하여는 송하인의 지시에 따라, 선하증권 소지인(당시 신용장 매입은행)의 동의가 없이, 화물이 인도된 것이 적법한 인도인가 여부에 대하여 법원에서 한번 다투어진 적이 있다. 결론은 선하증권 소지인에게 권리가 발생한다는 것이다. 그 논거는 신용장 개설은행이 비록 수하인으로 기재되어 있지만, 수하인이 인수를 거절함으로써 선하증권상의 수하인이 기재가 효력이 상실되고, 적법하게 반환받고 양수받은 사람이 권리자가 된다는 것이다.

032. 선하증권에 규정된 수많은 약관들의 효력은 어떠한가?

1924년 Hague 조약은 그간에 계속되던 운송인과 화주간의 갈등을 비교적 절묘하게 조화를 시킨 것으로서, 그 이후의 해상법의 국제적인 통일에 상당한 기여를 하였다. 그것은 다름 아닌 면책약관의 남용을 규제하고, 반면에 운송인의 책임을 절대적인 책임에서 과실이 있는 경우에 책임을 지는 것으로 변경하고, 운송인에게는 포장당 손해배상책임의 제한권을 부여함으로써 균형을 유지하게 한 점이다. 위와 같이 Hague 조약으로 운송인과 화주간에 대타협이 이루어지기 전까지 면책약관의 남용은 극도의 위험 수위에 달하였다. 즉, 운송인에게는 운임을 받을 수 있는 권리 외에는 아무런 다른 의무가 없다고 할 정도로 많은 면책약관을 두게 되기에 이르렀고, 그러한 많은 면책약관을 통하여 운송인은 그의 손해배상 책임을 최대한 모면하고자 하였다. 그러나 Hague 조약에서는 허용되는 면책규정을 열거하였고 그 이상으로 운송인의 책임을 경감하는 규정은 무효가 되게 되었다. 그리고 기본적으로 Hague-Visby 조약의 내용과 거의 동일한 현행 상법 규정에도 같은 내용의 규정이 있다(상법 제790조 제1항).

이로써, 운송인이 면책약관을 남용하는 문제는 완전히 해소되었는가? 그렇지는 아니하다. 지금도 운송인이 작성한 선하증권의 이면에는 깨알 같은 각종의 규정이 있으며, 상당수의 규정은 운송인의 책임에 관련된 것들이다. 이러한 규정들은 선하증권에 규정되기만 하면 유효한 것인가? 유효성 여부의 원칙적인 기준은 우리 상법 제790조 제1항에서 규정하는 바와 같이 면책사유에 관한 상법의 규정들에 반하여 운송인의 의무 또는 책임을 경감 또는 면제하는 특약으로 인정되는가 여부이다. 실제의 문제로 들어가서 선하증권의 어떠한 이면약관이 무효가 되는가 여부를 판단하는 것은 그다지 간단한 일이 아니다. 예를 들면 선하증권이면약관의 하나로, 화물이 수하인에게 직접 인도될 수 있는 항구가 아닌 다른 항구에서 부두 또는 부선에 인도되고 그 화물이 항만 당국의 보관하에 있게 되는 경우, 바로 그 인도시점에서 운송인의 책임은 종료된다는 규정이 있을 경우, 이러한 규정은 유효한 것인가? 좀 더 구체적으로 말하면 화물이 항만당국에 인도되었으나, 아직 수하인의 지배하로 인도되지 아니한 시점에서 화물의 손상사고가 발생한 경우, 운송인은 위와 같은 규정에 근거하여 책임이 면제된다고 주장할 수 있는가? 이에 관한 문제를 직접 언급한 판례에 대하여 특별히 아는 바 없다. 다만, 판결에서 이유로 명시하지는 아니하였지만, 법원이 사실상 위와 같은 조항의 효력을 부인한 사례를 본 적이 있다. 이러한 규정에 대한 필자의 의견은 무효이어야 한다는 것이다. 운송인의 인도책임은 화물을 수하인에게 인도한 시점에서 종료되고, 그 이전에는 운송인의 화물 보관 혹은 운송의 책임이 계속되고 있는 것이며 이러한 원칙에 반하는 특약은 무효라고 보기 때문이다. 물론 이는 우리나라 법에 대한 견해이고, 적용되는 법이 외국법인 경우에는 결론이 달라질 여지는 얼마든지 있다. 예를 들면, 미국의 경우에는 운송인의 인도책임 종료시점이 위의 경우와 달라질 수 있다. M.V. West Wind호에 의하여 운송된 화물이 나이지리아항 현지 법에 의하여 그곳 하역부에게 양하되던 중에 화물손상 사고가 발생한 사안에서, 미국연방법원은 하역부에 대하여 운송인이 아무런 지배권을 갖지 아니하므로, 아직 수하인에게 인도되기 전이라도 운송인은 그 손상에 대하여 아무런 책임이 없다는 판결을 한 바 있다(Tapco Nigeria, Ltd. *v.* M/V Westwind, 702 F.2d 1252(5th Cir. 1983)).

면책약관에 대한 위와 같은 규제는 선하증권이 아닌 용선계약에는 적용이 되지 아니한다. 그 이유는 한편으로는 선하증권의 기능중에 유가증권(document of title)의 기능이 있어서 부당한 면책약관을 방치하게 되면 무역거래의 질서가 무너지는 데에 비하여 용선계약에는 그러한 기능이 없다는 점이고, 다른 한편으로는 선하증권을 발행하고 화물을 운송하는 운송인은 불특정 다수의 화주를 상대하여야 하고 그 조건도 획

일적으로 이루어진다는 측면에서 선하증권의 경우에는 화주를 보호할 필요가 크다는 점이다. 영미법상으로는 이러한 운송인을 소위 common carrier라 하여, 그 책임을 보다 엄격히 규제한다.

033. 화주가 운송인에 대해 손해배상을 청구할 때 선하증권이 반드시 있어야 되나?

양하항에 도착한 화물에 손상 또는 일부 멸실이 있는 경우에 화주가 그 손상된 화물이나 도착된 화물을 인도를 받아야 할 때에, 운송인에게 선하증권을 제시하여야만 된다.

이는 선하증권의 소위 상환증권성이라는 성질에서 오는 것이다. 그런데 자주 선하증권을 제시하지 아니하였음에도 화물이 인도되는 경우가 있다. 상당히 많은 경우에는 화주(즉, 실수입자)가 은행의 보증장(Letter of Undertaking)을 제시하면서 화물의 인도를 청구하게 된다. 어떠한 경우에는 손상된 화물을 화주(즉, 실수입자)가 수령하느니 안하느니 실랑이를 벌이다가 운송인에게 보증장이나 선하증권을 제시하지 아니한 채, 화주가 화물을 인도해가는 경우가 있다. 그후 그 화주는 운송인에 대해 화물의 손상 또는 일부 멸실을 이유로 손해배상청구를 하게 될 것이다. 운송인이 손해배상을 순순히 하지 아니하는 경우에는 손해배상청구 소송이 제기된다. 화주측의 변호사가 법원에서 정한 변론기일에 출석하였다. 여기서 적하보험금이 지급되었다면, 화주측 변호사란 통상은 적하보험을 인수하였던 보험회사측에서 지정한 변호사일 것이다. 보험회사를 대리하는 그 변호사는 권리가 있음을 증명하는 서류로서 선하증권의 사본을 증거로 제출할 것이고, 동 선하증권의 사본에 화주(곧, 실수입자)가 통지처로 기재되어 있음과 보험회사는 그 화주의 권리를 대위하였음을 주장하게 된다.

이에 대해 운송인을 대리하는 변호사는 상대방 변호사에게 선하증권의 원본을 제시하라고 요구한다. 이 대목에서 재판부나 원, 피고 대리인은 고민에 빠지게 된다. 원고가 선하증권의 원본을 계속 소지하고 있을 것이 손해배상청구의 전제요건인가?

결론부터 말한다면, 원고가 선하증권의 원본을 소지하여야 손해배상청구가 인정되는 것은 아니라고 본다. 왜냐하면 선하증권의 상환증권성은 화물의 인도요청이 있을 경우에 요구되는 것이지, 그외의 경우에까지 특별한 근거가 없이 선하증권의 제시를 요구할 수 없다고 보기 때문이다. 더욱이 선하증권은 화물이 인도되면 그 본래의 목적을 달성하고 선하증권으로서의 일생을 마감하게 된다. 화물이 인도된 후에 선하증권의 원본을 제시할 것을 요구하는 것이 합당하지 아니한 또 하나의 이유가 바로 그것이다.

화물이 인도된 후, 화물손상에 대한 손해배상청구권은 선하증권의 배서교부에 의하여 이전되는가 아니면 지명채권 양도의 방법으로 해야 하는가?

선하증권은 화물선적시에 탄생하여 화물 인도시에 소멸하는 것이므로, 인도된 때를 기준시점으로 하여 달라진다. 인도 후에 전전유통되는 선하증권이 보통의 손해배상청구권과 달리 취급돼야 할 이유는 없다고 본다. 그렇다면 화물이 인도된 후에 손해배상청구권을 갖는 당사자가 그 손해배상청구권을 양도하고자 하면, 그 당사자는 지명채권 양도의 방법에 의하여야 한다. 손해배상청구권은 이와같이 지명채권의 양도와 같은 방법으로 이전되지 않는 한, 손상된 화물의 인도시의 선하증권상의 권리자가 가진다고 보아야 한다.

지시식 선하증권이든 기명식 선하증권이든 선하증권이 수하인인 은행의 수중에 들어 왔다가, 실수입자가 대금을 지급하고 선하증권을 배서 및 교부를 받는 경우에는 이러한 배서교부는 적당한 권리이전의 방법인가? 아니면 위에서 본 바와 같은 지명채권의 양도의 방법에 의하여야 하는가? 만일 화물의 전부가 손상되어 잔존가치가 거의 없을 정도라면 그 화물의 인도청구권은 손상시에 손해배상청구권으로 변화된 것이므로 후자의 방법에 의하여야 할 것이다.

반면 인도 전에는 어느 방법을 채택하든 사실상의 차이가 없다. 그리고 수하인인 은행에서 실수입자에게 선하증권이 배서교부되는 경우에는 손해배상청구권이 지명채권의 양도의 방식에 의하되 양도통지권도 양수인에게 부여하였다고 하든 손해배상청구권을 표창하는 유가증권으로서 배서교부에 의하여 적법하게 양도되었다고 하든 실제에 있어서는 차이가 없으며, 선하증권만으로 권리가 양도되는 것이다.

위에서 본 사안에서, 원고인 보험회사가 자신에게 선하증권이 있었는데 부주의로 분실되어서 그 원본을 법정에 제출하지 못하는 것이라고 항변하는 경우가 있을 수 있다.

앞서 본 바와 같이 원본의 소지가 손해배상청구의 유지 요건은 아니다. 따라서 원본이 없음을 인정하였으므로, 청구를 기각하여야 하는 것은 아니다. 그러나 원고가 손해배상 청구권자인지 여부를 가려야 하는데, 누가 손해배상 청구권자인지를 가리는 데 있어서 선하증권의 원본의 소지는 매우 유력하고 효과적인 확인수단이 된다. 즉, 원고가 선하증권의 원본을 소지하지 않고 있음을 인정하는 경우, 원고가 손해배상 청구권자인지를 다른 방법으로 입증하게 하여야 한다. 그렇지 아니하는 경우에는 법원이 원고에게 손해배상판결을 내렸는데, 후에 수하인인 은행이 선하증권의 원본을 소지하고 다시 운송인에게 손해배상청구를 하는 경우를 막을 수 없기 때문이다. 요컨대, 선하증권의 원본의 소지가 손해배상청구의 요건은 아니다. 다만, 손해배상 청구권자인지를 가리는 가장 중요한 근거가 된다.

034. 발행일자를 소급시킨 선하증권

무역거래 실무에서 자주 송하인은 운송인에 대하여 발행일자를 소급시킨 선하증권(영어로는 antedated Bill of Lading)을 발급하여 줄 것을 요청하는 경우가 있다. 자주 송하인 즉 매도인은 매수인에 대하여 일정한 기일까지 선적하기로 약정하게 되고, 그러한 약정에 따라 신용장도 선적기일을 한정하게 된다. 그럼에도 불구하고 송하인, 즉 매도인의 사정으로 선적기일을 놓칠 수 있는 것이며, 그 경우 제대로 발행일자가 기재된 선하증권으로서는 신용장 서류로서 매입의뢰(negotiation, 속칭 '네고')를 할 수 없다. 이러한 경우 송하인은 운송인에 대하여 선하증권의 발행일자를 소급시켜 줄 것을 원하게 된다. 예컨대, 2000. 10. 25. 선적을 하면서 선하증권에는 그 선적기일을 2000. 10. 20.로 하여 달라는 것이다. 상법에 의하면 선하증권의 발행일자는 필요적 기재사항 중 하나이다(상법 제814조 제1항). 이러한 점은 Hague Rules도 마찬가지이다. 이러한 필요적 기재사항 중의 하나인 발행일자가 실제 일자와 다르게 기재되어 있다고 하여, 곧 바로 무효가 된다고 보기는 어렵다. 이와 같은 발행일자를 소급시킨 선하증권은 실무상으로는 아무런 문제를 야기함이 없이 넘어가게 된다. 해상운송에 있어서 지연 운송에 대한 손해배상책임이 여러 가지 이유에서 적절하게 추궁되지 아니하므로, 이러한 발행일자를 소급시킨 선하증권은 별 문제가 없는 것으로 이용되고 있다. 그러나 만일 그러한 사실이 매수인에게 알려지면 어떻게 되는가? 그러한 경우 운송인은 어떠한 책임을 지는가?

매수인이 신용장 개설은행에 신용장 대금을 지급하기 전이든 후이든, 이러한 발행일자가 사실과 다르게 기재된 것을 안 경우에는 매도인(즉, 송하인)이나 운송인에 대하여 어떠한 청구를 하는 것을 고려할 수 있을 것이다. 송하인에 대한 청구는 매매계약상의 청구이거나 불법행위에 기한 손해배상청구일 것이고, 운송인에 대한 청구는 운송계약상의 청구이거나 불법행위에 기한 손해배상청구일 것이다. 이러한 청구가 이론상으로 가능하다는 점에는 의문의 여지가 없다. 문제는 매수인에게 그러한 발행일자가 소급된 선하증권으로 인하여 손해가 있어야 할 것이고, 그러한 손해가 예견 가능한 손해이어야 한다는 점이다. 이에 대하여는 우리나라 판례가 아직 별로 보이지 아니한다. 실무상으로 판단하건대 매수인이 손해액을 입증하는 것은 용이하지 아니할 것이다. 구체적으로는 화물이 지연도착한 시점과 당초 도착하였을 시점 사이의 시장가격의 차이를 손해배상액으로 우선 고려할 수 있을 것이다. 운송인으로서는 이와 관련하여 두 가지 점에 특히 유의하여야 한다. 하나는 선하증권의 발행일자를 소급하여 발행하여 줌으로써 지게 되는 책임에 대하여는 P&I 보험에서 부보하지 아니한다는 것과 다른 하나는 운송인이 그러한 경우 통상적으로 송하인으로부터 징구 받는 보상장(Letter of Indemnity)이 영국법하에서는 무효가 될 수 있다는 점이다. 만일 P&I 보험 부보도 받지 못하고, 보상장의 혜택도 받지 못하게 되면서, 매수인의 애매한 손해배상청구를 방어하는 일은 실제로는 운송인에게 매우 부담스러울 것이다. 그러한 점에서 운송인이 송하인의 요청에 의하여 발행일자를 소급시킨 선하증권을 발행하게 될 경우에는 이러한 위험성에 대한 충분한 이해와 평가가 필요하다.

035. 화물수취증(FCR)

오늘날 무역거래의 중심에 서 있는 선하증권은 무역을 하는 상인에게는 더 할 수 없이 유용한 제도이다. 격지자에게 물건을 보내되, 물건대금이 결제될 때까지 송하인은 그 물건에 대한 장악력을 가지기 때문이다. 이른바 선하증권의 유가증권 혹은 document of title로서의 기능인 것이다. 무역업자들에게는 선하증권이 이처럼 유용한 것이지만, 운송 선사로서는 불편하게 느껴질 때가 많이 있다. 서류를 화물의 선적 전에 송하인에게 발행하여 주는 것으로 운송서류에 관한 업무를 끝내고 싶기도 하고, 무엇보다도 양하지에서 송하인이 지정한 사람에게 운송물을 인도하여 주는 것으로 업무가 간단하게 종료되기를 희망하는 경우가 있다. 운송물을 인도하면서, 운송서류를 제대로 가지고 있는지 아니면 배서는 제대로 되어 있는지 하는 사항에 대하여 무거운 법적 의무를 지고 싶지 아니하고 단지 운송만을 하고 싶을 때가 있을 수 있다. 이러한 필요성에서 유사 선하증권 혹은 유사 운송서류가 많이 등장하고 있다. 나아가 실무계에서는 선하증권 없이 운송하는 경우가 늘고 있다. 이러한 유사 운송서류의 하나로 실무계에서 화물수취증(Forwarder's Cargo Receipt, 줄여서 FCR)을 이용하고 있다. 선하증권이 운송계약의 증거나 영수증이라는 의의뿐 아니라 위에서 본 유가증권의 성질을 가지게 되기 때문에 운송인은 선하증권의 상환을 받고서야 운송물을 인도하여 주어야 하며, 반대의 견지에서 보면 양하지에서 수하인은 선하증권을 운송인에게 제시하지 아니하고는 운송물의 인도를 구할 수 없는데, 화물수취증에는 이러한 의무가 부과되어 있지 아니하는 것이 보통이다. 물론 화물수취증의 내용을 어떻게 정할 것인가는 화물수취증을 발행하는 운송주선인이나 송하인에게 달려 있을 것이다(서울지방법원 1999. 4. 30. 선고 97가합81915, 97가합83485 판결). 위 판결의 사안에서는 화물수취증에 아래와 관한 문구가 있었다.

The goods are to be delivered to the consignee at the place of delivery and the consignee need not to surrender any original of this forwarder's cargo receipt when they take cargo delivery. The consignee have all the rights to dispose the goods once the goods are received by Maersk Korea Limited from shipper.

이에서 보는 바와 같이 이러한 문구로 화물수취증을 발행한 운송주선인 혹은 운송인은 양하지에서 운송물을 인도할 때에 화물수취증의 상환을 구할 의무가 없는 것이다. 이러한 점에서 화물수취증은 유가증권인 선하증권과 명백하게 구별되어야 한다. 위 판결에서 다투어진 사항은 수출보험계약의 성립과 관련하여 화물수취증이 동 약관에서 규정하는 '수출하는 물품의 대금회수를 위하여 발행된 것으로서 선하증권, 화물상환증, 항공화물수취증 또는 이에 준하는 증서'에 해당되는가 여부였는데, 대법원은 위 판결에서 화물수취증이 그러한 운송증권에 해당되지 아니한다고 판결한 것이다.

오늘날 운송증권이나 유사 운송서류를 신용장과 함께 제시될 선적서류로서 많이 이용되고 있는데, 그러한 운송서류를 받는 은행이나 그러한 서류를 발행하는 운송선사는 그 운송서류의 법적 의미를 정확히 이해하고 거래에 임할 필요가 있다. 화물수취증은 유가증권이 아니기 때문에 담보로서 매우 취약한 것이다. 이와 유사한 문제는 항공화물운송장(Air Waybill)에서도 발생하는 것으로서, 이러한 운송서류를 받고 신용장 발행은행이 충분히 담보를 확보하고 있다고 하는 것은 큰 오산이 아닐 수 없다. 이와 유사한 문제가 소위 straight bill of lading에서도 발생하는데, 이 문제에 대하여는 별도로 다루고자 한다.

036. Straight B/L

운송인과 송하인 사이의 실무상의 필요 혹은 합의에 의하여 전통적인 의미의 선하증권을 사용하지 아니하는 경우가 늘고 있다. 1992년도에 발표된 한 논문에 의하면 미국 은행이 신용장 대금 지급을 위하여 제출을 요하는 선적서류에서, 선하증권 대신 운송주선인의 화물수취증(소위 FCR)을 요구하는 경우가 반 정도라고 한다. FCR이 활용되는 것은 무엇보다 LCL 화물에 대한 운송을 운송주선인에게 의뢰하고, 운송주선인으로부터 받는 FCR을 환어음의 매입의뢰(negotiation)시 선적서류로서 사용할 수 있다면, 운송비가 FCL 화물에 비하여 현저히 저렴하게 될 수 있기 때문이다.

이러한 논문이 발표된 이래로 거의 10년의 세월이 지났으므로, 실무계에서의 이러한 경향은 더 가속되었을 것으로 생각한다. 이러한 FCR 외에 전통적인 의미의 선하증권을 대체하고 있는 것으로 운송장(Way-bill)과 소위 straight B/L이 있다. Waybill이 사용되는 빈도 역시 대단한 것으로 보인다. 위 1992년 기준으로 북대서양, 발틱 해에서 이루어지는 거의 대부분의 무역에서 선하증권을 대신하여 Waybill이 사용되고 있다고 한다. 물론 20세기에 항공에 의한 화물운송이 빈번하여 지면서, 항공화물운송장도 사용되고 있다. 바르샤바 조약상 항공화물운송장을 유통증권으로 할 것인지는 운송인이 정할 수 있다고 되어 있음에도 불구하고, 아직까지 유통증권으로 발행된 항공화물운송장은 본 일이 없다. 그만큼 항공화물운송장을 유통증권으로 만들어야 할 실무상의 필요가 적다는 것을 반증하는 것이다. 이번에 보기로 하는 straight B/L도 동일한 맥락에서 볼 수 있다.

실무상 기명식 선하증권 혹은 straight B/L의 의미가 다소 혼선을 야기할 수 있으므로, 우선 한국법상의 기명식 선하증권과 영미법상의 소위 straight B/L을 나누어서 살펴 볼 필요가 있다. 한국법상 기명식 선하증권은 수하인이 특정되어 있는 경우를 의미한다. 이러한 기명식 선하증권에서는 선하증권의 가장 중요한 속성 중의 하나인 상환증권성이 없어지는 것인가? 보다 구체적으로는 운송인이 양하지에서 화물을 수하인에게 인도하여 줄 때에 기명식 선하증권을 회수할 의무가 면제되는 것인가의 문제이다. 이에 관하여 상법상으로는 운송인은 선하증권을 발행하여야 한다고만 규정하고 있을 뿐(상법 제813조 제1항), 선하증권이란 무엇인지에 대한 규정은 별도로 두고 있지 아니하다. 그런데 상법, 특히 제130조의 규정에 비추어, 기명식 선하증권도 선하증권으로 인정된다. 따라서 기명식 선하증권의 경우에도 운송인은 상법 제129조에 따라 선하증권을 회수하여야 한다.

문제는 한 걸음 더 나아가 선하증권에 non-negotiable이라는 기재가 있고, 준거법이 한국법인 경우에는 어떻게 되는가이다. 정상적인 어음을 배서금지 어음으로 만드는 것이 가능한 것처럼, 운송인과 송하인이 합의하여 유통성이 없는 선하증권을 만드는 것이 가능하다. 유통성이 없는 선하증권은 소지인이 배서에 의하여 양도할 수 없다. 이러한 유통성이 없는 선하증권도 우리 상법상의 선하증권에 해당되는 것인가? 한국법상 이 점은 분명하지 아니하다. 그러나 영미법에서 발달된 straight B/L 혹은 non-negotiable B/L에서와 비슷하게 처리하는 것이 합당하다고 본다. 즉, 유통성이 없는 선하증권에서는 상환의무가 없다고 보아야 한다. 그러한 점에서 그러한 non-negotiable B/L을 취득하는 신용장 개설은행은 자신이 수하인으로 기재되어 있지 않은 한 그러한 선하증권을 통상적인 담보로 간주하여서는 아니 된다.

이번에는 준거법인 영미법에서의 straight B/L 혹은 non-negotiable B/L을 보자. 선하증권은 당연한 유통증권성이 있는 것인가? 영국에서는 1794년에 House of Lords가 내린 Lickbarrow *v.* Mason 판결에서 처음으로 선하증권의 유통증권성이 인정되었고, 그 결과 document of title로 이해되었다. 선하증권이 처음 이용되던 16세기에는 선하증권은 항시 용선계약서에 부착되어 이용되었는데, 영수증의 의미로 시작하였던 것이 위 판결에 이르러 확실하게 document of title로 이해되기 시작한 것이다. 이는 곧 선하증권으로 인정되면, 달리 약정이 없는 한 배서에 의하여 양도될 수 있는 유통증권성이 인정된다는 뜻이기도 하다. 그런데 운송인과 송하인의 실무의 필요에 의하여 선하증권의 유통성을 제거하는 경우도 있다. 즉, 운송인이 발행하는 선하증권 표면에 non-negotiable이라는 문구를 기재하는 경우이다. 이러한 경우, 영국법의 해석으로도 운송인은 선하증권을 상환할 의무는 없다고 본다. 만일 선하증권을 상환하여야 한다면, 실무에서 non-negotiable 선하증권을 사용하는 의의는 완전히 반감될 것이기 때문이다. 송하인이나 운송인이 선하증권의 상환을 강요하고자 한다면, 운송인에게 처음부터 온전한 선하증권을 발행하여 달라고 하면 될 것이고, 위와 같이 해석하더라도 실무계에서 아무런 불편이 야기되지 않는다.

이 점에 관하여 미국법은 제정법을 가지고 있다. 즉, 1994년 연방선하증권법, 49 USC 801(FBLA)이 그것이다. 이는 1916년에 제정된 바 있는 Pomerene Bills of Lading Act를 개정한 것이기도 하다. FBLA는 선하증권을 negotiable B/L과 non-negotiable B/L로 나누고 있다. FBLA의 관련 규정에 비추어 non-negotiable B/L은 아래 두 가지 요건을 갖추어야 한다. 하나는 화물이 특정의 수하인에게 인도될 것임이 선하증권상 기재되어 있어야 하고, 또 하나는 유통금지 즉, non-negotiable(또는 not negotiable)이라는 기재가 선하증권에 있어야 한다(FBLA 제3조(b)). Pomerene Bills of Lading Act와 FBLA는 내용이 거의 같으나, 다만 Pomerene Bills of Lading Act에서는 straight B/L이라고 하던 것이 FBLA에서는 non-negotiable B/L이 되었다는 점이 차이이다. 미국법상 non-negotiable B/L도 이전은 가능하다. 단지, 배서에 의하여 양도가 되지 아니할 뿐이다. 생각건대 이러한 점은 미국법만의 특징은 아니며, 우리법상으로도 배서금지 혹은 유통불가 문구가 선하증권에 기재되어 있어도 지명채권 양도의 방식에 의한 양도가 가능하다. 이러한 미국법하에서 non-negotiable B/L을 발행한 운송인은 양하지에서 화물을 인도할 때에 그 선하증권을 반드시 상환하여야 하며, 만일 상환하지 아니하면 그에 대한 손해배상책임을 져야 하는 것인가? 실무상으로 운송인이 선하증권에 기재된 수하인에게 인도하여 주면서 단지 선하증권을 회수하지 아니한 경우 운송인이 어떠한 손해배상청구를 당할 수 있는지가 의문이기는 하나, 간혹 은행이 non-negotiable B/L에 기하여 손해배상청구를 할 수도 있을 것이다. 이러한 경우, 운송인은 상환의무가 없는 것으로 해석함이 타당하다. 만일 상환의무가 있다고 한다면, non-negotiable B/L을 사용하는 의도와 맞지 아니하기 때문이다.

이상에서 볼 때, 우리가 보통 straight B/L, 혹은 기명식 선하증권 혹은 non-negotiable B/L을 논의할 때에는 용어의 혼란에 빠지는 일이 없어야 한다. 구체적으로 non-negotiable이라는 기재가 표면에 있는가 없는가를 보아야 한다. 만일 그러한 기재가 있다면, 일단 한국이나 영, 미국법이 준거법으로 적용되는 경우에서는, 운송인은 선하증권의 상환의무가 없다고 봄이 맞다. 이러한 점에서 은행은 상환증권성이 있는 것으로 하고 있는 현재의 업무를 다시 돌아 보아야 할 것이다.

037. 수통의 선하증권

선하증권은 지금도 3통을 하나의 세트로 발행하고 있다. 선하증권이 현재에도 반드시 3통이 발행되어야 하는지 그 이유를 정확히 모르겠다. 점차 도입되게 될 전자식 선하증권이나 유사한 운송서류가 선하증권을 대체하는 현재의 상황에서도 3통의 선하증권의 발행이 필요한지, 아직 잘 모르겠다는 것이다. 다만, 3통의 선하증권이 발행되는 실무는 연혁적인 것이 큰 원인이 아닐까 생각된다. 이러한 실무는 이미 17세기에 형성되어 있었다. 당시 선하증권은 3통이 발행되어, 1통은 선박에 보관하였고, 1통은 수하인에게 발송되었으며, 나머지 1통은 송하인에게 교부되었다. 당시 선하증권의 주된 의의는 양하지에서 화물의 손상, 멸실에 대하여 수하인으로 하여금 손해배상청구를 용이하게 할 수 있게 하기 위한 것이었다. 이후 선하증권이 신용장 매입시 필요한 서류로 사용되면서, 선하증권 3통 모두를 송하인이 받아서 이를 매입시 매입은행에 제출하는 실무로 발전하였을 것으로 생각한다.

이처럼 선하증권이 수통 발행되었던 것은 수하인이 화물의 인도 요청을 하거나 양하지에서 손해배상청구를 하는 것을 용이하게 하기 위한 것이었다. 그러나 가끔씩 수통의 선하증권이 발행됨으로 인하여 오히려 문제가 야기되는 경우가 있으며, 그럴 경우에 관련 당사자들은 어떻게 처리하여야 할 것인지 고민일 때가 있다. 그 중 대표적인 것이 발행된 선하증권 중 2통은 매입은행에 의하여 매입되었으나, 나머지 1통은 송하인이 곧 바로 수하인에게 우편으로 발송된 경우이다. 그에 따라 수하인이 신용장 대금의 지급을 소위 unpaid 처리하면서, 화물은 인도하여 가 버리는 경우이다. 물론 이러한 과정에는 대개 신용장 매입은행 혹은 신용장 발행은행의 잘못이 개재되었을 것이다. 즉, 위 은행은 매입시 필요한 선하증권의 통수가 3통 전부임을 분명히 하든지, 수하인이 신용장 서류를 수락할 것인지 여부를 확인하여야 할 것이기 때문이다.

위와 같은 경우, 우리 상법상 운송인이 수하인의 1통의 선하증권 제시에 대하여 화물인도를 한 것이 양하항에서라면, 원칙적으로 적법한 인도가 된다(상법 제816조 제1항). 일단 인도가 이처럼 적법하게 된 이후에는 2통의 선하증권을 소지하고 있는 신용장 개설은행(혹은 매입은행)은 운송인에 대하여 아무런 권리를 행사할 수 없게 된다. 우리 상법상 위와 같은 인도가 이루어지면, 나머지 선하증권의 효력은 상실된다고 규정하고 있기 때문이다.

다만, 운송인이 2통의 선하증권을 소지하고 있는 신용장 개설은행이 권리자라는 것을, 달리 말하면 1통의 선하증권을 소지하고 있는 수하인에 대하여 위 은행의 권리가 우선한다는 것을 알고 있었거나, 알 수 있었음에도 불구하고 소위 중과실로 이를 알지 못한 채, 양하항에서 수하인에게 화물을 인도한 경우에는 어떻게 될까? 이에 관하여 운송인이 면책되는 것인지, 아니면 고의 또는 중과실의 존재를 이유로 책임을 질 것인지는 다소 분명하지 아니하다. 상법 제816조 제1항은 분명히 그 인도를 거부하지 못한다고 규정하고 있는 반면, 민법 제518조에는 반대의 취지의 규정이 있기 때문이다. 이러한 경우 운송인으로서는 충분한 사실조사(어느 권리가 우선하는지에 대하여)를 할 것을 권하고, 그래도 불분명한 경우에는 상법 제818조를 근거로 공탁을 할 것을 권한다.

누구의 권리가 우선하는지는 어떻게 정하는가? 상법 제819조 제1항에 의하면 수인의 선하증권 소지인에게 공통되는 전자로부터 먼저 교부를 받은 선하증권 소지인의 권리가 우선하게 되어 있다. 즉, 위에서 이미 본 사안에서 송하인으로부터 누가 먼저 선하증권을 받았는가를 따지는 것이다. 수하인이 먼저 받았으면 1통의 소지에도 불구하고 수하인이 우선하는 것이며, 개설은행이 교부 받은 시점이 수하인에 우선하면 개설은행이 우선한다는 것이다.

이에서 보는 것처럼, 선하증권을 신용장 서류의 하나로 매입하는 은행으로서는 선하증권의 통수가 이러한 결과나 분규를 초래할 수 있다는 점을 인식하여야 한다. 아울러, 물건을 수출하는 송하인으로서는 수하인이 요구한다고 하여 선하증권 1통을 먼저 수하인에게 발송할 때에는 위와 같은 문제가 발생할 수 있다는 점을 유념하고 처신하여 할 것이다. 경우에 따라서는 송하인이 claim을 당하는 경우가 있을 수 있기 때문이다.

038. 송하인이 운송인에게 수하인을 변경하여, 그 수하인에게 화물을 인도하여 달라고 하는 경우

송하인이 운송인에게 한국의 부산항으로 화물을 운송하여 주되, 수하인은 A 은행으로, 통지처를 B 회사로 하여 달라고 요청하여 운송인이 그러한 내용의 지시식 선하증권을 송하인에게 발행하여 주었다고 하자. 그리고 운송인이 그러한 선하증권의 기재 내용대로 해당 화물을 부산항에 운송하여 놓았다고 하자. 당연히 운송인은 양하에 즈음하여 세관에 적하목록을 제출하였을 것이다. 그리고 통지처이자 실수입자인 A는 수입신고서를 세관에 제출하였다. 그런데 문제는 이러한 상황에서 발생하였다. 송하인과 A 사이에 대금 결제가 이루어지지 아니한다는 것이다. 이에 따라 화물은 컨테이너 야드에서 체선되기 시작하였다. 상당한 금액의 demurrage가 발생하고 있는 상황이었다. 이러한 경우에 있어서 송하인이 운송인에게 수하인을 A에서 C, D 등의 회사로 변경하여 달라고 요구한다. 운송인은 어떻게 대처하여 할 것인가?

통상적으로 생각한다면 선하증권을 아직 소지하고 있는 송하인이 해당 화물의 주인이고 동시에 운송계약의 당사자이므로 송하인이 운송인에게 수하인을 변경하여 달라고 하면 운송인은 이에 따라야 할 것이다. 그런데 문제는 우리 관세법 및 그에 따라 이루어진 관행 아래에서는 최초의 실수입자이며, 수입신고를 한 B(B는 수입신고서를 제출하기는 하였으나 아직 관세를 납부하지 아니한 상태이다)가 마치 화물의 소유자인 양 업무가 처리된다는 점이다. 따라서 운송인이 다른 양하항으로 운송하거나 반송하고자 하는 경우에도 B의 동의를 받아야 가능하도록 되어 있다. 개인적으로 이는 잘못된 법의 해석이고 시정되어야 한다고 본다. 따라서 관세당국이 B의 동의를 받지 않았다는 이유로 송하인의 반송신청을 기각하는 경우에는 행정소송을 한다면 시정될 수 있을 것으로 본다.

다음으로 고려할 수 있는 것은 적하목록을 정정하거나, B가 제출한 수입신고서를 각하시키는 방안이다. 특히 전자의 방안이 위 문제를 타개하는 데 자주 이용되고 있다. 이는 마치 최초 신고한 적하목록의 내용이 잘못되어 있다는 식으로 정정을 시도하는 것이다. 이렇게 적하목록을 정정하려면 무엇보다도 송하인이 소지하고 있는 선하증권의 원본 전부를 제출할 것이 요구된다. 수입신고서를 각하하는 방법은 법령상으로 반드시 이러한 경우에 적용된다는 보장은 없지만, 충분히 활용될 수 있을 것으로 본다.

이와 관련하여, 송하인이 수하인 변경을 요구하여 놓고, 운송인이 이를 제때에 실행하지 못한다는 이유로 체선료나 부수비용의 부담을 운송인에게 전가하는 것이 가능한가? 그리고 운송인에 대하여 손해배상청구를 하는 것이 가능한가? 적어도 한국의 현재의 관행으로서는 운송인에게 과실이 있다고 보기 어렵다. 따라서 그러한 부담 전가나 손해배상청구는 인정되지 아니한다고 본다. 요컨대, 이러한 문제는 우리 관세법 및 그 업무 관행의 경직된 태도에서 비롯된 것이라고 생각한다. 누군가가 언젠가는 그러한 경직된 관행을 시정하는 시도를 하여야 할 것이다.

039. 선하증권의 관할조항에 대한 미국법원의 처리 동향

선하증권의 관할조항에 대하여 미국법원은 어떻게 처리하는가? 예를 들어 우리 해운회사가 발행한 선하증권에 기하여 미국의 화주가 미국에서 손해배상청구소송을 제기하였다. 그런데 선하증권에는 한국 법원에서 손해배상청구 문제가 해결되기로 되어 있다. 미국 법원은 그에 따를 것인가? 미국의 대법원은 1995년 소위 Sky Reefer 사건에서 아래와 같이 설시하면서, 일본 중재조항이 선하증권에 규정된 경우, 그 중재조항이 유효하게 인정되어야 한다고 판시하였다(515 U.S. 528). 즉, (i) 미국 해상물품운송법 제3조 제8항의 규정은 책임의 내용에 대한 것이어서 관할에 관한 문제와 구별되며, (ii) 일본에서의 중재에서 위 Indussa 판결에서 염려하던 것 즉, 일본 중재인이 미국해상물품운송법과 다르게 법률을 적용할 위험은 미국에서의 중재판정의 집행단계에서 공서의 개념으로 다시 심사할 수 있는 기회가 남아 있으므로 관할항변이 제기된 시점에서 그 위험성 유무를 판단하는 것은 시기상조라는 이유에서, 그리고 (iii) 국제거래의 점증추이에서 국제예양 및 상관행을 존중하여야 한다는 점에서 위 중재조항은 유효한 것으로 집행되어야 한다고, 즉 미국소송은 중지되고 일본 동경에서의 중재가 강제되어야 한다고 판시하였다. 미국법원은 이러한 사건 등에서 외국법원으로의 관할합의조항을 유효한 것으로 인정하면, 미국 1936년 COGSA 제3조 8항에서 금지하는 혹시 운송인이 그 책임을 부당하게 감경하는 것이 되는 것은 아닌지를 잣대로 삼았었다.

이후 이러한 태도는 1997년 Fireman's Fund Insurance Co. *v.* M.V. DSR Atlantic, et al. and Cho Yang Shipping Co., Ltd. 1998 A.M.C 583 (9th Cir. 1997) 판결에서 그 타당성이 다시 확인되었다. 동 사건에서 화주측은 조양상선 등을 상대로 미국에서 화물손상에 대한 손해배상청구 소

송을 제기하였고, 조양상선은 무엇보다도 선하증권상의 관할이 한국 법원으로 되어 있으므로 재판은 한국에서 이루어져야 한다고 항변을 하였다. 1심에서는 조양상선이 패소하였지만, 2심은 관할항변을 유효한 것으로 인정하였다.

이러한 일련의 과정에서 볼 때 미국 법원의 현재의 태도는 외국 법원으로의 관할합의조항이나 외국에서의 중재조항은 유효한 것으로 받아 들이고 있다. MSC CARLA 사건으로 slot charterer가 선하증권상의 관할합의조항을 원용하려고 하였으나, 책임제한 절차가 미국에서 진행된다는 이유로 그 원용을 허용하지 아니한 사례가 있으나(161 F. 3d 115 (2d. Cir. 1998)), 이 판결이 미국 법원의 위와 같은 판결 경향을 변화시키는 것은 아니었다.

그러나 이러한 태도가 계속될 것 같지는 아니하다. 왜냐하면, 미국 COGSA 개정안에 원칙적으로 관할합의조항의 유효성을 부인하는 조항을 두고 있기 때문이다(Section 7 (i)). 그러한 개정안이 그대로 국회를 통과하는 경우, 우리 해운사들의 선하증권 관할합의조항은 사실상 기능을 발휘하지 못하고, 보다 많은 cargo claim이 미국 법원에서 처리되며, 그만큼 우리나라의 해운사들의 방어비용도 증가할 것으로 보인다.

III

Marine Accident(Collision)

040. 화물을 운송하던 선박에 사고가 발생하여 선박을 예인하거나 선박이 구조되는 경우의 법률문제

화물을 운송하던 선박이 좌초를 하거나, 다른 선박과 충돌하는 경우, 화물과 운송 선박에 손상이 발생하는 경우가 종종 있다. 그 경우 손상된 선박이나 화물을 구조하거나, 선박을 수리할 수 있는 곳까지 예인을 하여야 할 필요가 생기게 된다. 그러한 경우 화주는 어떠한 조건에서 운송인에 대하여 화물손상에 대한 손해배상청구를 할 수 있는가, 그리고 어떠한 조건에서 선주가 요구하는 공동해손분담금을 지급하여야 하는가 하는 의문이 생긴다. 화물의 손상에 대하여 운송인에 대하여 손해배상을 청구하는 것은 통상의 경우와 같다고 할 수 있다. 즉, 그 운송사고가 운송인이 면책될 수 있는 사유로 인한 경우에는 화주는 운송인에 대하여 손해배상청구를 하지 못한다. 한편, 공동해손분담금에 대하여는 선주가 감항능력 주의의무를 소홀히 한 것으로 인정이 되면, 그 선주의 화주에 대한 공동해손분담금 청구는 인정이 되지 아니한다. 따라서 선박과 화물에 손상을 야기한 사고가 선박의 불감항성으로 인하여 발생하였는지, 그와 같이 선박이 감항성이 없게 된 이유가 선주의 주의의무 소홀로 인한 것인지 여부가 쟁점이 되는 것이다. 공동해손이란 선박과 적하의 공동위험을 면하기 위하여 선장이 선박 또는 적하에 대하여 하는 처분행위로 정의되는데(상법 제832조), 실무상으로 사고 해상에서의 선박 구조비나 사고 해상에서 수리장소까지 예인비용 등이 대표적으로 선주가 입는 공동해손이 되며, 위난에 처한 선박을 구조 혹은 부양하기 위하여 화물을 투하함으로써 화물의 일부멸실이 발생한 경우가 대표적으로 화주가 입는 공동해손이다. 선주가 입은 공동해손비용(예를 들면 구조비 및 예인비용)은 위험을 면한 선박 또는 화물의 도착지에서의 가격에 상응하여 화주에 대하여 청구를 하게 될 것인데, 이러한 공동해손 분담금의 지급확보를 위하여 선주가 정하는 정산인은 화주 및 그 적하보험자들로부터 Average bond 및 Average guarantee를 징구하게 된다. Average bond에서 선주는 공동해손 처리 원칙에 대하여 화주로부터 동의를 구하는 것이고(대부분은 이미 선하증권의 이면약관으로 합의된 사항에 대한 확인적인 성격의 것임), 화주는 정산인이 정산을 수행하는 데 필요한 자료를 화주가 성실히 제공할 것을 약정하고, 나아가 대체선으로 목적항까지 운송되는 경우 그 비용도 공동해손 비용에 포함된다는 것을 인정한다(이를 소위 non separation agreement라 함). Average guarantee는 적하보험자 등이 화주가 지게 될 공동해손분담금의 지급을 보증하는 문서이다. 해난구조가 발생하는 경우 해난구조업자는 선주나 화주로부터 구조료에 대한 지급 보증장(salvage guarantee)를 받게 된다. 이러한 보증장이나 bond는 화물에 대한 지배를 가지고 있는 동안 선주의 정산인이나 구조업자로부터 징구되며, 선주나 구조업자는 그러한 보증장이 제공된 연후에 화물을 인도하게 된다. 이와 관련하여 구조업자가 선박과 적하를 함께 구조하는 경우 salvage guarantee를 선체보험자로부터 받는 것으로 족한 것인지, 아니하면 적하보험자로부터도 보증장을 받아야 하는가 문제될 수 있다. 이는 구조계약이 누구와 체결되었는가와 관련된 사항이다. 그런데 통상은 선체보험자와 선주가 구조업자를 지정하면, 구조업자가 선박과 함께 적하도 구조하게 되는데, 여러 가지 정황상 구조업자와 화주 사이에도 같은 조건의 구조계약이 체결된 것으로 보게 된다. 즉, 적하에 대한 구조는 별개의 구조계약에 기하여 이루어진다는 것이다. 따라서 구조업자는 적하보험자로부터 위에서 언급된 서류와 별도로 구조료에 대한 보증장을 지급받는 것이 합당하다.

041. 도선사의 과실에 대한 선장의 형사 책임

도선사가 선박을 조선하다가 제3자의 인명 또는 재산에 손해를 가한 경우에 선장은 형사상 어떠한 법적 책임을 질 것인가가 문제될 수 있다. 실제로 1994년경 화학제품 운반선이 대산항에 입항하다가 항내의 암초에 선저를 접촉시켜 나프타가 유출되는 사고가 발생한 적이 있었다. 이로 인하여 발생되는 유독가스에 인근 주민들이 두통을 호소하며 병원에 입원하였고, 인근 어장의 고기들이 죽어서 어획이 안 된다는 이유로 어민들은 선주에 대하여 손해배상청구를 하였다. 사고당시 동 선박은 그 지역 도선사에 의하여 도선되던 중이었고 도선사는 특이하게 조선한 일은 없었는데, 마침 개항된 지 얼마되지 아니한 대산항에 미처 발견되지 아니하였고, 또 그래서 미리 제거되지 아니한 수중 암초가 있었으며, 선박이 그 수중 암초를 선저로 접촉하였던 것이었다. 이 사건은 오래 전의 일이기는 하나 도선사의 과실에 대하여 선주 또는 선장이 어떠한 법적 책임을 지는가의 문제를 검토하기 위하여 다시 한번 생각하여 보는 것이다.

이 사고로 인하여 선장 및 도선사가 업무상 과실치상죄 등의 혐의로 형사 입건되었다. 사실 이 사건은 해도상에도 나타나지 아니하는 수중 암초에 의하여 발생된 사고로서 도선사에게 과실이 있는지 여부조차도 의문이었고, 나아가 가사 도선사에게 과실이 있다고 하더라도, 선장이 형사책임까지를 질 것인지 여부는 더더욱 확실하지 않았다. 즉, 이 사건에서 도선사의 과실에 대한 선장의 형사책임이 문제되었다. 도선법 제18조 제4항은 도선사의 승선 중에도 선장의 안전 운항에 대한 책임은 면제되지 아니한다고 규정하고 있다. 사실 동 조항에는 도선사가 승선하고 있어도 선장은 그 권한을 침해 받지 아니한다고 규정하고 있다. 그러나 선장이 그 권한을 침해 받지 아니한다는 부분은 현실적으로는 맞지 아니하다. 대부분의 경우에는 도선사가 승선하면 선장은 도선사의 지시에 따라야 하며, 선장 나름의 목소리를 낼 수 없다.

현실이 그러하더라도 규범적으로, 도선사에게 조선상의 명백한 과실이 있음에도 선장이 이를 제지하지 아니하거나 예방하지 아니함으로 인하여 사고가 발생한 경우에는 선장에게 적어도 민사상 책임은 지울 수 있을 것이다. 그러나 위 사건에서는 그렇게 명백한 과실이 발견되지 아니하였고, 더구나 선장은 새로이 개항된 대산항의 사정에 그다지 밝지도 아니하였다. 그와 같은 상황에서 발생된 사고에 대하여 해양경찰은 민원인의 이해관계를 고려하여 형사 입건은 물론 도선사 및 선장을 구속하려고 하였다. 구속영장 청구 단계에서 형사상 책임을 지우는 데 문제가 있음이 인식되었고, 영장 담당 판사는 영장을 기각하기에 이르렀다. 해양경찰은 다시 구속을 시도하였지만, 역시 영장은 기각되었다. 결국 형사 재판에서 판사는 유죄 여부에 대하여 고민을 거듭하다가 선장과 도선사에게 최소한의 금액의 벌금만을 선고하였다.

법원이 적어도 선장에게 형사책임을 지운 것은 도선법의 위 조항을 과장 해석한 데서 비롯된 것이라고 본다. 형사책임을 규명하는 데에는 구체적인 사실관계를 보는 것이 중요하다고 생각한다. 위 사건에서는 선장에게 형사책임을 지우는 것은 어느 모로 보나 잘못이라고 생각한다. 사실 민사 책임을 지우는 것은 어려운 일이 아니며 전 세계적으로 별 이론이 없는 대목이다. 그래서 우리 상법에서도 도선사의 과실에 대하여도 선주가 책임을 진다고 규정하고 있다. 그러나 형사책임을 지우는 것은 민·형사 책임이 분리되어 있는 근대법체계에서는 맞지 아니하며, 구체적인 사실관계를 보다 면밀히 살펴보아야 한다고 생각한다.

042. 예선열과 선박 충돌 – 상대선에 책임질 당사자가 누구인지?

예선이 부선을 예인하는 예부선열과 선박이 충돌하는 경우 상대선박에 발생한 손해에 대하여 누가 책임을 질 것인가와 관련하여 몇가지 특이한 문제가 생긴다. 항법상으로는 소위 예선열 일체의 원칙에 따라, 예선열 전체가 하나의 동력선으로 간주된다. 항행중인 동력선은 범선의 진로를 피할 의무가 있는데, 자체 동력이 없어서 독항능력이 없는 부선의 경우 이 의무가 적용되지 않았을 것이나, 동력선인 예선에 의하여 예인되는 경우에는, 예선과 부선이 항법 적용에 있어서는 하나의 동력선을 간주되기 때문에 부선에게도 범선의 진로를 피할 의무가 있는 것이다. 사법상의 책임과 관련하여 예선과 부선이 동일한 선주에 소속될 경우에는 그 선주가 대외적인 책임을 지게 되므로 특별히 문제되지 아니한다. 문제가 되는 경우는 예선의 선주와 부선의 선주가 상이한 경우이다.

결론부터 말한다면, 예선과 부선 중 어느 편에 지휘권이 있는지, 혹은 사고의 원인을 어느 편이 제공하였는지에 따라 예선 선주가 책임을 져야 할 경우도 있고 부선 선주가 책임을 져야 할 경우도 있다. 미국 해상법에서는 소위 dominant mind가 어디에 있었느냐는 식으로 표현하는데, 결국 그 내용은 같은 것으로 본다. 물론 예선 선주의 과실과 부선 선주의 과실(부선의 피용자의 과실로 인하여 선주가 사용자 책임을 지는 경우를 포함하여)이 경합하여 발생하였다면, 양 선주는 공동불법행위자로서 연대책임을 지게 된다. 실제의 예를 들자면, 예선 선주와 부선 선주 사이의 계약에 의하여, 예선 선주가 입출항, 항해 계속 여부 등 제반 사항에 대하여 부선 선주의 지시를 받기로 되어 있는 경우에는 예인 중에 발생된 사고에 대하여 부선 선주가 손해배상책임을 진다. 이를 일본의 학자들은 고용형이라고 분류하고, 이와 다른 경우를 운송형, 도급형으로 분류한다.

인천항 등 항구에서 영세하게 예선을 운영하는 선주로서는 대형 부선 선주에 예속될 수밖에 없다. 이로 인하여 예선 선주가 부선 선주에 예속되어, 선박의 운항에 있어서 부선 선주의 지시에 전적으로 따라야 하는 경우가 흔히 있다. 예를 들면, 항 내에 안개가 심하게 끼어 운항이 통제되는 상황에서도 부선 선주가 힘을 내세워 예선 선주에게 운항을 강요하는 경우가 흔히 있다. 그러다가 사고가 발생하면, 선박의 최종적인 지휘권은 예선 선장에 있다는 원칙론을 들면서 대외적인 책임의 회피를 하려 한다. 이러한 경우에는 사고의 가장 기초적인 원인을 부선 선주가 제공하였기 때문에 부선 선주가 책임을 면할 수 없다고 본다. 이처럼 예선이 부선을 예인하던 중에 사고가 발생하였고 선박의 조선 지휘권이 예선의 선장에게 있었으니 예선 선주가 무조건 손해배상책임을 져야 한다는 것은 잘못된 생각이다.

추가적인 예로서, 선박의 충돌이 부선 쪽에서 등화를 제대로 점등하지 아니하고 항해하였기 때문에 발생하였다면, 그 사고에 대한 손해배상책임은 오히려 부선 선주에게 있을 가능성이 훨씬 높은 것이다. 다음에는 예부선열의 선주책임제한기금 액수 계산 방법에 대하여 보기로 하겠다.

043. 예선열과 선박 충돌–책임제한 금액의 산정(1)

예부선열이 다른 선박과 충돌하는 등의 사유로 타인에게 손해를 끼친 경우에, 선주 책임제한이 문제될 수 있을 것인데, 그러한 경우 책임제한 금액을 어떻게 산정할 것인가가 문제된다. 예를 들어서 예선은 99톤이었고, 부선은 1,195톤이었으며, 예선에서의 운항 과실로 다른 선박과 충돌하였다면, 책임제한금액을 위하여 적용될 톤수는 예선의 99톤만인가(이 경우에는 83,000 SDR이 됨), 아니면 예선의 99톤에 부선의 1,195톤을 합산한 1,294톤인가(이 경우 299,598 SDR이 됨), 아니면 예선의 99톤에 대한 별도의 책임제한 기금(즉, 83,000 SDR)과 부선의 1,195톤에 대한 별도의 책임제한 기금[즉, 283,065{167,000+(1,195-500)×167}]의 합산액인 366,065 SDR이 될 것인가의 문제이다.

사실, 위 사례는 실제 사건으로서 대법원 1998. 3. 25.자 97마2758 결정에 대한 사안이다. 동 사건에서 예선의 소유자(곧, 채무자)는 리스 회사로부터 부선을 리스하여 운영하던 중에 충돌 사고를 야기하였다. 그와 같은 상황에서 우리 대법원은 채무자는 부선의 임차인으로서 그 이용에 관한 사항에 대하여는 제3자에 대하여 선박소유자와 동일한 권리 의무가 있고, 예선과 부선은 채무자의 해상기업조직에 편입되어 함께 기업활동을 수행하던 중에 해당 사고를 야기하였으므로, 예선의 책임제한 기금과 부선의 책임제한 기금을 합산한 금액이 책임제한금액이 되어야 한다고 판시하였다. 즉, 위의 세 가지 경우 중 세 번째의 경우가 타당하다고 판결한 것이다. 위 판시 내용을 구체적으로 살펴보면 다음과 같다. 첫째, 대법원은 예선열이 위와 같이 운용되는 경우에는 책임제한기금 산정시 예선만을 고려하여서는 안 되고, 예선과 부선을 같이 고려하여야 한다는 입장을 밝힌 것이다. 위 사안은 그 어느 사안보다도 채권자 보호의 필요성이 큰 사안이었다. 즉, 예선의 소유자와 부선의 소유자가 동일한 경우와 거의 진배가 없는 사안이라는 말이다. 예선의 소유자와 부선의 소유자가 동일할 경우, 선박충돌사고 혹은 화물손상 사고로 인하여 피해를 입은 상대방에 대하여 예선과 부선이 일체화된 것처럼 취급되는 것은 하나도 이상하지 아니하다. 그에 대하여 어느 예선선주도 이의를 제기하지 않을 것으로 생각한다. 그러나 이와 분명히 차이가 있는 경우로서, 만일 부선 선주가 예선 선주와 완전히 상이하고, 그 항해에 대해서만 부선 선주가 예선을 고용한 경우에도 동일한 결론이 될까라는 의문이 생길 수 있다.

둘째, 대법원은 예선과 부선을 합쳐서 고려하되, 구체적인 방법론에 있어서, 예선의 책임제한기금과 부선의 책임제한 기금을 각각 산출하여 최종적으로 두 숫자를 합산하는 방식(위에서의 세 번째 방식)을 취하였다. 이는 어느 경우에나 먼저 톤수를 합산하여 책임제한기금 한 개만을 산출하는 방식에 비하여 책임제한기금이 커지게 마련이다. 167,000 혹은 125,000{(167,000+83,000)/2}은 500×167에 비하여 항시 크기 때문이다. 고등법원이 두 번째 방식을 취한 것에 대하여, 대법원은 잘못이라고 지적하고 세 번째 방식이 타당하다고 판단하였다. 대법원의 방식은 보다 책임제한기금을 키워서 피해자를 더 보호한다는 것이다. 다음에는 외국의 예를 보면서, 대법원의 위와 같은 판단이 타당한지를 살펴보기로 하겠다.

044. 예선열과 선박 충돌–책임제한 금액의 산정(2)

영국법상 예선열(towage flotilla)이 다른 선박과 충돌한 경우에는 충돌에 대한 책임을 예선이 지는지 아니면 피예인선(곧, 부선)이 지는지에 따라 책임제한금액의 산정도 달라진다. 즉, 예선만이 책임을 지는 경우에는 예선의 톤수에 따른 책임제한기금이 문제가 된다. 영국법상 예선 선장의 항해상의 과실로 인하여 예선열이 다른 선박과 충돌하였다고 하여, 반드시 부선의 선주도 다른 선박에 대하여 충돌에 따른 손해배상책임을 지게 되는 것은 아니다. 부선이 책임을 지는 때는 부선에 그 고유의 과실이 있는 경우이다. 부선만이 책임을 지는 경우에는 부선의 톤수에 따른 책임제한기금만이 문제가 된다. 예선과 부선이 서로 다른 선주이고, 양 선박 모두 과실이 있어서, 양 선박 모두 손해배상책임을 지는 경우에는, 두 개의 손해배상채무가 존재하고, 각각에 대하여 별개의 책임제한기금이 설치된다. 이와 달리 만일 양 선박의 소유자가 동일할 경우에는 책임자가 동일하게 되며, 양 선박에 대한 책임제한기금이 그 소유자의 책임제한기금이 된다.

앞에서 본 대법원 판결의 사안에서 예선 선주는 부선을 리스하여 사용하던 중이었는바, 그러한 경우도 영국법에서 말하는 소유가 공통일 때(common ownership)의 요건에 해당될 것으로 본다. 그렇다면 그 선주에 대하여는 예선과 부선의 톤수를 같이 감안하여 책임제한금액이 정하여질 것이다.

영국법상의 입장이 위 대법원 판결의 원심 판결이 본 바와 같이 양 선박의 톤수를 합쳐서 책임제한금액을 정하는 것인지, 아니면 각각 책임제한금액을 산정하여 책임제한금액을 서로 합산하는 것인지는 여전히 분명하지 않다. 선주가 다를 경우에는 각각의 책임 및 책임제한금액이 정하여지고, 피해 선박의 선주는 예선 선주 혹은 부선 선주의 어느 쪽에서든 그 책임한도액 범위 내에서 우선 변상을 받고, 충분히 변상 받지 못한 부분에 대하여는 또 다른 책임제한금액에서 변상을 받게 될 것이다. 결국 선주가 다를 경우에는 양 책임제한금액의 산술적인 합계 금액이 종국적인 책임제한금액이 된다. 그런데 피해자의 입장에서 선주가 동일할 경우가 선주가 다른 경우에 비하여 보호가 약해지면 안 될 것이다. 그렇다면, 책임제한금액을 각각 산출한 금액을 합산한 금액이 바로 선주가 동일한 경우의 책임제한금액이 되어야 한다고 본다. 결국, 대법원의 판결은 타당하였다고 본다.

미국법상의 입장도 영국법상의 경우와 거의 동일하다. 즉, 미국법상에서도 무조건 예선열 전부가 충돌 상대 선박에 대하여 책임을 지는 것이 아니다. 예선과 부선 중 어느 편에 dominant mind가 있었느냐, 즉 어느 쪽에서 지배하고 있었느냐에 따라, 예선에 그것이 있었다면, 예선만이 책임을 지는 것이지 부선이 자동으로 책임을 지는 것은 아니다. 다만, 화물 손상과 관련하여 예선열을 이용하여 화물을 운송하던 경우에 있어서는 예선, 부선 중의 어느 한 쪽에 과실이 있고, 심지어 양 선주가 다른 경우에도, 책임제한금액은 양 선박 모두를 고려하는 것으로 보인다.

045. 해난심판과 민사소송(1)

해난심판은 해난의 원인을 규명하기 위한 절차이며, 해양수산부 소속의 해양안전심판원에 의하여 주관된다. 반면, 민사소송은 해난으로 인하여 발생된 민사상 법률관계를 확정하기 위한 절차이다. 우리가 아는 대표적인 해난으로서는 선박충돌이 있으며, 근자에는 이와 함께 선박의 고의 침몰도 문제된다. 우리 법원의 제도로는 별도의 해사법원이 있지 아니하다. 따라서 해상사건도 일반 민사사건과 마찬가지로 취급되게 된다. 널리 알려진 바와 같이 우리 법원은 많은 사건으로 바쁜 나날을 보내고 있기 때문에, 복잡하고 어려운 특정 사건에 한하여 시간을 할애하는 데 어려움이 많다. 이러한 연유로 많은 경우 해난의 원인에 관하여 법원은 해난심판원의 결론, 즉 주문을 우선 참작하고 있는 것이 현실이다. 즉, 해난심판원에서 선박충돌의 주된 원인이 A 선박이고, B는 '일인'(一因)에 불과하다고 판단하면, 민사재판에서도 과실비율을 산정할 때에 A 선박 대 B 선박이 7 : 3이라든지 하는 식으로 나온다. 심지어는 최근의 해양사고의 조사 및 심판에 관한 법률(해난심판법)의 개정으로 해난심판원은 과실비율을 수치적으로 표시할 수도 있게 되었다. 즉, 해난심판법 제4조 제2항은 심판원은 제1항의 규정에 의한 해양사고의 원인을 규명함에 있어서 해양사고의 발생에 2인 이상이 관련되어 있는 경우에는 각 관련자에 대하여 원인의 제공 정도를 밝힐 수 있다고 규정하고 있다. 이에 따라 실제로 인해심-2000-031호의 재결에서 해난심판원은 과실비율에 대하여 판단을 내린 바 있다. 이처럼 과실비율에 관하여 수치적으로 표시하게 되면, 민사재판은 그 점에 관하여 해난심판에 더욱 의존하게 될 것이다.

이러한 점에 대하여는 전문가들에 의하여 수행되는 해난심판절차가 민사소송을 도와 준다는 점에서 긍정적인 점이 있는 것은 분명하다. 그러나 이와 함께 고려되어야 할 사항이 있다. 선진 영국, 미국에도 우리와 같은 해난심판 절차가 있기는 하나, 주요한 차이는 해난심판원의 최종적인 결론, 즉 주문 또는 의견이 법원에 증거로 제출될 수 없게 되어 있다는 점이다. 미국의 경우에는 법으로 해안경비대(United States Coast Guard, USCG)의 보고서(Report)가 민사, 형사 책임을 확정짓기 위한 것이 아니라는 명문규정이 있다(46 C.F.R. 4.07-1 (b)). 이에 따라 USCG Report는 해난사고에 대한 민사, 형사 책임 확정과 관련한 절차에서 증거능력이 없다는 판례가 확립되어 있다(Huber *v.* United Stated, 838 F. 2d 398 (9th Cir. 1988)). 만일 그러한 보고서가 증거로 인정받으면 조사자는 완전하게 솔직할 수 없으며, 그로 인하여 공공의 안전에 대한 부정적인 결과를 초래할 수 있기 때문이라는 것이 그 이유이다. 이러한 점은 우리 해난심판의 운영에 반드시 참작할 만한 사항이라고 본다.

046. 해난심판과 민사소송(2)

앞에서 언급한 미국의 해안경비대(USCG)의 조사 외에도 미국에는 국가교통안전위원회(NTSB)가 해난사고에 대하여 조사할 권한이 있다. NTSB는 우리로서는 괌 사고나 김해공항 항공기 추락사고에서 익히 듣던 이름이다. NTSB는 공중, 육상, 해상 사고 모두에 대하여 조사할 권한이 있는데, 해상사고에 대하여는 USCG의 조사권과 겹치게 된다. 구체적으로는 중대한 해난사고의 경우에 NTSB와 USCG가 공동으로 조사할 권한을 갖게 된다. 많은 경우, NTSB가 주도권을 갖고 조사하게 되면 USCG는 양보한다. 바로 이와 같은 NTSB의 조사 결과, 즉 최종의견 역시 USCG의 조사결과와 마찬가지로 민사, 형사, 징계 절차에서 증거로서 제출할 수 없게 되어 있다. 즉 증거능력이 없게 된다. 미국도 이러한 법과 전통을 형성함에 있어서 많은 고민을 하였을 것이라고 생각한다. 그러나 미국은 효율성(조사결과가 그대로 민·형사 절차에 넘겨져 그 판단에 결정적인 영향을 주게 된다는 점)과 공정성(조사결과와 민형사 분규 해결 절차가 차단되어 조사를 불편 부당하게 할 수 있다는 점)이라는 두 가지 법익 중에서, 공정성을 중시한 제도이다. 이러한 미국의 전통은 이제 외국으로 그 노우하우를 수출하는 단계에 와 있다. 최근의 빈번한 항공사고에서 미국의 NTSB는 정확성과 공정성의 대명사로 자리매김하였다.

이에 비하여 우리 해난심판원은 어떠한가 자문하여 본다. 우리 해난심판원은 전원 해기사 출신으로 구성되어 있다. 최근에 있었던 한두 가지의 해난심판 사례를 소개하고자 한다. 한 가지는 선박 충돌사고였다. 안개 속에서 예선이 유조 부선을 끌다가 정박중인 다른 선박과 충돌한 사례이었다. 짙은 안개로 인하여 출항이 완전히 금지된 상황에서 출항한 것에 대한 책임이 예선과 부선 선주 양쪽 중 어디에 있느냐가 핵심적인 쟁점이었다. 지방해심에서는 부선이 소속된 회사(상당히 큰 회사이었음)의 사무장이 예선선장(매우 영세한 선주이었음)에게 안개 속 출항을 강요하였다는 이유로 부선측의 사무장에게 권고를 내렸고, 예선에는 아무런 잘못이 없다고 재결을 하였다. 그런데 중앙해심에서는 조사의 전 과정에서 부선측이 다소간 강요하였고 그로 인하여 출항하였음이 명백한 이 사안에서, 주문에 예선이 전적으로 잘못하였고 부선은 아무런 잘못이 없다는 식으로 재결을 내렸다. 이후 이 재결은 민사소송에 제출되었다. 부선의 과실이 전혀 없는 것은 아니라고 본 상대선측에서는 당황하였다. 왜냐하면 부선(상대선주는 부선선주를 상대로 소위 공동불법행위를 이유로 손해배상청구 중이었다)측 변호사가 중앙해심의 재결서를 민사소송에 제출하면서, 우리나라 최고의 해난사고 규명 기관인 중해심의 재결의 주문상 부선은 무과실이라고 주장하였다. 상대선주측에서는 부득이 중해심 조사 기록 중 중요기록을 증거로 제출하였다. 민사소송은 어떻게 진행되었을까? 실제로는 민사소송은 진행되지 아니하였다. 양측이 50 : 50으로 법정외 합의를 보았기 때문이다. 상대선주는 해당 사건이 완전히 종결된 후, 담당 판사로부터 어떤 말을 듣게 되었다. 그 중해심 재결의 주문이 왜 그러더냐고? 조사 기록으로 보면 양측의 과실이 분명함에도 주문은 조사기록과 맞지 않게 되어 있어서, 주문 내용은 믿지 않으려 하였다는 것이다. 우리의 최고 해난심판 기관이라는 중해심의 재결의 주문이 법원에서 이렇게 취급되는 일은 있어서는 아니 된다. 무엇인가 개선이 이루어져야 한다. 다음에는 중해심에서 최근 내려진 또 하나의 사례를 보기로 하자.

047. 해난심판과 민사소송(3)

해상보험에서 선주가 고의로 선박을 침몰시키면 보험금은 지급되지 아니한다. 그런데 선박이 침몰하여 멸실하여 버리면, 가장 중요한 증거인 선박 자체가 존재하지 아니하게 되므로, 실제로 고의 침몰인 것을 입증하는 것은 지극히 어려워진다. 이러한 연유로 해난심판에서 선박의 침몰이 고의 침몰이냐 아니냐가 심리되는 경우가 늘어 나고 있다. 이와 관련하여 두 가지 사항을 보기로 하겠다.

하나는 보험회사가 해난심판에 참여할 수 있는가이다. 이에 관하여 현행 해양사고의 조사 및 심판에 관한 법률(해난심판법)은 100%로 분명하게 규정하고 있지 아니한다. 다만, 선박보험회사가 당해 해양사고의 심판 및 재결에 대하여 정신적 또는 물질적으로 직접적인 이해관계가 있는 자에 해당됨은 분명하고(중해심사무처리요령 제57조), 1999. 2. 5. 개정된 법은 이해관계인의 절차 참여에 대하여 명시적으로 근거를 마련하였다(법 제39조의 2 제1항, 법 제27조 제1항). 따라서 비록 이해관계인이 해난심판절차에 전면적으로 참여할 수 있는지에 대하여 명시적으로 규정된 바 없더라도 현행 법의 해석상 이는 허용된다고 본다. 실제로 중앙해양안전심판원(중앙심판원)은 최근의 510 동영호 사건에서 선박보험회사의 참여를 허용하는 등 현재까지 선박보험회사의 심판 절차 참여를 허용하고 있다. 사실, 이렇게 해석되어야 할 필요는 선박의 고의 침몰의 경우에 극단적으로 나타난다. 선박이 고의로 침몰된 것이냐 아니냐에 관하여 가장 크고 직접적인 이해관계를 가지고 있는 선박보험자로 하여금 참여하게 하는 것은 해난사고의 원인 규명에 크게 기여할 것이다.

또 하나는 해난심판에서의 증명의 정도의 문제이다. 해난심판은 대법원의 해석에 의하면, 징계를 내리는 행정처분이다(대법원 2000. 6. 9. 선고 99추16 판결). 그렇다면 해난심판 절차에서의 사실 인정의 입증의 정도는 형사절차에서 요구하는 입증의 정도인 합리적인 의심의 여지가 없는 정도의 증명(proof beyond a reasonable doubt)보다 낮은 수준이다. 민사소송에서의 증명의 정도는 증거의 우월(preponderance of evidence)이다. 해심에서의 증명의 정도는 민사소송에서의 증명의 정도와 동일하게 보아도 크게 문제될 것은 없다고 본다. 물론 실제 문제로서 합리적인 의심의 여지가 없는 정도의 증명과 증거의 우월의 정도를 구분하는 것은 용이하지 아니하다. 이에 관하여는 전자는 90-100%의 증명도이고, 후자는 70-80%의 증명도라고 이해하는 것도 하나의 좋은 기준이 될 것이다. 여하튼 해심에서의 증명의 정도는 행정처분을 내리기 위한 사실인정으로서, 그렇게 고도의 증명, 예를 들면 합리적인 의심의 여지가 없는 정도의 증명까지 요구하지 아니한다. 해심은 해양사고의 최고의 전문가들로 구성되어 있음은 누구도 부인하지 아니한다. 그러한 전문가들의 견지에서 반대증거보다는 신용함에 족한 설득력이 있는 증거가 있다고 인정되면, 달리 말하면 어느 정도의 개연성이 있다고 인정이 되면, 그러한 사실은 증명된 것으로 하여도 무방하다고 본다. 이에 관한 해난심판 사례를 더 보기로 하자.

048. 해난심판과 민사소송(4)

앞서 본 510 동영호 사건에서 최근 중앙해양안전심판원(중앙심판원)은 고의 침몰의 개연성은 있지만 확증은 없다고 재결하였다. 물론 선박의 고의 침몰 여부에 대하여 선주와 선박보험회사 간에 치열한 공방이 있었던 사안이었다. 이 재결에서는 심지어 고의 침몰이었다는 소수의견까지 첨부될 정도로 보기 드문 공방이 있었으며, 중앙심판원도 심사숙고한 사안이었다. 앞서 형사재판에서의 증명의 정도와 민사사건 혹은 행정심판에서의 증명의 정도에 대하여 본 바 있으며, 후자의 경우에는 그 증명의 정도가 형사사건의 경우에 비하여 낮다는 것을 본 바 있다. 그러한 점에 비추어 필자의 생각으로는 중앙심판원이 고의 침몰의 개연성이 있다고 보았으면 주문에서도 고의 침몰일 가능성이 많다고 재결하였어야 하는 것 아닌가 하는 아쉬움이 있는 사건[1)]이었다.

중앙심판원의 재결에 대하여는 대법원에 소제기를 할 수 있다. 즉, 해양사고의 조사 및 심판에 관한 법률(해심법) 제74조 제1항은 중앙심판원의 재결에 대한 소는 대법원의 관할에 속한다라고 규정하고 있고, 해심법 제75조 제1항은 제74조 제1항의 소에 있어서는 중앙심판원장을 피고로 한다고 규정하고 있다. 그러나 이 규정 외에 달리 그 소송의 성격에 대하여 알 수 있게 하는 다른 규정은 없다. 해심법에 대하여 유권해석을 할 수 있는 최고 기관은 대법원인데, 대법원은 계속적으로 이 사건 소는 행정처분에 대한 취소의 소로 해석하고 있다. 즉, 대법원은 중앙심판원의 재결은 행정청인 중앙심판원이 해양사고 관련자에 대하여 행정처분을 내린 것으로 해석하고 있으며, 그러한 징계와 무관한 해난사고의 원인에 관한 분쟁에 대하여 대법원에 소제기하는 것은 허용되지 아

1) 대법원은 2005. 8. 19. 선고 2005도1197 판결에서 위 중해심사건의 해양사고관련자들에 대하여 모두 형사상 사기미수죄의 유죄를 선고하였다.

니한다는 입장이다. 해심법이 개정되거나 혹은 대법원의 이러한 해석이 변경되지 아니하는 한, 중앙심판원의 해난사고의 원인에 관한 판단은 최종적인 것이 되고, 이에 따라 민사절차에 지대한 영향을 미치게 된다. 이러한 점에서 보면 중앙심판원은 해난사고의 원인에 관한 민사상 분쟁의 가장 핵심적인 부분의 업무를 사실상 수행하고 있다. 이러한 상황이 유지되는 한, 중앙심판원의 심판관 진용도 단순히 선장이나 기관사 경력자로만 구성되는 것보다는 증거법에 대하여도 조언을 줄 수 있게, 법률전문가가 포함되어야 한다는 것이 필자의 견해이다. 이와 관련하여 현행 해난심판의 체제 전반이 바람직한 것인지 여부에 대하여는 현재 여러 가지 발전 방향이 논의 중이다.

049. 선박충돌과 불가동손(1)

이번에는 선박 충돌로 인하여 발생한 경제적 손실에 대한 배상문제를 어떻게 처리하고 있는지를 살펴 보고자 한다. 선박충돌이 발생하여 손해가 생긴 경우에는 일정한 한도 내에서 양 선박의 선주간에 서로 배상하여야 할 것이다. 선박의 외판 등에 손상이 생겨서 철판 신환작업을 하여야 하는 경우에는 그 신환작업비, 즉 수리비에 대하여 손해배상청구를 할 수 있음은 당연하다. 아울러 수리하는 기간 및 수리소로 이동하는 기간 선박이 가동되지 못함으로 인하여 선주가 입게 되는 손해, 즉 불가동손해, 휴항손 또는 loss of earning에 대해서도 손해배상청구를 할 수 있다. 이러한 불가동손해가 손해배상청구의 주요 항목 중의 하나가 된다는 점은 어느 나라에서나 인정되는 사항일 것이다. 주의할 사항은 대부분의 나라(우리나라 포함)에서 전손 사고(Total Loss)로 인하여 새로운 선박 구입시까지 조업을 하지 못하게 됨으로써 발생되는 불가동손은 손해배상의 대상이 되지 아니한다는 점이다.

불가동손과 관련하여 실제로 발생될 수 있는 문제는 불가동손해액을 구체적으로 어떻게 산정하는 것이냐 이다. 우리 상법의 선박충돌에 관한 부분에는 이에 대한 규정이 없으므로, 이 문제는 우리법상 민법의 다른 불법행위와 마찬가지로 취급된다. 불법행위에 의한 손해배상의 일반원칙은 가해자는 피해자가 입은 손해 중 상당인과관계가 있는 손해를 배상하여야 한다는 것이다. 즉, 가해자가 미리부터 예견가능한 손해이어야 하지, 전혀 예견할 수 없었던 항목의 손해에 대하여는 가해자가 배상할 책임을 지지 아니한다는 것이 우리 법의 원칙이다. 이러한 원칙의 적용에 따라 가해자가 배상할 항목은 정형화된다. 이에 따라 통상적으로 인정되는 항목은 수리비, 불가동손, 변호사 비용, 공무감독비 및 상실된 운임액 등이다.

우리 법원의 실무례에서 불가동손해를 어떻게 산정하여야 한다는 엄격한 원칙은 없다고 생각한다. 단지, 구체적인 경우에 따라 합리적이라고 판단되는 방법에 따라 산정되어야 한다는 것이다. 따라서 원고(피해선주)로서는 충돌항해(collision voyage) 및 전후의 각 1항차씩 도합 3항차의 실적을 기준으로 손해배상청구를 하더라도, 그 3항차가 특별히 부당하게 수입이 많았다고 인정되는 등의 특별한 사정이 없는 한, 원고에게 그러한 방법에 의한 불가동손해의 입증을 허용할 것이다. 물론 법원으로서는 사고 전 1개년간의 실적을 요구할 수도 있을 것이다.

이에 대비하여 소위 Lisbon Rules은 어떻게 규정하고 있는지를 보자. Lisbon Rules은 국제해법회(CMI)가 제정한 규칙으로서 적용이 강제되는 것은 아니므로, 우리 법원에 대하여 이 원칙의 적용을 강요할 수는 없다. 단지, 국제적으로 인정된 합리적인 산정방식이 무엇인지를 살펴볼 때에 매우 유력한 참고자료가 될 것이다. Lisbon Rules II. 2(a)는 총매출액에서 선박이 운항되었을 경우에 지출되었을 비용 항목을 공제한 금액을 순 일실손해(net loss of earning)로서 손해배상의 대상이 된다는 입장이다. 공제항목으로는 정상 운항시 지급하였을 선원들에 대한 임금, 정상 운항시 소요되었을 연료비 등이다. 선박 보험료는 선박 수리 기간 중에도 동일하게 적용되고 지출되므로, 공제항목은 아니라고 본다. 마찬가지로 수리소로 이동하는 기간 동안에 소요된 연료비는 손해배상항목이지 위 공제항목이 아니다. 어느 선박이라도 시장의 체선료 수준이라는 것을 알 수 있을 것이다. 그 체선료가 곧 불가동손이라고 할 수 있는가? 체선료는 손해배상액 산정의 일응의 기준이라고 보며, 위 방식대로 산정한 금액이 체선료와 다를 경우에는 위와 같이 산정한 금액이 공정한 불가동손해액이다. 이러한 불가동손해가 모든 수리의 경우에 다 적용되는 것은 아니며, 선적, 양하 작업 기간 동안에 수리를 병행할 수 있는 경우에는 불가동이 아니므로 불가동손해라는 것도 있을 수 없다.

050. 선박충돌과 불가동손(2)

이번에는 선박이 충돌사고로 인하여 완전히 멸실된 경우를 보기로 하자. 즉, 전손 혹은 total loss의 경우이다. 이러한 경우 선박충돌로 인하여 선박이 전손될 당시의 선박의 시가가 우선 손해의 항목이 될 것이다. 선박의 시가를 어떻게 결정할 것인지는 소송까지 가는 경우에는 법원에서 정할 일이다. 법원은 통상적으로 감정인을 정하여 그로 하여금 시가를 감정하게 하고 있다. 선박이 전손된 경우에 불가동손을 손해배상청구의 항목으로 삼을 수 있는 것인가라는 의문이 생길 수 있다. 왜냐하면 선박의 시가를 배상 받더라도, 피해자(전손 선박의 소유자)는 그 돈을 받을 때까지 조업을 하지 못하는 손해가 있는 것은 분명하기 때문이다. 물론 그러한 경우 피해자가 그 자신의 자금을 이용하여 새로운 선박을 즉시 구입하여 조업을 하면 될 것이 아닌가라고 반론을 제기할 수 있을 것이다. 그러나 대체 선박을 물색하고 실제 매매계약을 체결함으로써 구입문제를 완결짓는 데에만도 상당한 시간이 소요된다. 그러한 기간 동안 피해자가 손해를 입는 것은 분명한데 과연 이러한 손해를 배상 받을 수 있는가의 문제인 것이다. 이에 대하여 영미나 우리나라나 원칙적으로 모두 전손의 경우에는 불가동손을 인정하지 아니하고 있다. 소위 Lisbon Rules도 마찬가지 입장으로서 전손의 경우에는 해당 선박과 유사한 선박을 구입하는 데 소요되는 금액을 손해배상금으로 인정하고 있다.

이러한 원칙으로 인하여 피해자는 선박의 충돌로 인하여 늘 어느 정도의 손해를 입는 것을 감수할 수밖에 없다. 왜냐하면 전손된 선박의 시가가 정확히 평가된다면 피해자는 부당하게 이득을 볼 수도 없고, 따라서 결국 선박 대체시까지의 조업손실을 감수할 수밖에 없다는 것이다. 이처럼 손해가 실제로 발생하였으면서도 그것이 배상청구가 될 수 없게 되어 있는 것은 현행 손해배상법의 문제이자 부득이한 측면이기도 하다. 손해배상의 기본 이념은 손해의 공평분담이기 때문에 심지어 피해자도 일정한 정도 손해를 감수하는 결과가 생기는 것이다. 어느 손해까지 배상청구가 가능한가는 법원의 선례가 축적되면서 보다 확실한 기준이 생기겠지만, 그 이전에는 부득이 예견가능성이라는 잣대로 판단할 수 밖에 없다.

어선의 선주로서 출어기를 몇일 앞두고 있는 상황인데 선박충돌로 인하여 그 어선이 전손되었다. 그러한 경우에도 어선의 선주는 선박의 시가 상당만을 배상 받는 것으로 종결되어야 하는지, 아니면 불가동손의 배상을 받을 수 있는지를 생각하여 보자. 이 경우도 위에서 본 원칙대로 하면 어선의 선주는 어선의 시가를 배상 받는 것으로 끝나며, 추가의 배상은 인정되지 아니한다. 아마 우리법원은 이러한 입장을 취할 것이다. 그런데 미국의 판결 중에는 이러한 경우에 한하여 예외를 인정한 것이 있다. 즉, 어선 선주가 성어기 출어를 몇 일 앞두고 있던 상황에서 선박충돌 사고를 입은 경우, 어선 선주가 출어하였으면 얻었을 손해의 배상을 인정한 것이다(In Barger *v.* Hanson, 426 F.2d 640 (9th Cir. 1970). 법원은 위 사안에서, 어선 선주와 상대선주와 사이에 손해액에 관한 합의가 있었고 어선 선주가 손해경감을 위하여 신속한 조치를 취한 점을 높이 평가하여 예외를 인정하였다고 한다. 대륙법계 국가에서도 손해배상 문제에 관하여 지나치게 경직되게 원칙을 적용하는 경우에는 피해 회복이 되지 아니하는 경우가 비일비재하여진다. 이러한 점이 판결이나 입법에서 충분히 고려되어야 할 것이다.

051. 선박충돌과 불가동손(3)

이번에는 선박의 충돌로 인하여 발생될 수 있는 다른 종류의 손해에 대하여 배상청구가 가능한지를 보도록 하자. 선박이 정기용선중에 다른 선박과 충돌하여 정기용선중인 선박이 수리를 받는 경우를 생각하여 보자. 이러한 경우, 선박의 수리기간 동안 정기용선자(즉, time charterer)는 정기용선계약상 소위 off-hire 처리되므로 용선료에 관련된 손해를 입는 것은 없을 것이다. 물론 선주는 용선료 수입이 상실되는 부분에 대하여 불가동손으로서 손해배상청구를 할 수 있음은 앞에서 본 바와 같다. 그런데 정기용선자로서는 off-hire 처리가 되더라도 여전히 손해가 남아 있을 수 있다. 즉, 정기용선자는 그 선박을 운용하여 수입을 올리고 있었을텐데(용선료를 지급하고 난 뒤에도 순익이 있었을 것이므로), 선박이 수리됨으로써 그 기간 동안 그러한 영업이익을 올리지 못하는 손해를 볼 수 있을 것이다. 이러한 영업손실에 대하여 정기용선자는 충돌 상대선박의 선주(상대선주)에 대하여 손해배상청구를 할 수 있을것인가? 이러한 경우 우리나라 법은 어떻게 처리할까? 우리 법은 손해배상 인정 기준을 상당인과관계가 있는지 여부를 가지고 판단한다. 이는 예견가능성이 있었는가와 같은 말이라고 할 수 있다. 이에 대하여 아직 선례가 있지 아니하지만, 그러한 기준으로 볼 때 우리법상 정기용선자의 위와 같은 손해는 상당인과관계가 없다는 이유로 일단 인정되기 힘들 것으로 본다. 즉, 정기용선자는 그와 같은 손해를 스스로 감수할 수밖에 없고, 상대 선주 또는 정기용선 계약상의 선주에게 이를 배상 청구하는 것은 용이하지 아니할 것으로 본다.

한편, 영국법상으로는 종래 물리적인 손해(physical damage)가 없는 상황에서 순전한 경제적 손실은 손해배상의 대상으로 인정되지 아니한다는 원칙이 있다. 물론 이 원칙에는 많은 예외가 있어서, 그 실제 내용이 간단하지 아니하기는 하다. 그러나 영국법상 손해와 유책 행위가 인과 관계가 있다 하더라도, 그 손해배상책임이 무한도로 인정되는 것이 아니고 일정한 정도 그 책임이 제한된다는 원칙이 있음에는 의문이 없다. 유사한 원칙은 미국에서도 소위 Robins Drydock 사건에서 인정되었다. 어쨌든 영미법상 이처럼 손해배상이 가능한 항목의 범위에 대하여는 다소 인위적인 제한을 가하고 있고, 이에 의하여 송사의 홍수에 빠지게 되는 사태를 방지하려 하고 있다. 그러한 원칙에서라면 이에 따라 위와 같은 손해는 배상책임의 대상이 되지 아니할 것이다. 이러한 항목들을 소위 경제적 손해(economic loss)라고 한다. 이만큼 충돌로 인한 손해에서 배상 책임이 인정되는 항목은 제한적이라고 하겠다.

052. 선박의 전손과 불가동손실(1)

앞서 본 바와 같이 우리 대법원은 선박의 전손(total loss)인 경우에는 불가동손실을 인정하지 아니하였었다.[1] 그래서 필자는 대륙법계 국가에서도 손해배상 문제에 관하여 지나치게 경직되게 원칙을 적용하는 경우에는 피해회복이 되지 아니하는 경우가 비일비재하여지고, 따라서 이러한 점이 판결이나 입법에서 충분히 고려되어야 할 것이라고 말한 바 있다. 그런데 2004. 3. 18. 대법원은 종래의 입장을 변경하는 전원합의체 판결을 내려서 전손인 경우에도 불가동손실을 인정하였다.

대법원은 동 판결에서 '불법행위로 영업용 물건이 멸실된 경우, 이를 대체할 다른 물건을 마련하기 위하여 필요한 합리적인 기간 동안 그 물건을 이용하여 영업을 계속하였더라면 얻을 수 있었던 이익, 즉 휴업손해는 그에 대한 증명이 가능한 한 통상의 손해로서 그 교환가치와는 별도로 배상하여야 하고, 이는 영업용 물건이 일부 손괴된 경우 수리를 위하여 필요한 합리적인 기간 동안의 휴업손해와 마찬가지라고 보아야 할 것이다'라고 판시하였다. 이 판결로써 우리나라에서는 선박이 전손된 경우 불가동손실에 관하여 획기적인 원칙이 세워진 셈이 되었다.

앞서 소개한 바와 같이 미국은 연방대법원에서 1987. 4. 5. 선고된 THE UMBRIA 판결이 아직도 유효한 법으로 내려오고 있다. 이 판결은 1998. 7. 27. 자 연방루이지애나동부지방법원의 Bean Horizen Corporation *v.* Tennessee Gas Pipeline Co., et al 판결에서도 인용된 이래 확립된 법 원칙으로 자리잡고 있다. THE UMBRIA사건에서 Brown 대법관은 '분손인 경우에 선박의 수리를 위하여 계선되는 짧은 기간 동안의 용선료 손실을 허용하는 것은 부정의(injustice)가 아니다. 그러나 전

1) 앞서 본 내용은 연재를 함에 있어서 수년 앞서서 기고된 것임을 알린다.

손인 경우 그러한 얻을 수 있었던 이익[2]에 대하여 배상을 받는 것은 선박이 사고 당시 수행하고 있던 당해 항차에 국한되어야 한다. 왜냐하면 만일 선주가 미래의 항해나 용선계약에서 얻을 수 있었던 이익을 배상 받을 수 있다고 한다면 그 계속되는 시간과 관련하여 그 권리에 대하여 아무런 제한이 없을 것으로 보이기 때문이다. 즉, 만일 그 선박에 대하여 수개월 또는 수년간 계속되는 용선계약이 체결되어 있었던 경우, 그러한 용선계약으로 얻을 수 있었던 이익에 대해 배상을 허용하는 것은 가해 선주에게 실제적으로 대단한 부정의(injustice)를 초래하기 때문이다'라고 판시하였다. 이 판시에서 보는 바와 같이 연방대법원은 아무리 용선계약이 체결되어 있다고 하더라도 미래에 그 용선계약이 처음 예상되었던 대로 수행될 것인지에 대하여는 불확실성이 있는데, 그럼에도 불구하고 그 이익을 손해로 인정하는 것은 불합리하다는 취지인 것으로 보인다.

따라서 법 원칙으로 말한다면 우리의 새로운 대법원 판결과 미국의 법, 즉 THE UMBRIA 판결 등은 완전히 반대의 입장에 있게 되었다. 이에 대하여 일본 법은 형식적으로는 미국의 법과 동일하나 실질적으로는 우리의 위 대법원판결과 같은 입장이다. 한편, 영국의 법은 우리의 새로운 대법원 판결과 비슷하다고 생각한다. 이에 대하여는 계속하여 소개하기로 한다.

053. 선박의 전손과 불가동손실(2)

앞서 우리 대법원이 종래의 대법원 판결을 변경하여 그 배상

2) 이것은 '손실'로 번역될 수도 있을 것이다.

가능성을 인정하였음을 소개한 바 있다(대법원 2004. 3. 18. 선고 2001다 82507 전원합의체 판결). **이번에는 영국에서는 불가동손실의 배상가능성에 대하여 어떠한 입장을 취하고 있는지 보기로 하자. 영국의 입장을 보기 위하여는 소위 leading case로 소개되는 "the Liesbosch" 판결[1]을 살펴 보는 것이 적절할 것 같다. 사실관계는 이러하다.**

[사실관계]

1927년 3월 4일 원고들은 토목기사들의 조합체로서 Hellenic Republic[2]의 Patras항의 항만당국과 부두 건설 공사계약을 체결하였으며, 그 공사를 위하여 준설작업이 필요하였다.

1927년 10월 원고들은 그 준설작업을 위하여 Holland[3]에서 영국화폐단위 4,000 파운드[4]를 지급하고 준설선 Liesbosch를 매입하였다. 원고들은 자신들의 작업에 맞게 장비를 추가하고, Patras항까지 이동하는 데 2,000 파운드를 추가로 투입하였다.

1928년 11월 26일 기선 Edison이 Patras항을 출항하던 도중, 당시 그곳 항구에 계류삭을 걸고 정박 중이던 Liesbosch의 계류삭을 접촉하고 엉키게 하여 Liesbosch를 외항으로 끌고 가는 바람에 Liesbosch는 침수되어 외항에서 침몰되었고, 결국 전손처리되었다.

1928년 12월경 Holland에는 Liesbosch를 대체할 만한 준설선으로서 원고들이 원한다면 매입이 가능한 준설선이 두 척 이상 있었다. 그런데 원고들은 위 공사계약에 대한 담보금으로 모든 유동성(즉, 현금)을 제공하여 둔 상태였으므로, 그러한 준설선을 매입할 수 있는 상황이 아니었다.

1929년 1월 Patras항의 항만당국은 일정한 시간 내에 Liesbosch에 대한 대체선박이 투입되지 아니하면 위 공사계약을 해제하고 담보금을 몰취하겠다고 경고하였다.

1929년 5월 4일 원고들은 높은 요율의 용선료로 Italy, Ancona에 있던 Adria

1) Owners of Dredger Liesbosch *v.* Owners of Steamship Edison, [1933] A.C. 449; 45 Ll. L. Rep. 123.

2) Greece.

3) Netherland.

4) 1933년 당시 영국 화폐 1 파운드의 가치는 미화 달러로 환산하면 86달러 정도이다. 그렇다면 Liesbosch의 매입가격 4,000파운드는 미화 344,000달러가 된다는 것이다.

라는 준설선을 용선할 수밖에 없었다. Adria는 Liesbosch보다 규모가 크고, 작업하는 데 더 많은 비용이 소요되었으며, 원고들은 위 용선을 위하여 예선 한 척과 두 척의 호퍼·바지선도 함께 용선할 수밖에 없었다.

1929년 6월 17일 Adria의 선단이 Patras항에 도착하여 작업을 시작하였다.

Patras항의 항만당국이 준설작업이 재개될 때까지는 원고가 다른 작업을 하는 것을 허용하지 않았기 때문에, 위 사고일로부터 그때까지 작업은 중단되어 있었다.

1930년 6월 30일 Patras항의 항만당국은 원고들을 도와 주기 위하여 Adria를 구입하였는바, 그 구입비용 및 이동비용 합계는 9,177 파운드[5])이었다.

1930년 9월 5일 Patras항의 항만당국은 원고들에게 Adria를 자신들이 구입하는 데 소요된 비용과 동일한 액수인 9,177 파운드로 매도하였고, 그 매매대금은 48개월 분납으로 변제하도록 하여 주었다.

[소송의 진행]

이러한 사실관계 아래에서 원고들이 청구금액을 최종적으로 확정지으며, 손해배상청구를 한 시점은 1930년 11월 14일이다. 여기서 원고들은 아래의 5가지 항목을 청구하였다(아래의 화폐단위는 모두 파운드임).

(1) Adria 구입비 및 구입과 관련된 비용 손해: 9,177+882
(2) 사고일로부터 작업이 재개된 날 사이의 기간(즉, 작업이 중단된 기간) 동안 소요된 간접비용[6])과 투하된 자본에 대한 이자 손실 : 2,922
(3) Adria 및 수반된 예선 등에 대한 용선료(1929. 5. 4.~1930. 7. 3.): 6,836
(4) Adria를 이용하여 작업함으로써 발생된 추가 비용 손해(Liesbosch를 이용한 작업대비): 1,078
(5) 사고시로부터 작업 재개시까지 사이의 기간 동안에 대한 수익상실로 인한 손해: 2,353
(6) 합계 금액 : 23,514[7])

이 청구에 대하여 피고인 Edison의 선주의 100% 책임이 인정되었고, 이에 따라 손해배상금액 산정을 위하여 위 청구는 Admiralty Re-

5) 편의상 파운드 이하의 단위인 실링이나 펜스는 생략한다.
6) overhead charges.
7) 이 금액은 위 각 항목에서 생략된 실링 이하 단위까지를 고려하여 계산한 것이다.

gistrar와 Merchant에게 보내어졌고, Admiralty Registrar와 Merchant는 1931년 5월 7일 동 청구에 대하여 대체로 청구금액을 그대로 인정하였으며, 다만 (5)번 항목의 청구금액과 관련하여 Adria 선단이 Patras항에 도착한 직후에 작업에 투입되지 않고 투입시까지 약간의 지체가 있었던 기간[8]에 대하여는 수익상실이 있다는 원고들의 청구를 인정하지 않고 대신 이자 손해로서 700 파운드 넘는 금액을 인정함으로써, 최종금액 기준으로는 23,514 파운드에서 19,820 파운드로 감액을 한 내용의 보고서를 Langton 판사에게 제출하였다.

이 보고서에 대하여 피고는 청구된 손해가 상당인과관계가 없는 손해[9]라는 이의를 제기하였으나, Langton 판사는 그 이의를 불허하고, 사소한 사항에 대하여 약간의 변경을 가하였지만 Admiralty Registrar와 Merchant의 보고서가 타당한 것으로 확인하는 판결을 내렸다.

Langton 판사의 이 판결에 대하여 피고는 항소를 하였고, 항소심인 Court of Appeal은 청구된 손해에 상당인과관계가 없는 손해가 포함되어 있음을 지적하며 Admiralty Registrar의 보고서는 잘못된 기준에 입각하여 작성되었다는 이유로, 손해인용 금액을 Adria의 매입비용인 9,177 파운드와 그 금액에 대한 사고일로부터 항소심 판결일까지의 5%의 이자의 합산액으로 감액하는 판결을 내렸다.

이에 원고들은 다시 최고법원인 귀족원(House of Lords)에 상고하였다. 상고심에서, 원고들(상고인)은 위 사고로 Liesbosch를 상실하였을 때에 동 선박을 대체할 만한 자금 여력이 없어서 사고 직후 대체선박을 구입할 수 있었음에도 불구하고 구입할 수 없었던 것이며, 그러한 사정이 있었으므로 원고들이 이후에 한 조치 그리고 그러한 과정에서 발생된 손해는 모두 배상되어야 한다는 주장을 하였고, 이에 대하여 피고(피상고인)는 피고가 배상하여야 할 금액은 사고 당시 및 그 장소에서의 원

8) 분명하지 않으나 두 시점 사이에 간격이 있었던 모양이다.

9) 그대로 인용하면 "damages claimed were too remote"(직역: 가해행위와 너무 먼 손해)가 된다.

고들에 대하여 가지는 Liesbosch의 가치라고 주장을 하였던 것이다.

이러한 주장들에 대하여 귀족원의 Lord Wright 판사는 위 사고가 원고들에게 그 주장의 손해를 초래한 것은 맞으나, 그 손해를 모두 배상 가능 손해로 인정하면 배상 가능 손해가 무한하게 확대될 수 있다는 모순을 지적하면서, 원고의 자금부족으로 인하여 발생된 손해부분은 상당 인과관계가 없는 항목(혹은 외부적인 요소)으로서 그 배상책임의 대상이 되지 않는다고 판단하였다.

한편, 불가동손실 부분에 대하여는 선박 전손 사고의 경우 손해배상액은 사고 발생 당시 및 그 장소에서의 선박이 계속기업(going concern)으로서 선주에 대하여 가지는 가치라고 판단하였다. Lord Wright 판사는 이에 따라 전손된 선박이 사고 당시 용선중이었는지 아닌지를 고려하여야 한다고 판시하였다. 다만 Lord Wright 판사는 이는 손해액 산정을 위하여 그러한 요소가 고려가 되어야 한다는 것이지, 장래 얻을 수 있었던 용선료를 선박의 사고 당시의 시장가치에 단순 합산하여서는 안 된다고 하였다.[10] 그 이유는 단순 합산을 하게 되면 해당 요소가 두 번이나 선박의 가치를 산정하는 데 반영될 수 있기 때문이라고 설명한다.[11]

10) 이 점으로 인하여 이 법리를 적용하는 것은 실무상 적지 않은 문제를 발생시킬 것이다. Lord Wright 판사는 그 산정이 어렵다는 이유로 불가동손실의 배상을 불허하여서는 안 된다고 판시하고 있다.

11) 원문, "The true rule seems to be that the measure of damages in such case is the value of the ship to her owner as a going concern at that time and place of the loss. In assessing that value regard must naturally be had to her pending engagements, either profitable or the reverse. The rule, however, obviously requires some care in its application: the figure of damage is to represent the capitalized value of the vessel as a profit-earning machine, not in the abstract but in view of the actual circumstances. The value of prospective freights cannot simply be added to the market value but ought to be taken into account in order to ascertain the total value for purpose of assessing the damage, since if it is merely added to the market value of a free ship, the owner will be getting pro tanto his damages twice over." 참조.

이러한 점을 종합하여 Lord Wright 판사는 항소심이 손해배상가능 항목을 산정하였던 기본원칙에 대하여는 동의하지만 구체적으로 그 손해액을 Adria의 매입비용인 9,177 파운드와 그 금액에 대한 사고일로부터 항소심 판결일까지의 5%의 이자의 합산액으로 감액한 항소심의 판결은 근거가 박약하다고 판단하고, 손해배상액수의 구체적인 산정을 위하여 동 사건은 Admiralty Registrar와 Merchant에게 환송되어야 한다고 판시하면서, 사고 당시 및 그 시점에서의 원고들에 대하여 가지는 Liesbosch의 가치를 산정함에 있어서 아래 사항이 반영되어야 한다고 판시하였다.[12)]

(1) 대체 준설선의 시장가격

(2) 동 대체선을 Patras항까지 이동시키고, 부보하고 그리고 작업에 맞게 조정하는 데 소요되는 비용

(3) Liesbosch 멸실시점부터 합리적인 노력을 기울였으면 대체선이 Patras항에서 이용될 수 있었던 시점까지의 기간 동안에 발생된 작업의 중단에 따른 손해,[13)] 이에는 간접비용, 직원 및 여타 장비에서 발생되는 비용 그리고 관련된 기타 손해를 포함한다. 그러나 자금 부족으로 인하여 원고들에게 발생된 특별한 손해는 제외된다.

이 Liesbosch 판결은 이후 1961년에 내려진 Llanover 판결과 함께 불가동손실의 인정 여부에 대한 leading case로 인정되고 있는데, 이 Liesbosch 판결에서 보는 바와 같이 영국 법원은 원칙적으로 선박의 전손사고시 불가동손실을 배상가능한 손해항목으로 인정하고 있다.

12) Lord Wright 판사는 Liesbosch가 사고 당시 용선중인 것은 아니었으나 위 공사계약에 투입되어 수익을 창출하고 있었으므로 용선중인 경우와 동일하게 보았다.

13) 원문, "Compensation for disturbance and loss in carrying out their contract over the period of delay between the loss of the Liesbosch and the time at which the substituted dredger could reasonably have been available for use in Patras."

054. 선박충돌과 보험(1)

이번에는 선박의 충돌로 인하여 발생될 수 있는 보험에 관한 문제를 보도록 하자. 그 중에서도 선박충돌 관련 보험에 관한 일반적인 사항을 우선 살펴보기로 하자. 선박이 충돌 사고를 당하면, 여러 가지 문제가 복합적으로 발생된다. 즉, 손해배상에 관한 문제, 형사절차에 관한 문제, 유류오염에 관한 문제, 해난심판에 관한 문제, 보험에 관한 문제 등이 복합적으로 발생하게 되는데, 보험에 관한 문제는 그 중의 하나인 것이다. 우선 선박 자체에 발생된 손해가 있을 수 있다. 선박이 분손인 경우에는 수리비와 불가동손이다. 이러한 경우 수리비에 대하여는 소위 선박보험(Hull & Machinery Insurance)에 의하여 보상된다. 물론 선박보험의 조건이 전손만이 담보되는 소위 Total Loss Only의 선박보험의 경우에는 전손이 아닌 한 보상이 되지 아니하므로, 그러한 조건의 선박보험에서는 수리비에 대한 보상은 없게 된다. 반면, 전손인 경우에는 당연히 보험가입금액 기준으로 선박가액 전액에 대하여 보상이 될 것이다. 이러한 보상은 손해가 충돌사고로 인하여 발생되었건, 아니면 다른 부보위험(예를 들면 황천중의 좌초)으로 인하여 발생되었건 이를 불문한다.

선박충돌로 인하여 발생되는 선박의 전손 혹은 분손이 선박 보험(즉, 선체보험)에 담보되는 데에 비하여, 보험계약자(곧 피보험자)의 해당 선박이 충돌 상대방 선박에게 가한 손해로 인하여 보험계약자가 상대방 선박의 선주에 대하여 손해배상책임을 지게 되는 경우의 보상에 대하여 본다. 소위 물건보험에 있어서는 그러한 법률상의 책임에 대하여 보상하지 아니하는 것이 원칙이다. 그럼에도 불구하고 영국에서의 1836년의 De Vaux *v.* Salvador 판결 이후 충돌로 인한 손해배상책임도 선체보험에서 부보하기 시작하여, 오늘날 협회기간약관－선박－(Institute Time

Clauses-Hull)은 3/4ths Collision Liability 조항을 두어 배상책임에 대하여 보상을 하여 주고 있다.

충돌로 인한 손해배상책임만을 담보하므로, 충돌이 있을 것이 요건이다. 충돌인지 아닌지 의문시되는 경우로서는 상대선박의 닻과 접촉하여 그 닻에 손상을 가한 경우가 있을 수 있는데, 영국 판례상 이는 충돌에 속한다고 본다. 이러한 경우에는 선체보험에서 보상이 되는 것이다. 반면, 선체로부터 1 마일이나 떨어져 있던 상대방 선박의 그물을 손상시킨 경우에는 영국 판례상 충돌이 아닌 것으로 본다. 이러한 경우에는 선체보험에서 보상이 되지 아니한다. 따라서 만일 통상적인 P&I Club coverage를 가지고 있다면, 그러한 손상으로 인한 배상책임은 P&I Club에 의하여 담보된다. 결국, 충돌인 경우에는 선체보험에 의하여 담보되며, 충돌이 아닌 것으로서 어떠한 방식으로든 운항중 제3자에게 손해를 야기한 경우에는 P&I Club에 의하여 담보된다. 이처럼 충돌은 선박보험에 있어서는 독특한 위치에 서 있다. 충돌은 대표적인 해상 위험으로서 제3자에 대한 배상책임이 빈번하게 발생하므로, 오래 전부터 예외적으로 선체보험에서 보상의 대상이 되어 온 것이다. 선체보험은 수협의 공제를 기준으로 말한다면 선체공제가 되는 것이다. 다음으로 위 3/4ths Collision Liability의 내용에 대하여 상세한 검토를 하도록 하겠다.

055. 선박충돌과 보험(2)

이번에는 선박충돌로 인하여 선체(선박)보험자가 보상하여 주는 항목과 금액 범위에 대하여 보도록 하겠다. 선박 충돌로 인한 배상책임과 관련하여 보험자가 보상하여 주는 항목으로는 상대선에 발생된 손해에 대한 것과 법률비용, 즉 변호사 비용의 두 가지가 있다. 상대선에 발생된 손해란 상대선의 선체 손해, 상대선에 적재되어 있던 화물에 발생된 손해, 불가동손 및 공동해손 손해, 구조비 손해 등이다. 여기서 상대선 선원이나 부보 선박의 선원에게 발생된 부상이나 사망은 보상의 범위에 포함되지 아니한다. 그러한 사항은 P&I가 보상하여야 할 사항들이다. 또한 침몰선 제거(wreck removal) 비용은 소위 ITC Hull 제8조의 선박충돌배상책임 보험의 보상 대상에서 명시적으로 제외되어 있다. 이러한 항목 역시 P&I가 보상하여야 할 사항이다. 불가동손을 어떻게 산정하여야 할 것인지에 관하여는 이미 본 바 있다. 즉, 충돌항차 및 전후 1항차, 합계 3항차를 기준으로 한 순일실수입(net loss of earning)에 의하여 산출되는 것이 무난하다고 본다.

3/4 선박충돌배상책임보험에 의한 보상금액의 한계는 어느 정도인가? 우선 부보선박에 대하여 발생된 손해의 전보와는 별도로 보상된다는 점이 특이 사항이라고 할 수 있다. 예를 들어 보자. 미화 100만달러에 부보되어 있던 선박이 충돌 사고를 야기하여 부보선박은 전손되었고, 상대선에는 50만 달러의 손해가 발생하였고, 과실 비율은 50 : 50이라고 하자. 그 경우 선박보험자는 피보험자에게 선체 보상으로 미화 100만 달러를 지급하는 것 외에 상대선에게 발생한 손해 중 부보선박이 배상책임을 지는 부분인 미화 187,500(500,000×1/2×3/4) 달러를 부가하여 보상하여 준다. 여기서 보는 바와 같이, 선박 보험자의 책임은 부보선박에 대한 보험가입금액인 미화 100만 달러에 미화 187,500 달러를 더한 미화 1,187,500 달러를 지급한 것이다.

이와 같은 충돌배상책임에 대한 보상에는 한계가 있다. 우선 3/4 배상책임인 경우에는 배상책임의 3/4만이 선박보험자가 보상할 금액이 된다. 나아가 전체 규모에 있어서도 부보금액의 3/4이라는 한계가 있다. 이를 보기 위하여, 위의 사례에서 상대선에게 가령 미화 1,000만 달러의 손해가 발생하였다고 하자. 그러한 경우 부보 선박이 배상할 금액은 과실비율을 감안하면 미화 500(1,000만×1/2)만 달러가 될 것이다. 이 경우 선박보험자가 보상할 금액은 미화 75(100만×3/4)만 달러로 제한된다. 왜냐하면 충돌배상책임보험의 보상 한도는 부보금액의 3/4이기 때문이다. 나머지는 어떻게 처리될 것인가? 나머지 사항은 통상적으로 P&I에서 부보된다. P&I는 나머지 1/4 배상책임뿐만 아니라, 부보금액의 3/4를 초과하는 부분도 보상하게 된다. 사실, 미화 100만 달러에 부보되어 있는 선박이 상대선에 대하여 법률적으로 미화 500만 달러를 배상하는 경우가 실제로도 발생할 수 있을지는 의문이다. 선박의 규모가 작으면 그 작은 규모만큼 부보 선박측은 선주책임제한을 원용하여 법률상 배상책임 금액이 줄어 들 수 있기 때문이다.

056. 선박충돌과 보험(3)

이번에는 선박충돌로 인한 손해를 보험자로부터 보상받기 위한 조건을 보도록 하겠다. 달리 말하면 소위 pay to be paid 원칙에 대한 것이다. ITC Hull 제8조 3/4ths collision liability 조항 제8.1조는 'The Underwriters agree to indemnify the Assured for three fourths of any sum or sums paid by the Assured to any other person.'라고 규정하여 위 원칙을 정하고 있다. 3/4ths collision liability 조항이 위 원칙에 의할 뿐 아니라, P&I Club의 보상원칙도 마찬가지다. 즉 피보험자(혹은 member)가 상대선에 대하여 배상금을 지급한 후에야 비로소 보험자에 대하여 3/4ths collision liability 조항 혹은 P&I Club 규칙하에서의 보험금 지급 청구권을 취득하게 된다는 것이다. 반대로 말한다면, 피보험자가 그러한 손해배상을 하지 아니하면, 피보험자는 보험자에 대하여 해당 금액에 대한 보상을 청구하지 못한다는 것이다. 한편, 우리나라 현행 상법 제724조 제2항은 제3자인 피해자(달리 말하면 선박충돌에 있어서의 상대선주)는 책임보험자에 대하여 직접 보험금을 청구할 수 있다고 규정하고 있다. 여기서 우리나라 법원에 ITC Hull에 근거하여 제3자가 P&I Club을 상대로 보험금을 직접 청구하는 소송을 낸 경우, 그 소송은 어떻게 처리될까? 맨 먼저 3/4ths collision liability 조항의 효력이 문제될 수 있을 것이다. ITC Hull은 영국법과 관습에 의한다는 준거법 조항을 두고 있고, 우리 법원은 그 준거법 조항은 유효한 것으로 인정하고 있다. 영국의 법은 어떠한가? 영국은 피보험자에게 파산 등의 사유가 있는 경우에 한하여 제3자인 피해자가 책임보험자에게 보험금을 청구할 수 있게 하는 THIRD PARTIES(RIGHTS AGAINST INSURERS) ACT 1930라는 법이 있다. 따라서 파산의 경우가 아닌 상황에서 피보험자와 보험자간의 약정으로 3/4ths collision liability 조항의 위 underline된 문구와 같은 규정을 하는 것은 유효하다. 영국법의 이러한 입장은 우리법원에서도 그대로 인정되어, 3/4ths collision liability 조항의 효력은 인정될 것으로 본다.

제3자인 피해자가 우리 상법 제724조 제2항에 의존하여, P&I Club 혹은 선박보험자를 상대로 하여 보험금을 직접 청구하는 경우, 그 청구는 인정될 것인가? 우리 상법 이전에 영국법이 적용될 것이고, 영국법상 해당 조항은 모두 유효한 것으로 인정되므로, 제3자인 피해자의 보험금 청구는 기각될 것으로 본다. 물론 P&I Club 중 Korea P&I Club은 준거법을 한국법으로 하고 있으므로 그 입장은 달라질 수도 있을 것이다. Korea P&I Club Rules에는 명시적으로 제3자의 직접 청구권을 금하는 규정이 있고, 지급한 손해배상금에 대한 보상청구시에는 지급 증빙을 제출하라고 되어 있어서, 그러한 규정들이 유효한 것으로 법원에서 인정될 것인지가 관건일 것이다.

057. 선박 충돌과 선주 책임의 제한

선박 충돌사고가 발생하였고, 그 피해 규모가 큰 경우에는 가해 선주의 입장에서 선주 책임제한 절차를 원용할 수 있는지를 검토하여 볼 필요가 있다. 가령, 예를 들어, 선박 A와 선박 B가 충돌하였는데, 선박 A의 과실이 더 많은 상황에서 선박 B가 침몰하였고, 선박 B에 적재되어 있던 화물 C 역시도 침몰과 함께 전손된 경우를 생각하여 보자. 선박 A의 선주는 선박 B에 발생된 손해에 대하여 자기의 과실 비율에 상응하는 손해배상책임을 짐은 물론 화물 C에 대하여도 과실 비율에 상응하는 손해배상책임을 지게 되므로, 사안에 따라 그가 져야 할 손해배상책임이 매우 커질 수 있다. 이때 선박 A의 톤수가 적을 경우에는, 선박 A는 선주책임제한을 원용할 필요가 있는지 검토할 필요가 있다.

보다 구체적으로 보기 위하여, 가액에 대하여 아래와 같이 가정을 하겠다.

선박 A의 책임제한톤수	1,500톤
선박 A에 발생된 손해	미화 300,000 달러
선박 B의 선체 가격(충돌사고 당시)	미화 1,200,000 달러
선박 B에 적재되어 있던 화물 C의 가액	미화 800,000 달러
과실 비율	A : B = 60 : 40(A의 과실 더 큼)

위와 같은 경우 선박 A가 손해배상책임을 져야 하는 금액은 아래와 같다.

선박 B에 대하여	미화 600,000 달러(1,200,000×0.6–300,000×0.4)
화물 C에 대하여	미화 480,000 달러(800,000×0.6)

책임제한기금(물적 손해) 334,000 SDR(IMF의 특별인출권)
(이 금액은 대략적으로 미화 434,200 달러(334,000×1.3)

위와 같은 경우 선박 B에 대한 손해배상책임 및 화물 C에 대한 손해배상책임의 합계액인 미화 1,080,000 달러는 책임제한기금 미화 434,200 달러를 초과하므로, 선박 A는 미화 434,200 달러로 그의 책임을 제한시킬 수 있게 된다. 여기서 만일 그 책임제한이 유지된다면 책임제한기금으로부터 선박 B는 미화 241,222 달러(434,200×600,000/1,080,000)를, 화물 C는 미화 192,977 달러(434,200×480,000/1,080,000)를 각각 받을 수 있게 된다.

선주책임제한이 불허되는 경우로서는 추상적으로 말한다면 선주 자신의 무모한 과실이 있었고, 그로 인하여 선박 충돌이 발생된 경우를 들을 수 있다. 아울러 선박 A는 일반 화물선인 것을 전제로 한 것이고, 만일 유류를 운송하는 유조선인 경우로서 유류오염손해가 문제되는 경우에는 1969년 유류오염 손해에 대한 민사책임제한에 관한 국제조약(통칭 CLC)이 적용되어, 상법상의 위 책임제한보다 약간 더 높은 책임제한이 적용되며 상법상의 책임제한은 적용되지 아니한다. 중요한 고려사항은 우리나라 법원에서 재판을 하는 경우 선박 소유자 책임제한은 선적국법에 의하게 되어 있으므로, 선박 A의 선적(즉, flag)이 어디인지를 파악하는 것은 매우 중요한 일이다. 위의 경우는 선적이 대한민국인 경우를 예로 든 것이다. 우리 상법의 내용은 소위 런던 조약의 내용을 받아 들인 것이어서 가장 보편적인 내용인 편이다.

058. 선박충돌과 과실비율(해난심판원의 과실비율 표시 관련)

선박충돌과 관련한 민사상 법률문제를 해결하는 데 있어서 과실비율의 산정은 가장 중요한 요소가 된다. 이에 대하여 그간 법원은 여러 가지 증거를 참작하여 과실비율에 관하여 판결을 내려오고 있었다. 법원이 참작하는 증거자료나 관련 자료 중에서 해양안전심판원(해심)의 재결이 으뜸이 되어 왔던 것은 사실이다.

그런데 법원에서 사안에 따라 해심의 재결이나 관련 자료를 받아서 검토함에 있어서 여러 가지 어려움을 겪는 경우가 있게 되자, 해심으로서는 과실비율을 아예 재결서에 표시하는 것이 바람직하다는 의견이 나오게 되었고, 급기야 관련 규정의 개정을 통하여 그러한 표시가 가능함을 규정하기에 이르렀다. 이러한 상황에서 중앙해양안전심판원(중해심)은 처음으로 2003년 초 2021 하이평 호 대 마린피스 호 사이의 충돌사건에 관하여 그 과실비율이 7 : 3이라는 재결을 하였다. 아직 이 사건은 법원에서 재판이 되고 있는 상황은 아니지만 위 과실비율에 관한 중해심의 판단은 법원에 어떠한 식으로든 영향을 줄 것으로 보인다. 위와 같은 경우 법원이 과실비율에 관하여 해심의 명확한 의견을 들어서 좋은 면이 있지만, 한편으로는 법원으로 하여금 명확한 판단을 소홀히 하게 할 우려가 다분히 있다. 모든 절차가 공명정대하게 이루어지고 그에 따라 민사상 분쟁이 해결될 수 있다면 참으로 좋을 것이다. 그러나 현실세계에서는 그렇지 아니할 때가 종종 있을 수 있고, 그로 인하여 관련 당사자가 입는 손해와 불편은 막심한 것이다.

충돌사건에서의 과실비율에 관한 결정이 위와 같은 방식으로 이루어질 경우 선박충돌사건에서 가장 중요한 요소는 사실상 법원이 아닌 해심에서 정하여지게 된다. 그렇게 되면 사실상 선박충돌 사고의 가장 중요한 문제를 그것도 수치상으로 결정하게 되는데, 이는 부당하다고 본다. 해심에 주어진 최고의 임무는 사고의 원인을 규명하고 그에 관련된 사고 관련자를 징계하는 일이지, 선박충돌사고에 대한 과실비율에 대하여 수치상으로 판단하는 일이 아니라고 보기 때문이다. 해심의 수치상의 의견이 표명된 경우, 법원은 그에 상당히 심하게 기속될 가능성이 많아진다. 해심은 사고의 원인을 정밀하게 분석하여 내는 것으로 족하며, 그 결과에 대하여 마치 민사판결처럼 과실비율을 무리하게 적용할 필요는 없다고 본다. 사실 위 충돌사건과 같은 경우는 수치상의 표시가 이루어지지 말았어야 할 사안이었다. 하이평측은 과실비율을 표시하여 달라고 요구하였고 마린피스측은 그 표시를 하여 주지 말 것을 요구하였으며 안개 속 충돌로 여타의 많은 사실관계가 불분명한 상황이었으므로, 하이평측에게 불리한 표시가 나오는 위 재결을 한 것은 타당하지 아니하였다고 본다.

여하튼 해심이 수치적으로 과실비율을 표시하게 되는 경우, 그 이후 민사재판에 있어서 바람직하지 아니한 결과가 초래될 가능성이 다분히 있게 된다. 여타의 사건에서 법원이 다소 자유로운 판단을 내리는 데 크나큰 걸림돌이 될 수 있다는 것이다. 이러한 점을 헤아려 해심은 쌍방이 원하는 경우가 아닌 한 과실 비율 표시는 자제하여야 한다고 본다.

059. 선박충돌과 연료유 유출손해

유조선이 선박충돌사고로 인하여 유류를 유출시킬 경우에는 유류오염손해배상보장법에 의하여 규율된다. 이때에는 유류를 유출시킨 선박 소유자는 동법에 따라 손해배상책임을 진다. 그리고 이러한 경우 선박 소유자는 자신의 과실 비율이, 예를 들면, 40%이니, 유류유출로 인한 손해액에 대하여 40%만을 책임지겠다는 항변을 할 수 없게 된다. 물론 피해자는 유조선이 아닌 상대 충돌선에 대하여 상법상의 선박 충돌에 관한 규정 혹은 민법상의 불법행위에 관한 규정에 따라 손해배상청구를 할 수 있을 것이다. 그런데 비유조선과 비유조선 사이에 충돌이 발생하였고, 그로 인하여 어느 한 쪽 선박에서 연료유가 유출된 경우는 어떻게 처리될 것인가가 문제될 수 있다. 이에 대하여 어느 법규정을 적용할지 여부는 그다지 분명하지 아니하다. 상법 제846조 제1항은 선박의 충돌이 쌍방의 선원의 과실로 인하여 발생한 때에는 쌍방의 과실의 경중에 따라 각 선박 소유자가 손해배상의 책임을 분담한다고 규정하고 있는데, 학자들이나 판례상으로 이 규정에 대하여 양 선주는 대물손해의 경우 과실비율에 따른 분할책임을 진다는 점에 대하여 이론이 없고, 나아가 실무의 처리의 원칙도 마찬가지이다.

그런데 비유조선간의 선박충돌로 인하여 유류손해를 입은 경우 그 손해도 위에서 말하는 제3자가 입은 대물손해에 해당될 것인지는 현재로서 일단 불분명하다고 말할 수 있다. 대물 손해에 대하여 분할책임을 진다고 해석한다면 유류손해도 제3자가 입은 대물손해에 해당되는 것이라 못 볼 이유가 없기 때문이다. 반면, 유류손해가 위 제3자가 입은 대물손해에 해당되지 아니한다고 본다면 민법 제760조에 의거하여 처리하여야 할 것인데, 이렇게 되면 양 선주는 연대책임을 지게 된다. 이와 같은 혼선은 국제조약의 내용이 다소 불분명하였다는 점과 우리 상법의 입법 과정에서도 이러한 점을 분명히 하지 아니한 점에 기인한 것이다. 즉, 우리 상법이 그 내용을 도입한 1910년 브뤼셀 조약(Convention for the Unification of Certain Rules of Law with respect to Collision between Vessels) Article 4의 두 번째 파라그래프는 'The damages caused, either to the vessels or to their cargoes or to the effects or other property of the crews, passengers, or other persons on board, are borne by the vessels in fault in the above proportions, and even to third parties a vessel is not liable for more than such proportion of such damages.' 라고 규정하고 있는데, 여기서 특히 even to third parties 의 의미가 제3자가 입은 어느 범위의 손해까지를 의미하는지, 특히 선상에 있던 화물들만을 의미하는지, 아니면 제3자가 입은 모든 물적 손해를 의미하는 것인지 여부가 불분명하다. 이에 관하여 우리상법이나 위 국제조약의 해석상 유류오염 손해를 포함한 제3가 입은 모든 손해가 위 Article 4나 상법 제846조 제1항에서 말하는 손해에 포함된다고 하는 것이 보다 합당할 것으로는 생각된다. 그 이유는 인적 손해에 대하여 제 846조 제2항에 규정되어 있고, 위 조약상으로도 명확히 선상 물건으로 한정하고 있지 아니하니, 모든 물적 손해에 대하여 제846조 제1항이 적용된다고 보는 것이 합당할 것이기 때문이다.

이와 같이 본다면 유류오염 손해에 대하여 양 선주는 과실 비율에 따른 소위 분할 책임을 지며, 그 제소기간도 단기제소기간인 2년(상법 제848조)이 적용된다. 물론 반대의 해석에서는 민법상의 불법행위 소멸시효인 피해가 있음을 안 날로부터 3년이 적용될 것이다. 어쨌든 이는 입법적으로 분명히 해결할 필요가 있다. 즉, 위 국제조약의 해석 여하에 따라, 선상 물건에 한정되지 아니한다고 한다면 우리 상법으로도 제3자가 입은 모든 물적 손해(선상 물건에 한정하지 아니한다)에 대하여 양 선주는 분할 책임을 지는 것으로 규정할 수 있을 것이다.

060. 제한 시정의 정의

선박충돌과 관련하여, 제한된 시정(혹은 시계) 상태에서는 소위 횡단선 항법이 적용되지 아니함은 널리 알려진 사항이다. 그 경우에는 1972년 국제해상충돌예방규칙(충돌규칙) Part B, Section III의 제한시정의 항법과 Section I의 모든 시정에서의 항법이 적용된다. 그런데 간혹 제한 시정(restricted visibility)은 어느 정도의 시계상태를 의미하는지가 문제될 수 있다. 이에 대하여는 충돌규칙 Rule 3(l)이 안개, 눈, 폭우 등으로 시정이 제한되는 상태를 의미한다고만 규정하고 있을 뿐, 구체적으로 어느 정도의 시정이 제한시정이 되고, 어느 정도의 시정이 양호한 시정이 되는지에 대하여 규정하고 있지 아니하여, 위와 같은 문제가 제기되는 것이다. 이에 대하여 혹자는, 현등의 최소 광달 거리인 3 마일이나 혹은 2 마일이 기준이 되어 그보다 시정이 더 가까우면 제한시정이 되고, 그보다 멀면 양호한 시정이 된다고 보기도 한다. 그러나 실무상 통상적인 기준이나 영국의 판례상으로는 그러한 기준을 이용하지 아니하고, 양 선박이 서로 육안으로 볼 수 있게 되었던 때에는 그 거리가 2 마일이나 3 마일 이내이더라도 제한시정의 항법이 적용되는 것으로 본다. 물론 아래에서 소개되는 영국의 1992년도 MALOJA II 사건에 관한 Queen's Bench Division의 판결에서 보는 바와 같이, 항법을 그렇게 적용하더라도 이미 충돌에 임박한 상태가 되었으므로, 과실 비율 산정시 제한시정 상태였는지 여부가 무의미하여지는 경우가 적지 아니 있을 수 있다고 본다. MALOJA II 사건에서의 양 선박의 항적을 그림으로 그려 보면 아래와 같다.

이 판결에서 Queen's Bench Division은 약 0.7 마일 전에 양 선박이 서로 육안으로 볼 수 있었던 때에 적용되는 항법은 제한시정에 적용되는 Rule 19이 아니고, 횡단항법인 Rule 15라고 판시하였다. 이러한 판시

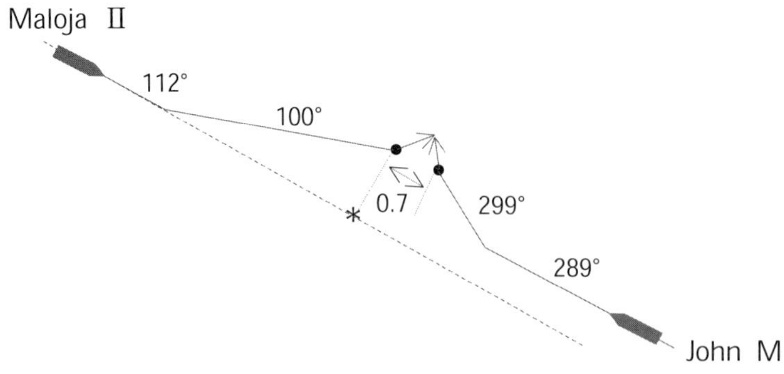

는 2 마일 또는 3 마일을 제한시정의 기준이라고 보는 일부 견해와는 상치되는 것이다. 다만, 위 사안에서 약 0. 7 마일의 거리의 지점(위 항적 그림 중 * 표시 지점)에서 MALOJA Ⅱ가 우전타나 기관정지를 하지 아니하고 좌전타를 한 것은 잘못이지만, 그 상태는 이미 충돌이 임박한 상태로서 어느 전타를 하든 대세에 영향을 줄 수 없는 상황이었고, 그러한 충돌위험에 이르기 전에 이미 양 선박은 같은 정도의 과실을 범하였다고 보고 있는 상황이었으므로, 양 선박의 과실 비율을 50 : 50으로 보았다.

이상에서 보는 것처럼 제한 시정인가 아닌가에 관하여 양 선박 간의 절대적인 거리가 결정적인 요소가 되는 것은 아니며, 오히려 양 선박이 서로 육안으로 볼 수 있는가가 관건이다. 물론 육안으로 볼 수 있었던 시점이 충돌 시점 기준으로 어느 정도 시간 간격이 있었느냐가 매우 중요한 요소이다.

061. 선주책임제한의 준거법

우리나라 연해에서 선박 충돌 등 해난사고가 발생하여 가해선박의 선주가 가해선박의 책임제한금액을 초과하는 금액의 손해배상청구를 받게 되면, 가해선주는 만일을 대비하여 선주책임제한절차 개시신청을 그 손해배상 청구를 받은 날로부터 1년 이내에 하여야 한다. 선주책임제한절차의 개시신청을 한다고 하여 신청인이 상대방이 주장하는 손해배상책임을 인정하는 것이 아니므로, 일단 여러 손해배상청구의 합계 금액이 책임제한금액을 초과하면 가해선주로서는 선주책임제한절차 개시신청을 하여 두는 것이 바람직하다. 그런데 가해선주는 위 개시신청을 우리나라 법원에서 할 수도 있고, 사안에 따라서 우리나라 법원이 아닌 외국법원에서 동일한 개시신청을 할 수도 있다.

가해선주가 어느 나라 법원에 책임제한절차의 개시신청을 하여 해당국가의 선주책임제한절차를 이용할 수 있는가는 그 나라의 법에 달려있다. 이러한 이유로 선주는 어느 나라의 법이 해당 사안에 자신들에게 가장 유리할 것인지를 고려하여 나라를 정하고 그 나라에서 선주책임제한절차를 개시한다.

선주책임제한절차의 준거법은 크게 절차사항에 관한 준거법과 실체사항에 관한 준거법으로 나눌 수 있다. 절차사항에 관한 준거법, 즉 법원에 어떻게 신청서를 접수시키고, 기금은 어떻게 조성하고, 그 기금으로부터의 분배는 어떻게 하여야 하는가에 관한 사항 등은 통상적으로 해당 국가의 법(소위 법정지법)에 의한다. 1976년에 제정된 해사채권에 대한 선박소유자의 책임의 제한에 관한 조약(소위 1976 LLMC) 제14조도 절차에 관한 사항은 체약국에서 개별적으로 정하는 바에 따른다고 되어 있다. 우리나라는 1976 LLMC에 가입하지는 아니하였지만 1991. 12. 31. 상법 개정으로 그 내용이 상법에 대부분 반영되었고, 절차에 관한 세부적인 사항은 별도로 선박소유자 등의 책임제한절차에 관한 법률(선주책임제한절차법)을 제정하여 그곳에 규정하였다. 따라서 절차법에 관한 한 우리나라에서는 상법과 선주책임제한절차법에 의하게 된다.

다음으로 문제되는 것은 선주책임제한의 실체사항에 관한 준거법이다. 이는 어떠한 경우에 어떠한 채권에 대하여 선주책임제한을 행사할 수 있는지와 선주책임제한금액이 어느 정도인지에 대한 사항 등이다. 이에 대하여 유의하여야 할 것은 2001. 4. 7. 국제사법이 대대적으로 개정되면서 같은 법 제60조에서 책임제한의 범위에 대하여 선적국법에 의한다는 것을 분명하게 규정하였다는 점이다. 이에 따라 가해선박이 우리나라 선박이 아닌 경우에는 책임제한금액은 선적국법에 의하여 계산된다는 점에 주의하여야 한다. 예를 들면 파나마 선적의 선박이 해난사고를 야기하여 국내에서 선주책임제한절차가 개시될 경우, 계산되는 책임제한금액은 우리나라 상법이 아닌 파나마 법에 의한다는 것이다. 이와 같이 실체사항에 관하여 선적국법이 준거법으로 적용되게 됨으로 인하여 선주책임제한절차에 관하여는 관련 당사자들은 해당 선적국의 법의 내용을 확인하여야 하는 부담을 지게 되었다. 이러한 상황을 우려하여 필자는 우리나라에서도 다른 대부분 외국과 같이 법정지법이 적용되는 것으로 하자고 의견을 제시한 바 있는데, 국제사법의 입법이 그렇게 되지 못한 것은 아쉽게 생각한다.

062. 선주책임제한절차와 time bar

Cargo claim에 단기의 time bar가 있음은 널리 알려진 대로이다. 마찬가지로 선주가 책임제한절차개신신청을 함에 있어서도 time bar가 있다. 우리 상법 제752조 제1항은 책임을 제한하고자 하는 자는 채권자로부터 책임한도액을 초과하는 청구금액을 명시한 서면에 의한 청구를 받은 날로부터 1년 내에 법원에 책임제한절차개시의 신청을 하여야 한다고 규정하고 있다. 선주로서는 이 1년의 기간 내에 책임제한절차개시의 신청을 하지 아니하면 선주의 채무를 일정금액으로 제한하는 권리를 상실하게 되므로, 이 기간이 도과되지 아니하도록 주의를 다하여야 할 것이다. 그런데 1년의 기간이 기산되는 시점은 채권자로부터 책임한도액을 초과하는 청구금액을 명시한 서면에 의한 청구를 받은 날인데, 청구를 구두로 받는 것으로는 부족하며 서면으로 받아야 한다는 점은 분명하나, 청구금액을 명시한 서면이 무엇을 의미하는지에 대하여 실제 적용에 있어서 불명료한 점이 나타날 수 있다. 그 의미 파악을 위하여 입법례를 보는 것이 필요할 것인데, 우선 1976년 해사채권에 관한 책임제한 조약(1976 LLMC)에는 절차적인 사항에 대하여는 체약국의 국내법으로 정할 수 있게 되어 있으므로, 각 나라별로 선주책임제한절차에 관한 법률은 통일되어 있지 아니하다.

일본법, 즉 선박소유자 등의 책임제한에 관한 법률상으로는 이러한 time bar가 전혀 없다. 미국법에서는 선주책임제한법(Chapter 8 Limitation of Vessel Owner's Liability) 46 U.S.C. §185에, '선주는 서면에 의한 청구를 받은 날로부터 6개월 이내에 책임제한절차개시의 신청을 할 수 있다'고 규정되어 있다. 미국법상으로는 청구서의 청구금액이 책임제한금액을 넘을 것을 요구하지 아니하다는 것과 time bar의 기간이 6개월이라는 점에서 우리법과 차이가 있다. 이처럼 외국의 입법례가 우리와 같지 아니하여 외국의 입법례는 별 참고가 되지 아니하는 상황이다. 그런데 이 부분 규정이 만들어지게 된 배경에 대하여 상법 개정 위원회의 회의록에도 별 내용이 나오지 아니하여 위 규정의 해석에 어려움이 있게 된다.

이와 관련하여 최근 서울중앙지방법원에서 책임제한절차사건을 담당하는 재판부는, 채권자가 선주에게 개략적인 청구항목과 금액을 기재하여 보증장(Letter of Undertaking)을 요구한 것은 상법의 위 규정에서 말하는 청구금액을 명시한 서면이 아니라고 판단을 하였다. 이러한 판단에 비추어 채권자로서는 청구서를 보내려면 무엇보다도 청구한다는 뜻이 분명히 드러나야 하고, 어느 정도는 세부내역을 표시하는 것이 필요할 것으로 본다. 반면, 선주의 입장으로서는 위 요건을 충족하는 서면인지 여부를 판단하기 애매한 서신을 받았을 경우에는 가볍게 생각하지 말고 만일의 하나 그것이 상법의 위 규정에서 말하는 청구금액을 명시한 서면으로 해석될 수 있다는 점을 감안하여 기산점을 그 시점으로 잡는 것이 안전한 처리가 될 것이다. 만일 그 기산점의 해석을 잘못하여 선주가 책임제한 자체를 하지 못한다면, 그보다 더 큰 피해나 과오는 없을 것이기 때문이다.

063. 선주책임제한과 forum shopping(1)

일본이 최근 1976년 선주책임제한조약에 대한 1996년 의정서(Protocol of 1996 to amend the Convention on Limitation of Liability for Maritime Claims of 19 November 1977, "LLMC Protocol 1996")에 가입을 하였다. 논란이 있기는 하지만 그 효력은 1년 후에 발생된다고 한다.1) LLMC Protocol 1996은 무엇보다도 1976 LLMC의 책임제한금액을 2배 이상 올렸다. 1976 LLMC과 LLMC Protocol 1996의 책임제한금액의 차이는 아래 표에서 보는 바와 같다.

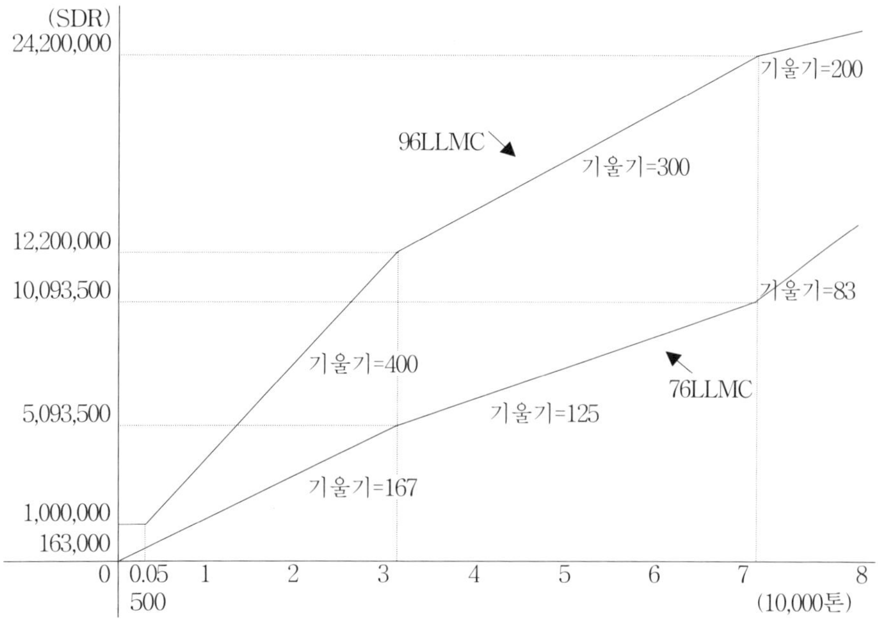

1) 'LLMC Protocol 1996'은 일본에서 2006. 8. 1. 발효되었다.

동북아 지역의 네 나라, 즉 우리나라, 일본, 중국, 대만의 선주책임제한제도를 비교하여 보면 흥미로운 차이를 발견할 수 있다. 우선 1976 LLMC나 LLMC Protocol 1996에 정식으로 가입한 나라는 일본뿐이며, 우리나라와 중국은 1976 LLMC에서 규정하는 책임제한금액을 국내법으로 입법하고 있으며(중국의 경우 해상법 제210조 제2항), 대만은 아예 책임제한에 관한 입법주의가 금액주의가 아니라 미국식의 선가주의(소위 post casualty value로서 사고 후 가해선박의 잔존가)로 되어 있다. 그런데 일본은 조만간 LLMC Protocol 1996 비준·가입의 효과가 국내법적으로 발생되면 우리나라나 중국보다 약 2배가 되는 책임제한금액을 적용하게 된다. 그리고 책임제한을 배제시킬 수 있는지에 관한 기준에 관하여 보면, 우리나라, 일본, 중국이 모두 1976 LLMC와 동일한 기준인 "선주 자신의" 소위 "고의 또는 소위 무모한 행위"(중국 해상법 제209조)인 데에 비하여, 대만은 사고 원인에 대하여 알았던 경우("privity or knowledge")로서 상대적으로 책임제한을 배제하는 것이 상당히 용이하다는 점에서 차이가 있다. 그런데 일본이 아닌 3개국은 1976 LLMC에 가입하지 아니하였으므로 다른 나라에서 책임제한기금이 설치되었다고 하더라도 그 나라에서 선주의 선박이 압류되는 것이 얼마든지 가능하게 되어 있다. 이로 인하여 선주는 2개 이상의 기금을 설치하여야 하는 것이다. 요컨대, 이러한 요소들로 인하여 선주에 대하여 손해배상청구를 하는 입장에서는 어느 관할(forum)이 가장 자신에게 유리할지를 두루 검토하고 선택(shopping)하여야 하는 일이 발생하게 된다. 다음에는 각 나라 별로 선주책임제한에 관한 준거법이 어떻게 다른지를 보도록 하자.

064. 선주책임제한과 forum shopping(2)

앞에서 본 바와 같이 우리나라를 위시하여 일본, 중국은 선주책임제한 금액의 수준이나 선주책임제한을 배제할 수 있는 기준이 1976 LLMC 수준으로 되어 있다. 그러나 여기서 유의하여야 할 것은 우리나라에서 책임제한절차가 진행되는 경우에도 우리나라 상법 제746조 이하의 선주책임제한에 관한 규정이 적용되지 않을 수 있다는 점이다. 우리나라의 법원은 그 대신 국제사법 제60조 제4호에 의하여 선적국법의 선주책임제한법을 적용한다. 따라서 책임제한절차를 개시하는 선주의 해당 선박이 Panama에 치적되어 있으면 Panama 법이 적용되게 된다. Panama 법상 선주책임제한 금액의 수준이나 선주책임제한을 배제할 수 있는 기준이 1976 LLMC 수준으로 되어 있음은 앞서 소개한 바 있다. 이와 같이 우리나라의 선주책임제한법이 어떻게 되어 있는가와 우리나라 법원이 소위 섭외적 요소가 개입되어 있는 사건에 대하여 어느 나라의 선주책임제한법을 적용할 것인가는 서로 다른 것이다. 전자는 실체법 또는 절차법의 문제이고, 후자는 준거법 결정(conflict of laws)의 문제이다. 전자와 후자가 서로 동일한 방향으로 법 적용을 하는 입장을 소위 同則주의라 하고, 서로 동일할 이유가 없다고 보는 입장을 異則주의라 한다. 우리나라는 따라서 異則주의를 취하는 것이다. 요컨대, 우리나라에서 선주책임제한절차가 개시되는 경우 선주책임제한 금액의 수준이나 선주책임제한을 배제할 수 있는 기준은 해당 선박의 선적국에 의한다는 것이다.

그에 비하여 일본은 同則주의를 취하고 있어서 해당 선박의 선적이나 사고 장소 여하를 불문하고 일본의 선주책임제한법이 적용된다. 따라서 일본에서 책임제한절차가 진행될 경우 선주책임제한 금액의 수준이나 선주책임제한을 배제할 수 있는 기준은 항상 1976 LLMC 수준으로 정하여질 것이다. 중국은 전회에서 본 바와 같이 1976 LLMC에 가입하지 않았으면서도 조약의 내용을 그대로 도입하여 중국 해상법에 규정하였다. 나아가 중국은 우리나라와 달리 소위 同則주의를 채택하고 있다(중국 해상법 275조). 즉, 중국은 선주책임제한 금액의 수준이나 선주책임제한을 배제할 수 있는 기준에 관하여 중국의 해상법을 적용하고 있다. 대만의 해상법에는 선박충돌의 경우 선박충돌이 발생한 국가의 선주책임제한법이 적용되는 것으로 규정되어 있다. 따라서 선박충돌이 일본 영해에서 발생되었으면 선주책임제한절차가 대만에서 행하여지더라도 선주책임제한 금액의 수준이나 선주책임제한을 배제할 수 있는 기준은 일본의 선주책임제한법이 적용된다. 대만이 취하는 법제도 결국 異則주의라 할 수 있을 것이다.

이러한 극동의 4개국이 취하는 선주책임제한절차를 사안 별로 잘 검토한다면 선주측이나 화주측이나 극대의 이익을 꾀할 수 있을 것으로 본다. 물론 이러한 현상은 바람직하지 않다. 어느 나라 법원에서 책임제한절차가 행하여지더라도 결과는 동일하게 내려져야 할 것이란 점에서 그렇다. 그러나 그것은 아직까지 이상론일 뿐이다. 선주책임제한법의 문제가 아니라 하더라도 재판관할이나 법의 범세계적인 통일이 있지 않는 한, 국제재판관할이 달라지고 준거법이 달라짐으로써 현실적으로 천양지차의 결과를 보이는 경우가 허다하다.

065. 나용선 선박이 선박충돌을 야기한 경우 선주가 책임을 지는가?

선박 A가 선박 B와 충돌을 하였다. 선박 A의 선주는 O이고, 나용선자는 L이라고 할 때, 선주O가 선박 B에 발생된 충돌손해에 대하여 배상책임을 질 것인가? 이러한 문제는 나용선인 경우뿐만 아니라 선박리스 또는 선박 임대차인 경우에도 발생할 것이다. 상법 제845조 및 제846조는 책임의 주체를 단지 "선박소유자"라고만 규정하고 있고, 위 조항들이 선주와 관련하여서는 무과실책임(선주가 선장에 대하여 지휘 · 감독상의 주의의무를 해태하였는지 여부를 불문하고 손해배상책임을 진다는 것)이라고 볼 여지도 있다는 점, 나아가 선박임대차에 관한 조항인 상법 제766조 제1항이 "선박임차인이 상행위 기타 영리를 목적으로 선박을 항해에 사용하는 경우에는 그 이용에 관한 사항에는 제3자에 대하여 선박소유자와 동일한 권리의무가 있다"고 규정하고 있을 뿐, 선박임대인, 즉 선주 역시도 임차인과 같은 책임이나 의무를 지게 되는지에 대하여 아무런 언급이 없다는 점에서 비롯되는 문제이다. 이에 대하여는 상법 제766조 제1항이 선박소유자, 즉 임대인이 책임을 면한다고 명문으로 규정하지 아니하고 있고, 상법 제845조 및 제846조를 무과실책임으로 볼 여지가 있다는 점에서 선박소유자, 즉 임대인 역시도 임차인과 함께 제3자, 즉 위 경우 선박 B의 선주에 대하여 손해배상책임을 진다고 볼 여지가 없는 것은 아니라고 생각한다.

그러나 그보다는 우리 대법원 판결의 유추해석 및 일본의 해석까지도 감안할 때, 현행 상법 아래에서 위 설문의 경우 선박임대인, 즉 선박 A의 선주는 선박 B의 선주에 대하여 충돌손해에 대한 배상책임을 지지 않는다고 볼 가능성이 많다고 본다. 우선 대법원은 정기용선자가 선박충돌에 대하여 배상책임을 지지 않는다는 판결을 내린 바 있는데 (대법원 2003. 8. 22. 선고 2001다65977 판결), 동 판결 이유에서 "정기용선계약에 있어서 선박의 점유, 선장 및 선원에 대한 임면권, 그리고 선박에 대한 전반적인 지배관리권은 모두 선주에게 있다"는 이유로 정기용선자의 선박충돌에 대한 배상책임을 배제하였는바, 이러한 이유에 비추어 보면 "선박의 점유, 선장 및 선원에 대한 임면권, 그리고 선박에 대한 전반적인 지배관리권"이 모두 임차인에게 있고 선주에게는 없는 경우에는 선주는 그 책임을 지지 아니하고 임차인만이 책임을 진다는 견해를 취하고 있는 것으로 해석될 수 있기 때문이다. 아울러 일본의 저명한 해상법학자인 田中誠二 교수도 그의 저서 〈海商法詳論 增補版〉 107면에서 이러한 견해를 밝히고 있기 때문이다.

이와 같이 해석하는 경우, 선박 B에게 발생된 충돌손해에 대하여 선박 A의 임차인인 L만이 배상책임을 진다는 것인데, 만일 여기서 선박 A에도 상당한 충돌손해가 발생하였음을 이유로 O가 선박 B의 선주에 대하여 손해배상청구를 하는 경우, 선박 B의 선주는 O의 이러한 청구에 대하여 상계권을 행사하지도 못하고 손해배상청구를 당하는 것이 합당할 것인가의 문제가 발생한다. 이러한 문제는 특히 선박 A가 선박 B 소재 국가(예를 들면 우리나라)의 항구에 기항하지 아니하여 선박압류도 하지 못하는 경우에 심각한 문제가 된다. 그러한 불합리성은 선박충돌에 관하여 소위 "단일책임설"을 취함으로써 해결하여야 한다고 본다. 즉, 위 설문에서 O의 청구액수와 선박 B의 선주의 청구 액수를 서로 상계처리하고 남은 금액의 하나의 채권만이 있는 것으로 처리하는 것으로 해결하자는 것이다.

IV

Arrest, Arbitration, etc

066. 보세창고업자가 1년의 time bar를 원용할 수 있는가(1)

현행의 대법원 판결로는 보세창고에서 운송인의 인도지시서가 없이 화물이 불법반출이 되는 경우 보세창고업자에게는 불법행위 책임을, 해상운송인에게는 채무불이행 책임 및 불법행위 책임을 추궁할 수 있게 되어 있다. 개인적으로는 이러한 대법원 판결의 태도는 화물의 인도시점에 관하여 근본적으로 잘못되어 있다고 생각하고 있다. 대법원의 위와 같은 판결이 유지되는 한 보세창고업자는 해상운송인의 이행보조자로 인정이 되고, 보세창고업자의 불법행위에 대하여는 해상운송인이 채무불이행 책임을 지게 되어 있다. 이와 같은 대법원 판결에 의하면 몇 가지 흥미로운 문제가 발생한다. 그 중 하나가 보세창고업자가 1년의 time bar를 원용할 수 있는가의 문제이다. 소위 Himalaya Clause에 관하여는 일전에 언급한 바 있으므로, 상세한 사항은 그 내용을 참조하기를 바란다. Himalaya Clause의 유효성은 세계 어느 나라이건 이제는 별 의문 없이 받아 들이고 있다. 우리나라도 그 점에서는 마찬가지이다.

유효성의 전제요건은 보세창고업자의 창고가 해상운송인이 운송할 책임구간 내에 있어야 한다. 그런데 우리 대법원은 선하증권상의 인도지는 분명히 부산항으로 되어 있는데도, 해상운송인의 책임은 보세창고에까지 계속된다고 보고 있다 (대법원의 견해는 곧, 부산항에서 적법한 인도가 되지 아니하였기 때문에 적법한 인도가 될 때까지 운송인의 책임이 계속된다는 것이다. 그러나 그보다는 운송인이 부산항에서 잘못 인도하였으면, 그로써 불법인도가 행하여져 운송인의 책임은 확정되었고, 그 이후는 단지 사후적인 사건에 불과한 것으로 보아야 한다). 그렇다면 국제적으로 널리 인정되고 있는 Himalaya Clause를 보세창고업자도 원용할 수 있는가의 문제가 대두된다. 이에 관하여 한편으로는 보세창고업자는 이행보조자라고 하면서, 소위 1년의 time bar를 원용할 수 있는가의 대목에서는 그것을 부인한다면, 보세창고업자로서는 억울할 수밖에 없다. 어쨌든 이러한 문제는 대법원이 특이한 입장을 취함에 따라 발생하는 것이며, 외국에서는 이러한 문제가 발생하지 아니할 것으로 생각된다.

1년의 time bar를 원용할 수 있는가와 관련하여서는 해상운송인의 선하증권 규정이 일단 우선적으로 검토되어야 한다. 대부분의 선하증권에는 그러한 규정을 두고 있다. 선하증권에는 아래와 같은 규정이 통상적으로 있다.

> The Merchant undertakes that no claims or allegations shall be made against any servant, agent stevedore or sub-contractor of the Carrier which imposes or attempts to impose upon any of them or any vessel owned or chartered by any of them any liability, whatsoever in connection with the Goods, and, if any such claim or allegation should nevertheless be made to indemnify the Carrier against all consequences thereof. Without prejudice to the foregoing, every such servant, agent, stevedore, and sub-contractor shall have the benefit of all provisions herein benefiting the Carrier as if such provisions were expressly for their benefit, and all limitation of and exonerations from liability provided to the Carrier by law and by the terms hereof shall be available to them, and, in entering into this contract the Carrier, to the extent of those provisions, does so not only on its own behalf, but also as agent and trustee for such servants, agents, stevedores and sub-contractors.

이와 같은 규정에서 agent에 종속적 대리인과 독립적인 대리인을 구분하여 후자의 경우에는 해상운송인이 누리는 혜택을 누릴 수 없는 것인가의 문제가 제기된다. 위와 같은 규정의 유효성이 인정되고 있는 마당에서 규정에 아무런 수식이 없이 agent라고만 되어 있는 것을 두고 독립적인 대리인은 배제된다고 할 수는 없다고 본다. 그렇다면 위와 같은 규정을 가지고 있는 해상운송에서 운송된 운송물을 보관하다가 화물을 소위 불법반출을 하였다는 혐의로 민사소송을 제기당한 보세창고업자로서는 현행 대법원의 판결의 논리대로 하면, 선하증권상의 time bar를 원용할 수 있다고 볼 여지가 있는 것이다. 여기서 여지라고 하는 것은 또 한 가지 문제점이 대두되기 때문인데, 그것은 고의, 중과실이 있다고 인정되는 경우에 선하증권상의 time bar를 원용할 수 있는가의 문제이다. 이 문제를 포함하여 상법 제789조의 3 제4항의 사용인이나 대리인에서 독립적인 대리인이 제외되어야 하는지의 문제는 뒤에서 보기로 한다.

067. 보세창고업자가 1년의 time bar를 원용할 수 있는가(2)

앞서 보세창고업자가 1년의 time bar를 원용할 수 있는가(1)에 이어 동일한 사안에서 상법 규정에 의하여 보세창고업자가 1년의 time bar를 원용할 수 있는가를 보기로 한다. 말할 것도 없이, 선하증권상 보세창고업자가 1년의 time bar를 원용할 수 있게 하는 내용의 소위 Himalaya Clause가 있다면, 그 Himalaya Clause의 유효성이 인정되므로, 상법 규정에 의한 위 논의를 할 실익이 없다. 그러나 그러한 Himalaya Clause가 없다고 한다면, 보세창고업자로서는 상법 규정에 의한 1년의 time bar를 원용할 수 있는가를 살펴 보아야 한다. 이에 관한 상법

제789조의 3(비계약적 청구에 대한 적용) 제4항은 '제1항 내지 제3항의 규정은 운송물에 관한 손해배상청구가 운송인 이외의 실제운송인 또는 그 사용인이나 대리인에 대하여 제기된 경우에도 이를 적용한다'고 규정하고 있다. 이 규정의 의의는 운송인 이외의 실제운송인 또는 그 사용인이나 대리인도 운송인이 갖는 해상법 고유의 항변, 책임제한, 1년의 time bar 원용권을 모두 갖는다는 것이다. 우리가 보고 있는 사안과 관련한 핵심적인 문제는 보세창고업자가 위 규정상의 사용인이나 대리인에 해당되는가 여부이다. 현행 대법원 판결에 의하면 보세창고업자는 운송인과 임치계약을 한 당사자이고, 아울러 운송인을 위하여 화물을 보관하는 사람, 곧 운송인의 사용자 또는 대리인에 해당됨에 누구도 이의를 제기할 수 없다(물론 필자는 이러한 현행 대법원 판결의 부당성에 대하여 누차 주장한 바 있다). 그런데 여기의 사용자 또는 대리인의 외연과 관련하여 독립적인 사용자 또는 대리인이 그에 포함되는지에 이견이 있을 수 있다. 최근에 내려진 한 하급심 판결은 이 점에 관하여 '상법 제789조의 3 제2항의 '운송인의 사용인 또는 대리인'의 지위에 있는지 살피건대, 위 상법 규정의 모법이 된 헤이그-비스비 규칙 제4조의 2 제2항은 화주와 운송인 사이의 이해관계를 조절하기 위하여 사용인의 범위를 'a servant or agent of the carrier(such servant or agent not being an independent contractor)'라고 규정하여 운송인의 지휘·감독을 받지 않는 이른바 독립계약자(independent contractor)를 제외하고 있고, 한편 우리 법상 '사용인'이라는 용어의 통상적인 의미나 위 상법 규정의 입법 경과(1990. 12. 상법개정특별분과위원회 회의록 참조)에 비추어 우리 상법도 이를 따른 것으로 볼 것이므로, 위 조항에서 말하는 사용인이나 대리인에는 운송인과 지휘·감독관계가 없이 스스로 자기판단에 따라 자기 고유의 사업을 영위하는 사람은 포함되지 않는다'고 판결하였다.

그러나 위 판결과 같은 해석은 타당하지 아니하다고 본다. 즉, 우리 상법 제789조의 3 제2항의 규정으로 거기의 사용인 또는 대리인에 독립적인 사용인 또는 대리인을 배제할 아무런 근거가 없기 때문이다. 독립적인 사용인 또는 대리인을 포함시킬 것인가, 아니면 배제할 것인가는 입법정책적인 문제이다. 그런데 우리 상법은 사용인 또는 대리인에 대하여 아무런 제한을 가하지 아니하고 있으므로, 위 상법 규정의 상식적인 해석상 사용인 또는 대리인에는 모든 사용인 또는 대리인이 포함된다고 해석하여야 한다. 그에 반하여, 우리 법도 아닌 헤이그 룰에서 명시적으로 독립적인 사용인 또는 대리인을 배제시킨 것을 들어서, 우리 상법도 그렇게 해석하여야 한다는 것은 아무래도 무리한 해석이다. 나아가서 해운실무계에 종사하는 사람들도 책임제한의 근거가 선하증권의 Himalaya Clause인지 아니면 상법 규정인지 구별하지 아니하고, 어쨌든 책임제한을 원용할 수 있는 것으로 알고 있다. 아무런 법적 근거도 없이, 위와 같은 실무계의 일반적인 생각과 달리 해석하여야 할 아무런 이유가 없다.

사실, 이러한 논의는 해상 claim에만 있는 것이 아니다. 바르샤바 조약이나 헤이그 의정서의 적용을 받는 항공운송 분야에도 있다. 그에 관하여 대법원은 명백히 판시한 바 없고, 우리 하급심 법원의 입장은 아직 정리되지 아니한 것으로 이해하고 있다. 이 점에 관하여는 아래에서 보기로 하자.

068. 보세창고업자가 1년의 time bar를 원용할 수 있는가(3)

보세창고업자가 1년의 time bar를 원용할 수 있는가(1)를 계속하여 본다. 국제항공화물운송에 관하여는 우리나라에서는 헤이그 의정서가 적용된다. 관련 규정인 개정 바르샤바 조약 (즉, 헤이그 의정서) 제25 A조는 아래와 같이 규정하고 있다.

Article 25A. If an action is brought against a servant or agent of the carrier arising out of damage to which this convention relates, such servant or agent, if he proves that he acted within the scope of his employment, shall be entitled to avail himself of the limits of liability which that carrier himself is entitled to invoke under Article 22.

여기서도 servant or agent라는 말이 나온다. 이 조항하에서, 보세창고업자가 항공화물을 창고에서 부적절하게 보관함으로 인하여 화주로부터 손해배상청구를 당하였고, 보세창고업자는 그 청구소송에서 킬로그램당 금 250 프랑의 손해배상책임제한을 주장하였다. 이에 대하여 청구인측은, 보세창고업자는 그러한 책임제한을 주장할 수 있는 자격이 있지 아니하다고 반박하여 법원이 이 점에 판단하기에 이르렀던 사건이었다. 여기서 서울지방법원은, 개정된 바르샤바협약 제25조의 2 제1항은 항공운송인의 책임제한권을 원용할 수 있는 자의 범위를 정함에 있어 단지 '운송인의 고용인 또는 대리인(servants or agent of carrier)'라고만 규정하고 있는 반면, 해상운송에 있어서 헤이그-비스비 규칙 제4조의 2는 '이 협약에 규정되어 있는 항변사유 또는 책임의 한도는 이 소송이 계약을 기초로 한 것이든지 또는 불법행위를 기초로 한 것이든지 간에 구별 없이 운송계약에 의하여 포함된 화물의 멸실 또는 훼손에 관하여 운송인에 대한 일체의 소송에 적용된다(제1항)'. '그러한 소송이 운송인의 사용인 또는 대리인(그러한 사용인 또는 대리인은 독립계약자가 아닐 것)에 대하여 제기된 경우에는 그러한 사용인 또는 대리인은 운송인이 이 협약에 기하여 원용을 주장할 수 있는 항변사유 및 책임한도를 원용할 권리를 가진다(제2항)'고 각 규정하여 명시적으로 독립계약자는 해상운송인의 책임제한 항변권 등을 원용할 수 없도록 규정하고 있고, 이에 따라 선하증권 이면약관에, 위 헤이그-비스비 규칙에 의하여서는 책임제한 등을 주장할 수 없는 독립 계약자들도 해상운송인과 마찬가지의 책임제한 항변권 등을 원용할 수 있도록 이른바 히말라야 약관을 별도로 규정하고 있는 점 등을 고려하면, 개정된 바르샤바 협약에서 독립계약자가 항공운송인의 책임제한 항변권 등을 원용할 수 없도록 규정하고 있는 것이라고 볼 수는 없으므로 원고의 청구는 이유 없다고 판결하였다. 하급심 판결 중 이와 같은 취지로 판결한 것은 더 있다. 한편, 2001. 5.경 내려진 한 하급심 판결에서는 이와 정면으로 반대되는 판결이 내려진 것으로 알고 있다(이는 당시 법률신문에 보도된 바 있다). 이처럼 국제항공화물운송분야에서 servant or agent의 의미에 관하여는 서로 견해의 대립이 있다. 필자가 아는 바로는 대법원은 이 점에 관하여 명백한 판시를 한 바 없다. 단지, 화물의 불법인도와 관련하여 그러한 인도행위가 무모한 과실에 해당된다면, 책임제한 원용권을 상실한다고 본 대법원 판결은 많은데, 위와 같은 문제는 쟁점으로 부각되지 아니하였다. 이 점에 관하여는 대법원의 판결이 조속히 내려질 것을 고대한다.

해상운송 분야에서, 화물의 멸실이 설사 불법인도에 의하여 야기되었다고 하더라도 보세창고업자는 1년의 time bar를 원용할 수 있다 함은 최근에 계속적으로 내려진 대법원 판결에서 확립된 사항이다. 따라서, 우리가 보고 있는 사안에서 일단 보세창고업자가 상법 제789조의 3 제4항 소정의 사용인 또는 대리인에 해당되는 경우에는, 1년의 time bar를 원용할 수 있게 된다.

069. 회생절차와 해운기업(1)

우리나라를 대표하는 해운회사 중의 하나인 조양상선㈜가 2001년 5월 29일 서울지방법원에 회사정리절차개시신청[1]을 하였다. 조양상선㈜과 같은 그룹 내 회사인 남북수산㈜도 역시 같은 날 회사정리절차개시신청을 하였으며, 다른 계열회사인 삼익물류는 화의신청을 하였다. 조양상선㈜은 파산절차로 진행한 끝에 잔여재산의 배분의 마지막 단계에 있다. 다시 한번 해운업계에 회생절차에 대한 관심이 고조되었다. 범양상선은 오래 전에 회생절차를 시작하여 현재까지 성공리에 회생절차를 수행한 끝에 회사정리절차를 종결하고 현재는 STX Pan Ocean이라는 상호아래 왕성하게 활동하고 있다. 반면 장영해운은 회생절차가 결국 폐지되었다.

대저, 회사가 파산될 위험에 처하여 있는 경우, 그대로 파산되고, 소위 빚잔치를 하는 수도 있겠으나, 다른 한편으로는 법원의 관리하에 마지막 기회를 가져 보고 싶은 마음을 가지게 마련이다. 이러한 경우에는 회사 본인이 회생절차개시신청을 하게 된다. 다른 한편으로는 회사의 채권자로서는 회사를 파산시켜 잔여재산의 분배를 받는 방안과 회사를 살려서 계속 운영되게 함으로써 중장기적으로 채권을 회수하는 방안을 서로 비교할 수 있을 것이다. 이때 채권자의 판단으로 후자가 유리하다고 판단하는 경우에는, 자본의 10분의 1 이상의 채권을 가지는 채권자는 회사 본인이 회생절차개시신청을 하지 아니하더라도 독자적으로 회생절차개시신청을 할 수 있다. 실제의 문제로 회사의 주된 채권자인 주거래 은행은 위 두 가지 모두의 경우에 영향력을 행사하게 되고, 주거래은행의 의도와 다른 방향으로 진행되는 것은 생각할 수 없다. 회생절차

1) 현행법에 의하면 '회생절차'가 된다. 이 글은 통합도산법이 제정된 2005. 3. 31. 이전에 쓰여진 것이라는 점을 유의하기 바란다.

가 개시되면 관리인이 법원의 감독을 받으면서 회사를 경영하게 되며, 기존의 경영자는 물러나게 되는 것이 보통이다.

일단 회생절차가 개시되면, 그 회사와 거래하는 상대방으로서는 기존의 채권이 감축 혹은 제한됨을 감수할 수밖에 없다. 왜냐하면, 채권자들의 희생과 양보로써 회사가 갱생하는 것이기 때문이다. 그리고 기존의 채권, 즉 회생채권은 법원이 정하여 공고하는 채권신고 기한 내에 정확히 신고하여야 하며, 그러하지 아니하는 경우 실권된다. 실권이란 권리가 영원히 상실되는 것으로 이해하면 된다. 회생절차가 개시되었을 경우, 상대방 회사가 각오하여야 할 또 하나의 사항은, 회생절차가 개시된 이후에 회사와 거래할 경우에는 법원의 치밀한 감독을 받게 된다는 점이다. 이때 법원의 허가를 받지 아니하고 관리인이나 다른 업무 담당자와 어떠한 계약을 하였다고 하더라도, 그 계약은 원칙적으로 무효가 된다(채무자 회생 및 파산에 관한 법률("통합도산법") 제61조 제3항).

이제, 보다 구체적으로 조양상선 그룹의 회생절차와 관련하여 조양상선 그룹과 거래하는 상대방으로서 어떠한 조치를 취하여야 할지를 살펴보자. 우선, 조양상선과 같이 회생절차 개시신청을 한 회사(이하 회생회사라고 하겠음)와 거래하는 상대방은 회생회사에 대하여 어떠한 채권, 채무가 있으며, 어떠한 계약관계가 있는지를 파악하여야 한다. 원칙적으로 회생절차 개시 전의 원인으로 발생된 채권은 회생채권으로 분류되어 많은 희생과 양보가 강요된다. 회생절차 개시 이후에 발생하는 채권은 기본적으로 발생시부터 회생법원의 엄격한 감독을 받게 되어 있는 불이익이 있는 대신에, 일단 발생한 경우에는 공익채권으로 인정되어, 회사 회생절차와 무관하게 권리 행사를 할 수 있다.

여기서 주의할 사항 한 가지는 장래의 구상채권에 대한 신고이다. 예를 들어, 회생회사를 위하여 제3자에게 보증을 한 회사가 있다고 보자. 그 회사가 아직 제3자로부터 보증채무의 이행을 청구 받지 아니하고 있다면, 그 회사는 보증채무의 존재는 물론 회생회사에 대하여 앞으로 생길 수 있는 권리에 대하여 까맣게 잊고 있을 수 있다. 이러한 경우 제3

자는 언제라도 전액의 보증채무금의 이행을 그 회사에 대하여 청구할 수 있다. 그런데, 그 회사가 그 이행의 청구를 받은 때가 회생채권의 신고기간이 지난 후라면, 그 회사가 제3자에게 변제한 후 구상금 채권을 가지고 회생회사에 대하여 청구하고자 하는데, 이때 신고의 추완이라는 복잡한 문제가 있을 수 있고, 그것도 관계인 집회가 끝난 후 또는 회생계획안을 서면에 부친다는 결정이 있은 후에는 어느 경우에도 이를 하지 못한다는 치명적인 문제가 발생할 수 있다(통합도산법 제152조 제3항). 이러한 상황에 대비하여 신중하고 현명한 회사라면, 그 회사는 장래의 구상권으로서 회생채권의 신고를 하는 것이 정답인 것이다(통합도산법 제126조 제3항). 다음에는 회생회사와 사이에 계약관계가 있고, 그 계약상의 채무를 서로 이행하지 아니하는 상태인 경우에는 어떻게 대처하여야 하는지를 보기로 하자.

070. 회생절차와 해운기업(2)

회생절차가 개시된 시점에서 회생회사와 사이에 계약관계가 있고, 그 계약상의 채무를 서로 이행하지 아니하는 상태인 경우에는 회생회사의 상대방은 어떻게 대처하는 것이 좋은가? 우선 이러한 계약의 상태를 쌍방 미이행의 쌍무계약이라고 하여, 통합도산법상 특별한 취급을 하게 된다. 이러한 경우 상대방으로서는 그러한 쌍무계약을 해지할 것인지, 아니면 그대로 유지할 것인지를 살펴야 한다.

상당히 많은 계약에 관하여 일방(곧, 회생회사)이 회생절차나 파산절차에 들어가게 되면, 그 상대방은 그 계약을 해지할 수 있게 하는 규정이 있다. 이러한 경우, 상대방은 그 규정에 기하여 해당 계약을 해지할 수 있을 것이고, 계약이나 관련법이 허용하는 한, 회생회사에 대하여 손해배상청구를 할 수 있다. 그러나 이 손해배상청구권은 회생절차 개시 전의 원인으로 인하여 발생한 것이므로, 회생채권이 됨에 유의하여야 한다(통합도산법 제121조 제1항). 다만, 쌍방 미이행의 쌍무계약이 일부 이행이 이미 되어 있는 경우에는 이를 원상으로 회복할 필요성이 있는 바, 회사가 받은 반대이행이 회사재산 중에 현존하는 때에는 그 상대방은 반환을 청구할 수 있고, 현존하지 아니하는 경우에는 그 가액에 관하여 공익채권자로서 그 권리를 행사할 수 있다(통합도산법 제121조 제2항).

경우에 따라서는 상대방으로서는 쌍방미이행의 쌍무계약에 대하여 스스로는 이행하고자 하나, 회생회사가 어떠한 입장인지를 궁금하게 생각할 수 있다. 이러한 경우, 상대방은 회생회사에 대하여 통합도산법에서 허용하는 대로 해당 계약을 해지할 것인지, 아니면 계약을 그대로 이행할 것인지를 최고할 수 있다. 여기서 회생회사가 아무런 선택을 하지 아니한 채 시간만을 도과시키면 어떻게 할 것인가. 상당히 불안한 법적 상태가 계속될 것인바, 그에 대한 장치가 통합도산법에 마련되어 있다. 즉, 30일 이내에 관리인이 확답을 하지 아니하는 경우에는 관리인은 해지권을 포기한 것으로 간주한다(통합도산법 제119조 제2항).

관리인이 위와 같은 상황에서 계약의 이행쪽을 선택하는 경우에는, 상대방은 회생회사에게 그 동안 이행되지 아니하였던 채무를 이행하더라도, 큰 문제는 없다. 왜냐하면, 그 이행으로 인하여 갖게 되는 채권은 공익채권에 해당되기 때문이다(통합도산법 제179조 제7호).

다음으로 상대방이 회생회사에 대하여 채권과 함께 채무를 가지는 경우를 보자. 일반적인 경우라면, 상대방은 상계권을 행사할 수 있다. 이러한 원칙이 회사회생에도 그대로 적용되는가? 그대로 적용된다면 회사의 갱생이 어려워지는 문제가 있고, 전혀 적용을 하지 아니한다면 상계할 수 있는 상대방에게 지나치게 불리하게 된다. 왜냐하면, 상계는 일종의 담보의 기능을 하는 것인데, 원리 원칙대로 하여 상계를 모두 불허한다면, 상대방은 무담보의 회생채권만을 갖게 되기 때문이다. 우리 법은 회생절차개시 당시에 상계적상에 있었다면, 원칙적으로 상계를 허용하되, 회사재산의 보전의 측면에서 그에 상당한 예외 및 제한을 가하고 있다. 그러한 복잡한 규칙은 결국 회사의 재산적 기초를 해할 수 있는 의도적인 행위를 규제하는 것이므로, 일반적이고 선량한 상대방은 신경을 쓰지 않아도 될 것이다. 요컨대, 선의의 상대방은 정상적으로 상계권을 행사할 수 있다.

끝으로, 회생절차가 정식으로 개시되지 아니한 마당에서 상대방은 어떻게 대처하여야 하는가? 위와 같은 원리로 대처하되, 이것을 염두에 두자. 즉, 어떠한 새로운 계약을 할 경우에는 회생법원의 허가를 받도록 하자. 그러면 공익채권이 되는 경우가 많을 것이다(통합도산법 제179조 제12호).

071. 예선, 부선과 선박우선특권

선원의 임금채권이 우리 상법상 선박우선특권의 대상이 된다 함은 주지의 사실이다. 그런데, 예선의 선장이 부선의 선박 경매시에 우선특권자로서 배당 요구를 할 수 있을까? 최근의 선박법 및 하위 법령의 개정으로 부선도 선박처럼 취급되기 시작하였고, 이에 따라 부선에 대하여도 선박경매절차가 적용되고 있다. 따라서 이러한 문제가 발생하는 것이다. 물론 그 선장이 예선의 조선만을 하였고, 그 외의 일은 전혀 하지 아니하였다면, 부선의 선박경매시 우선특권을 주장할 수 있는 근거가 약화될 것이다. 그러나 모래를 채취하여 운반하는 예, 부선의 경우와 같이 예선의 선장이 그 작업에 동원되었다면, 선장의 임금 채권에 우선특권이 부여될 것인지 논란이 될 것이다. 이러한 점은 선장이 아니더라도 일반 선원, 기관장의 임금채권의 경우에도 마찬가지이다.

우리 상법의 규정으로 보면, 상법 제861조 제1항 제2호에 선원 기타의 선박사용인이 고용계약으로 인한 채권이 선박우선특권의 대상이 된다고 되어 있는 것 외에 별다른 규정은 없다. 이에 관하여 부선에서 상주하면서 근무하던 선원이라면 모르되, 부선이 아닌 예선에서 근무하는 것으로 고입되어 있는 선장이나 선원에게까지 선박우선특권을 부여하는 것은 부당하다는 주장이 충분히 있을 수 있다. 이러한 주장의 경우, 선박우선특권의 범위에 대하여 개정 상법이 그 범위를 축소시키는 데에 전력을 다하였고, 현실적으로 선박수리비 채권이나 선원임금 채권이 다른 우선특권자(예를 들면 선박충돌로 인하여 손해를 입은 상대선주)의 우선특권부 채권을 심각할 정도로 침해하고 있다는 점을 감안할 때에 충분히 설득력을 얻고 있다. 사실 선박경매의 거의 대부분의 경우, 선원들이 임금채권의 미지급을 이유로 선박우선특권자라고 주장하며 배당 요구를 하고 있는데, 다른 우선특권자로서는 그 채권의 진위 여부를 확인하여 보기가 사실상 불가능한 것이 현실이다. 왜냐하면, 선주 입장으로서도 선박 경락 대금에서 임금이든 수고비든 받아가기를 원하기 때문이다. 이러한 상황은 선박 수리비 채권의 경우에도 마찬가지로 발생할 수 있다. 수리비 채권은 일반적으로 선박우선특권의 대상이 되지 아니한다. 그러나 이는 상법 제861조 제1항 제1호 소정의 최후 입항 후의 선박의 보존비가 될 수 있다. 이 역시 다른 우선특권부 채권자 입장에서는 수리 시행 여부, 수리비의 적정성을 판단하기 어렵다. 특히, 소위 Owner's Work으로 인한 수리비도 우선특권을 주장할 수 있다는 점에서 다른 우선특권부 채권자가 입는 부담은 대단한 것이 사실이다.

반면, 상법의 위 규정이 특별히 제한을 두고 있지 아니하고, 상당한 시간 동안 해당 선장이나 선원들이 부선에서 작업을 하였다면, 부선에 대한 선박경매시 우선특권의 행사를 부인할 근거도 없지 않는가 하는 주장이 강력히 제기된다.

최근에 행하여진 선박 경매에서 이러한 문제가 대두된 바 있다. 법원은 이러한 점의 판단에 심사숙고를 하였고, 결국은 선장이나 선원들이 신고한 근로기간이라는 것이 그 자체로 볼 때에 문제가 있다는 점에서, 적당한 조정결정이 내려진 바 있다. 결국 이러한 법적 문제에 대한 명확한 유권해석이 내려지지 아니한 것이다. 따라서 이러한 점은 언젠가 확실한 판결이 내려져야 할 대목이다.

072. 선원과 육상 근무요원의 퇴직금

대법원 전원재판부는 2002. 10. 17. 대법관 전원의 일치 의견으로 해운회사가 소속 선원과 육원(육상 근무요원)에 대하여 퇴직금의 지급률을 다르게 정하고 있더라도 이는 차등적인 퇴직금제도의 설정을 금지한 근로기준법에 위반되지 않는다고 판시하면서 원심을 파기 환송하였고(사건번호 2002다8025), 이와 저촉되는 종전의 대법원 판결을 변경하였다.

이와 관련 종전의 대법원 판례(대법원 1995. 2. 3. 선고 93다58776 판결, 1998. 3. 13. 선고 97다37746 판결)는 동일한 해운회사에 소속된 해원과 육원 사이에 차등을 둔 퇴직금제도가 병존할 경우, 퇴직금제도를 설정함에 있어 하나의 사업 내에 차등제도를 두어서는 아니 된다는 근로기준법 제34조 제2항의 규정 및 입법취지에 따라, 다수의 근로자(즉, 해원)에게 적용되는 퇴직금제도를 소수의 근로자(즉, 육원)에게도 동일하게 적용시켜야 한다고 판시하였다.

최근의 대법원 판결과 종전의 대법원 판결의 입장 차이는 근로기준법 소정의 퇴직금제도와 선원법 소정의 퇴직금제도의 관계를 어떻게 볼 것인지 여부, 즉 선원법상 근로관계의 특수성을 얼마나 고려할 것인지 여부와 밀접한 관련을 가지고 있다.

최근의 대법원 판결은 근로기준법이 일반적인 근로관계를 규율대상으로 하는 것임에 비해 선원법은 선원의 근로관계를 규율대상으로 하고 있으므로 근로기준법상의 퇴직금제도와 선원법상의 퇴직금제도는 그 의미와 성질이 전혀 다른 별개의 제도라고 봐야 한다고 판시함으로써 선원법상 근로관계의 특수성을 강조하고 있으며, 이에 따라 차등적인 퇴직금제도의 설정 금지 규정은 선원과 선원이 아닌 근로자 사이가 아니라 선원 상호간에 있어서의 차등적인 퇴직금제도의 설정을 금지하는 의미로 봐야 할 것이므로, 구 근로기준법이 시행된 1981년 4월 이후에도 피고회사 육원의 퇴직금에 관하여는 육원취업규칙이, 선원의 퇴직금에 관하여는 선원취업규칙이 각각 별도로 적용돼야 한다고 판시하였다.

이러한 대법원의 변화는 퇴직금 제도의 존폐에 대한 논의가 있는 요즈음에 특히 의미가 있다고 본다. 우리는 현재 근로기준법에 최저 근로조건의 하나로서 퇴직금 제도를 규정하고 있는데, 이것은 법으로 강요하기보다는 노사간의 협의에 의하여 처리될 것이라는 견해가 대두되고 있다.

073. 외국선박에 대한 저당권자(1)

외국선박에 설정된 저당권은 어떤 대우를 받나? 전 세계적으로 법정지국(경매가 실행되는 국가)의 견지에서 외국선박에 설정된 저당권도 인정하고 있다. 대표적인 경우로서 영국의 경우를 본다면, 영국은 선박저당권에 대한 사항도 해사 관할로 규정하고 있으며(1981년 Supreme Court Act Section 20(2)(c)), 그 선박이 국내선박이든 외국선박이든 구분하지 아니하고 선박저당관련 규정이 적용되고 있다(위 법 Section 20(7)(c)). 이러한 규정의 의미는 당해 외국선박의 저당권자가 영국의 항구에서 해당 선박을 압류하여 저당권을 실행할 수도 있으며, 다른 채권자가 그 외국선박을 압류하여 경매절차를 시작한 상황에서 저당권자가 그의 저당권을 주장하여 경락대금의 배당에 있어서 우선권을 주장할 수도 있다는 것이다. 그것이 외국선박이라고 하여, 외국의 저당권이라고 하여 인정 못 받는 것이 아니라는 것이다. 순위에 관하여 영국법과 차이가 있기는 하나, 미국법에서도 외국선박의 저당권을 인정하고 있기는 마찬가지이다. 즉, 미국법은 특이하게 미국법에 따라 설정된 preferred ship mortgage가 있고, 이 저당권의 순위는 외국 저당권의 순위보다 우위에 있게 되지만, 외국 선박에 설정된 외국 저당권을 인정한다는 면에서는 영국법의 경우와 동일하다. 이처럼 전 세계적으로 외국선박의 저당권이 인정되므로, 우리나라 선박이 외국에서 압류될 경우, 우리 은행 등이 가지고 있는 저당권을 그 법원에 제시하여 우선채권자로서 배당을 받을 수 있을 것이다. 물론 우리 은행이 주도적으로 외국에서 선박을 압류하여 저당권을 실행하는 것도 가능하다.

한편, 우리나라 법원에서도 외국저당권은 국내 저당권과 차별 없이 인정되고 있어서, 외국 저당권자는 그에 기하여 선박경매신청을 할 수도 있고, 다른 채권자에 의하여 경매되는 경우에 저당권자로서 참가하여 배당을 받을 수도 있다. 우리나라에서 외국 저당권이 국내저당권과 차별 없이 인정된다는 점에 대하여 명백하게 규정하고 있지는 아니하지만, 민사집행법 제186조가 외국선박에 대한 강제집행에는 등기부에 기입할 절차에 관한 규정을 적용하지 아니한다고 규정하고 있어서, 등기부에 기입할 절차에 관한 사항 외에는 외국선박에 대한 강제경매는 다른 모든 점에 대하여는 국내 선박에 대한 강제경매와 동일함을 전제하고 있으며, 동 규정은 선박에 대한 담보권 실행(즉, 저당권 실행 혹은 옛날 용어로 표현한다면 임의경매)에도 적용되므로(민사집행법 제269조), 결국 선박의 저당권에 관한 한 우리법은 외국 저당권도 국내 저당권과 마찬가지로 취급하고 있다. 따라서 외국 저당권자는 국내에서 선박 저당권에 기한 경매신청을 할 수도 있으며, 선박에 대한 다른 채권자가 실행하는 절차(그것이 강제경매이든 다른 저당권의 실행이든 상관 없이)에 참가하여 우선채권자로서 배당금에 대한 권리를 주장할 수 있다. 다음에는 국내에서 진행된 외국 선박의 경매절차에서 발생된 사례를 가지고 구체적으로 설명하도록 한다.

074. 외국선박에 대한 저당권자(2)

외국선박의 저당권자가 우리 법원에서 어떻게 대우를 받는지 사례를 놓고 보도록 하자. 러시아국 선적의 선박 K에 대하여 채권자들 A가 선박우선특권에 기한 선박임의경매신청을 하여 아래와 같이 경매절차가 진행되었다. 이때 A는 선박 K에 대한 등기부 초본이나 등본을 법원에 제출하지 아니하였다.

- 1999. 9. 1. 경매개시결정
- 2000. 3. 31. 낙찰
- 2000. 6. 9. 근저당권자 C 권리신고 또는 배당요구(미화 408,301.62 달러)
- 2000. 6. 14. 배당기일(아래 배당표대로 배당실시)

배당가능금액 716,205,925원			
채권자	A	B	D
순위	1	2	3
배당금액	195,064,422	8,090,407	15,070,595
참고사항	선박우선특권자	선박우선특권자	일반채권자인 배당요구권자

- 2000. 6. 14. C 배당이의, 이후 배당이의의 소 제기

우리 민사집행법에 의하면 강제경매든 담보권 실행을 위한 경매(즉, 임의경매)든 배당을 받으려면 일정한 자격을 갖추어야만 하며, 어느 당사자라도 단지 채권자라는 이유로 배당을 요구할 수 없다. 본래 선박저당권자는 경매신청시 제출되는 선박등기부 등본이나 초본에 기재되어 있으므로, 배당순위의 문제는 별론으로 하고 배당 요구 등 어떠한 적극적 조치를 취하지 아니하더라도 배당을 받을 수 있다(민사집행법 제148조 제4호). 배당받을 수 있는 채권자 중에 이에 대비되는 채권자 유형이 있는데 이러한 채권자는 두 가지 요건을 갖추어야 한다. 즉, 첫째는 집행력 있는 정본을 가진 채권자, 경매개시결정이 등기된 뒤에 가압류를 한 채권자, 민법, 상법 그 밖의 법률에 의하여 우선변제청구권이 있는 채권자 중의 어느 한 채권자에 속하여야 하며, 둘째는 그 채권자가 배당요구의 종기까지 배당요구를 하여야 한다는 것이다(민사집행법 제148조 제2호 및 동법 제88조 제1항). 그래서 위 두 종류의 배당요구권자 사이에는 배당요구를 하여야만 비로소 배당을 받을 권리가 있는가, 이와 반대로 그러한 배당요구를 하지 아니하여도 배당을 받을 권리가 자동적으로 생기는

가라는 차이가 발생하게 된다.

통상 내국선박에 대한 경매절차라면 저당권자가 선박등기부 초본 또는 등본에 의하여 곧 바로 드러나므로 경매법원은 배당요구를 받지 아니하더라도 이를 배당표에서 고려하는 것은 당연할 것이다(물론 순위에 따라 실제 배당을 받을 수도 있고, 배당을 일부만 받을 수도 있고, 혹은 전혀 배당을 받지 못할 수도 있다). 그러나 위 사안에서는 외국선박의 저당권자가 배당요구의 종기이던 경락기일(낙찰기일)(당시 적용되던 민사소송법 제605조 제1항), 즉 2000. 3. 31.까지 배당요구를 하지 아니하였으므로 배당요구 자격이 없는 것은 아닌지 의문이 제기되었다.

그러나 외국선박에 대한 집행절차에 있어서 경매개시결정을 등기촉탁할 수 없다는 점이 내국선박에 대한 집행절차와 상당히 다르기는 하나 앞에서 본 바와 같이 외국선박의 저당권도 내국선박의 저당권과 동등하게 대우해주어야 한다. 따라서 경매개시신청시 첨부서류로 선박에 관한 등기부 초본을 제출하도록 하여야 할 것이다. 그리고, 설사 그러한 등기부초본을 현실적으로 제출하기가 곤란하더라도 이러한 사정만으로 외국 저당권을 부인할 수 없다(대법원 2004. 10. 28. 선고 2002다25693 판결). C는 뒤늦게 2000. 6. 9. 채권을 신고하였고, 배당표가 확정되기 전에 자신이 정당한 저당권자임을 입증하였다. 이에 따라 C는 순위에 있어서 일반채권자에 불과한 D보다는 앞섰으므로(러시아법상 선박우선특권자인 A나 B가 저당권자인 C에 앞서는 것으로 보임) D가 배당 받았던 위 15,070,595원은 C에게 돌아가게 되었다.

075. 상병보상의 지급 범위

선원이 직무상 부상하거나 질병에 걸린 때에 선박소유자가 지급하여야 할 보상에는 세 가지가 있다. 즉, 요양보상(달리 말하면 치료비 지급), 상병보상(달리 말하면 치료기간 중 선원이 입은 소득상실에 대하여 보상하는 부분) 그리고 장해보상(치료 종결 후 장해가 남은 경우에 그 노동능력 상실 부분에 대하여 보상하는 부분)의 세 가지이다. 이에 대응하여 근로기준법에 있는 것이 요양보상, 휴업보상 및 장해보상이다. 상병보상에 대하여 선원법 제87조 제1항은 '요양중에 있는 선원에게 4월의 범위 안에서 그 부상 또는 질병이 치유될 때까지 매월 1회 통상임금에 상당하는 금액의 상병보상을 행하여야 하며, 4월이 지나도 치유되지 아니하는 경우에는 치유될 때까지 매월 1회 통상임금의 70퍼센트에 상당하는 금액의 상병보상을 행하여야 한다'고 규정하고 있다.

그런데 상병보상의 지급 범위와 관련하여, 어떠한 재해를 입은 선원(재해선원)이 해당 질병에 적합한 치료를 적시에 받았으면 치료 기간도 줄일 수 있었는데도 불구하고 정당한 사유 없이 다른 치료 방법을 선택함으로써 치료기간이 훨씬 길어지거나, 혹은 적합한 수술을 아예 받지 아니함으로 인하여 치료 자체가 되지 아니한 상태로 요양기간이 길어지는 경우에도, 선주는 여전히 늘어난 그 기간에 대하여 상병보상금을 지급하여야 하는지 의문이 생긴다.

위 의문을 직접 해소해 줄 만한 선원법 관련 판례는 보이지 아니하며 근로기준법상의 휴업보상에 관한 판례가 있다. 즉, 사실관계를 설명하자면 이러하다. 원고(즉, 근로자)는 1991. 3. 1. 피고 기관의 식당주방장으로 근무하다가 1994. 3.경 양측대퇴골두 무혈성괴사(이하 '이 사건 질병'이라 한다)로 진단받게 되자 같은 달 7. 휴직발령을 받고 그 무렵부터 입원가료를 받았으나, 대퇴골두가 함몰 및 변형되어 더 이상 근무할 수 없게 되자 같은 해 9. 30. 면직되었다. 원고는 면직일인 1994. 9. 30.까지의 요양에도 불구하고 양측 고관절두부의 무혈관성괴사로 인한 대퇴골두의 함몰 및 변형으로 고관절부의 동통과 운동제한의 증세를 계속 나타내고 있었는데, 그 증세에 대하여 의학상 인정되는 결정적인 치료방법은 양측고관절 치환수술이었으며, 그 수술을 시술하면 동통도 줄어들고 고관절의 운동제한도 상당한 정도 완화될 수 있었는데도 원고는 위 수술을 시술하지 않은 채 통증해소를 위한 스테로이드성 진통제만 복용하는 등의 치료만 계속하다가 뒤늦게 1996. 11. 5.과 12. 13. 두 차례에 걸쳐 모 대학교의과대학부속병원에서 양측고관절 치환수술을 받았으며, 그 결과 원고의 증세는 상당히 호전되어 경도의 운동제한만이 남게 되었다.

이러한 사안에서 대법원은 '요양보상은 요양상 적당하다고 인정되는 범위 내에서만 허용되는 것이므로, 근로자가 치료효과를 기대할 수 있는 유효한 치료방법이 있음에도 이에 의하지 않고 의학상 일반적으로 승인되지 아니하는 방법에 의하여 치료를 하는 경우에는 그를 위하여 지출한 비용은 요양보상의 대상이 되지 아니하고, 그 기간 동안의 휴업보상도 인정되지 아니한다 할 것이다'라고 하며, '사정이 위와 같다면, 1994. 9. 30. 이후에 원고가 택한 치료방법 중 다른 치료방법은 요양상 적당하지 않다고 할 수 있을지 모르나, 적어도 원고가 뒤늦게 시술받은 양측고관절 치환수술만은 의학상 치료효과를 기대할 수 있는 유효한 치료방법이고 실제로 그 치료의 효과도 있었다 할 것이므로, 그 수술과 관련된 비용은 요양보상의 대상이 되고, 그 수술을 위하여 일정한 기간 동안 취업할 수 없었다면 그 기간에 대하여는 휴업보상도 인정되어야 한다'고 판결하였다.

이러한 점에 비추어 상병보상 지급기간은 재해선원이 임의로 정할 수 있는 것이 아니라, 적정한 시간 내에 필요한 수술을 한 경우, 그때까지로 한정되어야 할 것이다.

076. 선원에 대한 재해보상과 육상근로자에 대한 산재보상

근로자가 업무상의 사유에 의하여 부상을 당하거나 질병에 걸린 경우에는 산업재해보상보험법(산재법)[1]에 의하여 요양급여, 휴업급여 및 장해급여가 지급된다. 업무상의 사유에 의하여 사망을 한 경우에는 유족급여 및 장제비 등이 지급된다. 이는 달리 법으로 특별히 규정된 근로자가 아닌 한 일반적으로 모든 근로자에게 적용된다. 그런데 선원, 즉 선장 및 해원(선원법상의 용어로 직원과 부원을 포괄하는 개념이다)에 대하여는 선원법이 적용되고, 이에 따라 재해보상에 대하여도 선원법상의 보상규정이 적용된다. 여기서 보는 것처럼 같은 해운회사에 근무하는 근로자가 재해를 입은 경우에도 육상근로자가 재해를 입은 경우에는 산재법상의 각종 급여가 지급되고, 선원에 대하여는 선원법상의 보상규정이 적용된다. 그런데 두 법상의 보상을 비교하여 보면 선원에 대한 보상이 이재자를 더 두텁게 보호하여 준다는 것을 알 수 있다. 다만, 그 차이는 크지 아니하고 전반적으로 본다면 두 보상의 수준은 동일하다. 즉, 산재법은 업무상의 재해에 대하여만 보상하게 되어 있음에 비하여, 선원법은 직무상[2]의 재해뿐만 아니라, 승선중 직무외의 원인에 의한 부상을 당하거나 질병을 입은 경우에도 보상이 있게 되어 있다. 물론 직무외의 원인에 의한 부상, 질병, 사망에 대하여 보상금을 지급하기는 하되, 그 원인이 선원의 고의 또는 중과실에 의하여 발생한 것으로 선원노동위원회의 인정을 받은 경우에는 직무외 보상을 할 책임이 면제된다.

1) 엄밀히 말한다면 선원법상의 재해보상에 대응하는 것은 근로기준법상의 재해보상이나 최근의 법률 개정으로 산재법이 거의 모든 사업장으로 확대 적용되게 되었으므로, 사실상 선원법에 대응되는 것은 산재법이 되었다.

2) 산재법은 업무상이란 용어를 사용하고 선원법은 직무상이란 용어를 사용하고 있지만, 업무와 관련하여 발생하였거나, 업무를 수행하는 도중에 발생하였거나 또는 업무에 기인하여 발생하였다는 점에서 서로 간에 차이는 없다.

산재법의 요양급여, 휴업급여 및 장해급여에 대비하여, 선원법에는 요양보상, 상병보상 및 장해보상이 있는데, 요양급여와 요양보상은 동일한 수준이며, 장해급여 및 장해보상 모두 산재법이 정하는 장해등급에 따른 일수에 평균임금 또는 승선평균임금을 곱한 금액을 지급하게 되어 있고, 평균임금이나 승선평균임금은 공히 산정할 사유가 발생한 날 이전 3개월간에 그 근로자(선원)에게 지급된 임금의 총액(근로기준법 제19조 제1항)이 되므로, 그 액수는 거의 동일하다. 차이가 있다면 승선평균임금은 승선 기간만을 따져서 3개월이라는 점이다. 휴업급여와 상병보상은 평균임금이나 승선평균임금에 의하지 아니하고 통상임금에 의하여 산정하며, 그 액수는 육상근로자에 대하여는 요양기간에 대하여 시종일관 통상임금의 100분의 70을 지급하는 반면, 선원에 대하여는 처음 4개월은 통상임금의 100분의 100을, 그 이후의 요양기간에 대하여는 산재법과 마찬가지로 100분의 70을 지급하게 되어 있어서, 역시 선원에 대한 보호가 더 두텁게 되어 있다. 통상임금이란 선원에 대하여 근로의 대가로 정기적, 일률적으로 지급되는 일급, 주급 또는 월급을 말하는 것으로서, 소위 기본급이 이에 해당한다. 이와 같이 일률적으로 지급되는 것이 아니고, 해당 월에 초과 근무를 얼마나 하였는지 여부에 따라 지급되는 시간외 수당 등은 통상임금에 해당되지 아니한다. 그러한 항목은 승선평균임금에 해당될 것이다. 앞서 본 바와 같이 장해보상은 승선평균임금에 장해등급을 감안하여 산정하게 되어 있는데, 여기서 대개는 승선평균임금이 통상임금보다 많을 것이나 사고 전 3개월의 승선기간 중 특별한 사유로 근무를 하지 못하였다거나 할 경우에는 승선평균임금이 통상임금을 하회할 경우가 발생할 수 있는데, 이때에는 승선평균임금 대신 통상임금으로 계산하게 된다. 선원법상의 보상에 대하여는 그 이행을 보장하기 위하여 선박소유자는 보험에 반드시 가입하여야 하므로, 강제보험이 실시된다는 점은 산재법과 동일하다. 전반적으로 본다면 두 법은 동일한 수준의 보상을 제공하되, 선원이 육상근로자보다 다소 두텁게 보호되고 있는 상황이라고 말할 수 있다.

077. 용선계약과 중재조항(1) – 개관

의외로 많은 분쟁이 용선계약상의 중재조항과 관련하여 발생하고 있어서 실무계의 주의가 요망된다. 아마 이는 용선계약 체결의 신속성, 전문성과 중재 합의는 신중히 다루어져야 한다는 법 원칙과의 충돌에서 비롯된 것이 아닌가 싶다. 용선계약 체결의 전문성이라 함은 charterering broker나 선주, 화주는 모두 알고 있고 그들 사이에는 정하여진 의미가 있는 것이, 법원에서는 그 의미대로 해석되지 아니할 수 있다는 점이다. 법에서 중재합의가 신중히 다루어져야 하는 근본적인 이유는, 국가에서 발생되는 분쟁은 모두 법원에 의하여만 해결되어야 하는데, 그것에 대한 예외를 인정하는 것이기 때문이다. 어느 나라 법이든 국제조약이든 할 것 없이 중재 합의는 서면으로 이루어질 것을 요구하고 있는데, 이는 바로 그러한 이유에서이다.

거의 대부분의 용선계약에는 중재조항을 포함시키고 있고, 그 중재조항의 내용도 영국 런던에서 영국법에 따라 해결되기로 한다는 것이 대부분이다. 이러한 조항은 심지어는 국내 당사자 사이에 체결되는 용선계약서에 있어서도 마찬가지이다. 해운계에서는 주지하는 사항이기는 하지만 용선계약의 체결은 선주(disponent owner)와 용선자(charterer) 사이에 있는 중개인(broker)에 의하여 체결된다. 통상적으로 선주측의 중개인과 용선자측의 중개인 사이의 유선상 또는 이메일에 의하여 주요 계약 조건이 합의되면, 즉 fix 되면, 어느 일방 중개인이 타방 중개인에 대하여 합의된 주요 계약조건에 대하여 다시 한번 확인(recapitulate)하면서 타방 중개인의 확인(confirmation)을 구하고, 타방 중개인은 recapitulate된 사항(소위 Recap)에 대하여 확인하는 이메일을 보내 줌으로써 보다 확실하게 용선계약의 체결 사실이 확인된다. 이때 통상적으로 주요 계약조건 아닌 나머지 계약조건에 대하여는 이미 체결되어 사용된 적이 있고, 양 당사자가 알고 있는 용선계약서를 사용하게 되는데 이를 proforma charter party라고 한다. 이후 선주와 용선자는 proforma charter party에 근거하여 정식 계약서를 작성하되 주된 계약조건은 이미 합의된 사항(즉, Recap에 포함된 사항)을 규정하게 되고, 그 계약서에 선주와 용선자가 서명함으로써 완전한 용선계약서를 작성하게 된다.

이와 같이 용선계약서가 온전하게 체결된다면 중재조항과 관련하여 분쟁이 발생할 여지가 없을 것인데, 많은 경우 용선계약서가 실제로 작성되지 아니한 채로 용선계약이 수행되거나, 혹은 수행되지 않고 있는 상태에서 분쟁이 발생되게 된다. 예를 들어서 첫째, 중재조항이 Recap에 포함되어 있으나 정식의 용선계약서가 체결되지 아니한 경우, 둘째, Recap 자체에 중재조항이 포함되지 아니하고 인용된 여타의 용선계약서에 중재조항이 포함된 경우, 세째 중재조항이 지나치게 간략하게 규정되어 있는 경우가 그러한 사례이다. 앞으로 이러한 경우의 중재조항의 효력에 대하여 다루어 보고자 한다.

078. 용선계약과 중재조항(2) – Recap상의 중재조항

우선 Recap에 중재조항이 포함되어 있으나 정식의 용선계약서가 체결되지 아니한 경우에 발생되는 문제를 보기로 하자. 중재조항이 유효하게 되어 있는지, 달리 말하면 중재합의가 유효하게 성립되어 있는지에 대하여는 두 단계로 검토되어야 한다. 첫째 단계는 중재가 행하여질 경우 중재인들이 판단하는 단계이고, 둘째 단계는 외국에서 내려진 그 중재판정이 우리나라에서 승인 집행되어야 할 단계이다. 편의상 외국에서 내려진 중재판정만을, 그것도 런던에서 내려진 중재판정을 보고자 한다. 런던에서 중재가 행하여지는 경우 영국의 1996년 중재법(Arbitration Act 1996)에 의하게 될 것인데, 중재합의가 어떻게 되어야 유효할 것인지에 대하여는 동법 제5조에 규정되어 있다. Recap에 포함된 중재조항과 관련하여서는 동조 제2항의 서면성 요건이 문제된다. 어느 한 당사자(A)가 이 메일로 중재조항이 포함된 Recap을 상대방(B)에게 보내고, 상대방(B)이 그에 대하여 합의된 내용임을 확인하는 이메일을 상대방 당사자인 A에게 보냈다면 중재합의는 이루어진 것인지에 관한 문제이다. 이에 대하여 동법 제5조 제2항 (b)호가 if the agreement is made by exchange of communications in writing(합의가 서면에 의한 교신에 의하여 이루어진 경우)에도 서면 중재합의가 있는 것으로 본다고 규정하고 있으므로, 1996년 중재법상 Recap에 포함된 중재조항이 서면중재합의에 해당됨에는 아무런 의문이 있을 수 없다. 따라서 그 중재조항에 기하여 런던에서는 문제 없이 중재가 진행될 수 있을 것이다.

그런데 문제는 둘째 단계인 런던에서 내려진 중재판정이 한국에서 집행될 때 발생할 수 있다. 세계 각국은 외국에서 내려진 중재판정이 서로 다른 나라에서 용이하게 집행되게 함으로써 중재를 활성화하고자 하였다. 그런데 중재합의의 유효성 인정 기준 등에 대하여 각국이 모두 다르고, 그에 따라 외국에서 내려진 중재판정을 모두 동일한 차원에서 승인하여 줄 수는 없는 일이었으므로 승인 집행에 관한 기준을 세우기로 하여 만들어진 것이 외국중재판정의 승인 집행에 관한 유엔협약(United Nations Convention on the Recognition and Enforcement of Foreign Arbitral Awards New York-10 June 1958, 1958년 뉴욕협약)이다. 그런데 동 조약에서 중재합의는 반드시 서면에 의하여 이루어진 것만을 유효한 것으로 인정한다고 규정하고 있는데, 서면에 의한 중재합의란 양 당사자가 서명한 계약서에 포함된 중재조항 외에 서신(letter) 교환 또는 전보(telegram) 교환에 의하여 이루어진 중재합의서나 계약서에 포함된 중재조항도 포함하는 것으로 규정하고 있다(1958년 뉴욕협약 제2조 제2항). 여기서 보는 바와 같이 1958년도에 이루어진 위 뉴욕협약에서는 서면 합의의 요건을 매우 좁게 규정하고 있다. 그에 비하여 그 이후 이메일을 필두로 하여 팩시밀리 등의 여러 가지 통신수단이 발달되어, 그러한 수단으로 중재합의가 이루어진 경우가 뉴욕협약의 위 요건을 충족시켜 주는 것인지 여부가 불분명해지게 되었다. 우리가 보는 문제점을 가지고 말한다면, 1958년 뉴욕협약에 기하여 우리나라에서 런던의 중재판정을 집행함에 있어서 Recap에 포함된 중재조항이 유효한 것인지 여부에 대하여 불분명한 점이 발생하게 된다는 것이다. 이에 대하여는 특별히 우리 법원의 판결례를 본 바 없으며, 우리 대법원이 1958년 뉴욕협약에 의한 중재판정 집행과 관련하여 여러 요건(예를 들어서 인증된 번역문을 제출하여야 하는 요건 등) 등의 해석에 있어서 엄격성을 완화하고 있는 추이나, 1985년도에 만들어진 UNCITRAL Model Law on International Commercial Arbitration 역시도 서면성을 완화하였으며 그 내용이 우리의 1999.12.31. 제정된 중재법에도 도입되었다는 점을 감안할 때, 우리 법원에 1958년 뉴욕협약에 기하여 런던 중재판정에 대한 집행판결 청구의 소가 제기되었을 때, Recap에 포함된 중재조항을 유효한 것으로 인정하여야 할 것으로 본다. 사족으로, 이러한 불명확성을 제거하려면 정식의 용선계약서를 작성하여 양 당사자가 서명하는 것이 가장 좋은 방법일 것이다.

079. 용선계약과 중재조항(3) – 중재조항의 편입

이번에는 Recap으로 용선계약이 체결되었는데, Recap 자체에 중재조항이 있지 아니한 경우에는 어떻게 처리할 것인지를 보도록 하자. 당사자 사이에 소위 pro forma charter party를 이용하는 경우가 이러한 경우에 해당되는데, 이는 disponent owner(B)와 charterer(C) 사이에 종전에도 유사한 용선계약을 체결하여 수행한 일이 있는 경우이거나, disponent owner(B) 역시 head owner(A)로부터 용선하여야 하는 입장이어서 소위 back to back으로 용선계약의 내용이 정하여지는 것이 바람직하여야 할 상황에서 애용된다. 이러한 경우 구체적인 문구를 보자면 계약의 주된 조건을 열거하여 합의한 뒤, otherwise as per owners head charter party of [name of vessel] dated [specific date, month and year] with logical alterations only in accordance with main terms agreed between owners and charterers.라는 문구를 이용할 수 있는데, 이는 위 두 가지의 경우 중 후자의 경우에 해당되는 것이다. 물론 위 특정 일자에 체결된 A와 B의 head charter party가 있고, 동 용선계약서에 유효한 중재조항이 규정되어 있으며, 나아가 C 역시도 동 head charter party의 내용을 숙지하고 있음을 전제로 하는 것이다. 이와 같이 Recap이 체결되었음에도 불구하고, 이러저러한 이유로 B와 C 사이에 정식의 용선계약서가 작성되지 아니한 채 용선계약이 수행되다가 용선계약상 분쟁이 발생하게 되면, 중재합의가 제대로 되어 있는지 문제가 발생할 수 있다. 즉, 이러한 상황에서 B는 C에 대하여 혹은 반대로 C는 B에 대하여 중재합의가 있다고 주장할 수 있을 것인가? 혹시 선하증권에 편입되는 용선계약상의 중재조항의 문제처럼 엄격한 요건 아래에서만 가능하고, 그렇지 아니한 경우에는 편입은 유효하지 아니한 것으로 되며 중재합의도 없었던 것으로 되는 것인가?

이 문제 역시도 앞에서 본 문제와 마찬가지로 두 단계로 판단되어야 할 것이다. 첫 번째 단계는 영국에서 중재 제기를 하여야 할 경우 판단될 수 있다. 영국의 1996년 Arbitration Act Section 6(2)는 '합의서에서 어떠한 서면 형식의 중재조항 또는 중재조항을 포함하고 있는 문서를 서면으로 인용한 것은, 만일 그 인용이 해당 조항을 합의서의 일부로 하는 정도의 것이라면, 중재조항을 구성하는 것이다. (The reference in an agreement to a written form of arbitration clause or to a documents containing an arbitration clause constitutes an arbitration agreement if the reference is such as to make that clause part of the agreement)'라고 규정하고 있다. 이에 따라 다소 불분명한 점이 사안이나 문구에 따라 발생할 여지는 있겠으나, 일반적으로 말한다면 인용에 의한 중재조항은 유효한 것으로 인정되고 있다.

두 번째 단계로서 우리 법 아래에서는 위 문제가 어떻게 취급되는가가 문제된다. 이에 대하여는 앞에서도 언급한 바와 같이 UNCITRAL Model Law에 따라 새로이 마련된 우리 중재법 제8조 제4항은 '契約이 仲裁條項을 포함한 文書를 인용하고 있는 경우에는 仲裁合意가 있는 것으로 본다. 다만, 그 契約이 書面으로 작성되고 仲裁條項을 그 契約의 일부로 하고 있는 경우에 한한다'고 규정하고 있으므로, 영국 중재법의 위 문제와 동일하게 해석될 수 있을 것으로 생각된다. 문제는 그 중재조항을 그 계약의 일부로 하고 있는가 하는 점이다. 실무에 있어서 용선계약의 당사자들은 대수롭지 않게 생각하는 이러한 중재합의 여부의 문제가 곤란한 경우를 야기할 수 있다. 예컨대 청구하는 측에서 국내에서 가압류를 먼저 하였는데 상대방이 제소명령신청을 한 경우, 그 기한이내에 중재를 제기하여야 할 것인지 소송 제기를 하여야 할 것인지 판단하기 어려운 경우가 발생할 수 있다는 것이다. 이러한 점을 방지하기 위하여는, 인용에 의하여 다른 계약에 있는 중재조항 편입을 시킬 때, 가급적 그 편입되는 문구를 Head Charter Party and arbitration clauses therein 정도로 특정하여 두는 것이 보다 안전할 것으로 본다.

080. 용선계약과 중재조항(4) - 간략한 중재조항

이번에는 용선계약상의 중재조항이 지나치게 간략하여 유효한 중재조항이라고 보아야 할지 여부가 불분명한 경우를 보도록 하자. 중재합의는 소권의 배제이므로, 실제로 그러한 합의가 있었는지 여부는 매우 엄격하게 심사되어야 할 것은 두말할 필요가 없다. 그럼에도 불구하고 어떤 조항은 지나치게 간략하여 무효라고 하여야 하고, 어떤 조항은 유효한 것으로 인정하여야 할 것인지는 그 중재조항이 체결된 상황에 의하여 해석되어야 할 것이다. 즉, 해당 업계에서 그러한 정도의 중재조항이면 유효한 것으로 인정하고 있다면, 법원도 이를 유효한 것으로 인정하는 것이 바람직할 것이다.

이에 관하여 Arbitration to be settled in London(중재는 런던에서 행하여져야 한다)는 조항은 어떤가? 지나치게 간략하여 무효라고 봄이 타당한가? 아니면 그 정도면 중재지가 정하여졌고, 중재지가 영국법이면 절차법 및 실체법은 영국법으로 될 수 있으므로, 유효한 중재합의로 인정될 수 있는가? 이 중재조항에 대하여 영국의 항소원(Court of Appeal)은 Tritonia Shipping Inc. *v.* South Nelson Forest Product Corporation [1966] 1 Lloyd's Rep 114 판결에서 동 조항은 Any dispute under this charter party to be settled by arbitration in London으로 해석되어야 한다고 판시함으로써 그 유효성을 인정하였다. 또한 Hobbs Padgett & Co. (Reinsurance) Limited *v.* J.C. Kirkland Ltd [1969] 2 Lloyd's Rep 547 판결에서 항소원의 Salmon 판사는 Suitable Arbitration Clause 역시도 유효한 중재조항이라고 판단하였다. 이러한 판결례를 보면 영국에서는 웬만한 중재조항을 모두 유효한 것으로 보는 것 같다.

영국법원의 이러한 해석례가 우리나라 법원의 실무를 기속한다고 말할 수는 없겠으나, 그러한 중재조항에 기하여 영국에서 중재판정이 내려지고 그 중재 판정이 집행되려고 하는 경우, 우리법원은 영국법원의 판결례를 참고하여야 할 가치는 충분히 있다고 본다. 판결례에 나타난 Arbitration to be settled in London은 약간 다른 형태의 Arbitration, if any, to be settled in London는 어떤가? 이것 역시 판결례와 마찬가지로 유효한 중재합의로 보아야 할 것이다. 무엇보다도 해운업계에서 이 조항을 유효한 중재조항으로 사용하고 있고, 영국법원이 본 문구와 다를 것이 없기 때문이다.

그러나 늘 강조하고자 하는 것은 중재조항을 작성함에는 broker나 용선계약 당사자는 되도록 신중을 기하여야 한다는 점이다. 조금만 주의를 기울이면 논란이 없는 중재조항을 만들 수 있음에도 불구하고, 그러한 주의를 해태함으로써 분쟁의 진정한 내용에 대하여는 가보기도 전에 중재조항 가지고 다툼이 있어서 비용과 에너지를 낭비하는 것은 바람직한 일이 아닐 것이다. 이러한 경우를 대비하여 가급적이면 나름의 중재조항을 두고 사용하거나 표준중재조항을 사용하는 것이 좋을 것이다.

V

Marine Insurance

081. 선박의 침몰 등 전손과 보험금 청구 - 해상고유의 위험

선박이 충돌 등 분명한 사유가 아닌 다른 이유로 침몰되거나 좌초되는 경우가 있는데, 이러한 경우 선박보험금 청구시 문제되는 사항을 보고자 한다. 우선 소위 해상고유의 위험의 사유로 보험금 청구를 하는 경우를 보고, 다음에는 소위 악행(barratry)의 사유로 보험금 청구를 하는 경우를 보기로 하자. 해상고유의 위험이란 해상에서의 우연한 사고를 말하는 것으로서 파도와 바람의 일반적인 작용의 결과는 포함하지 아니한다(영국 해상보험법에 첨부된 보험증권 해석 규칙 제7조). 쉽게 말하면 선박의 충돌, 좌초 등 일반적인 해난사고가 이에 해당된다. 협회기간약관(선체)에는 해상고유의 위험과는 별도로 화재도 별도의 부보위험으로 규정되어 있다. 통상적으로 이러한 해난사고가 발생하는 경우 선박보험금이 지급된다는 것에 특별한 문제가 없다. 문제가 되는 경우는 선박의 침몰이나 좌초 사고가 발생하였는데 그 사고경위에 대하여 선주로서도 분명하게 설명하지 못하고, 보험회사로서도 그것이 부보위험으로 인한 것인지를 판단하기 어려운 경우이다. 사고가 고의에 의한 것이 아닌가 하는 의혹이 들 경우에 특히 그러하다. 이에 대하여 선주로서는 어떻게 대처하여야 하고, 보험자로서는 어떻게 대처하여야 하는가? 우선 선주의 경우는 고의로 침몰을 야기하여서는 물론 안 되고, 그렇게 하여 놓고 보험금을 청구하여서도 안 된다. 그러한 보험금 청구는 사기죄에 해당된다. 문제는 선주가 고의로 야기한 사고는 아닌데 사고 경위를 명확하게 설명할 수 없는 경우이다. 이때 선주가 취할 수 있는 최선의 방법은 솔직하게 사고 경위를 설명하는 길이라고 본다. 왜냐하면 보험금 청구가 인정되려면 선주에게 선박의 멸실이 바로 부보위험으로 인한 것임을 입증하여야 할 책임이 있기 때문이다. 만일 선주가 선박에 해수가 유입되어 침몰되었다고 주장하고, 해수가 유입된 사실을 증명한다고 하여도 그 정도로는 입증책임을 다한 것으로 볼 수 없다. 그 해수의 유입이 구체적으로 선박의 충돌로 인한 것인지 아니면 다른 원인인지를 밝혀야 할 책임을 진다는 것이다. 이러한 점에서 선주가 선박 침몰 등을 이유로 보험금 청구를 함에 있어서는 가능한 한 솔직하게 임하는 것이 바람직하다. 한 가지 선주에게 늘 부담으로 작용하는 것은, 담보의 이행 여부와 불감항성에 대하여 선주가 알았는지(소위 privity의 문제) 여부이다. 솔직하게 사고 경위를 말하게 되다 보면, 바로 이 문제로 인하여 선박 보험금을 지급 받지 못하게 될까 염려될 것이라는 점은 충분히 이해가 된다.

부보위험으로 인한 사고라는 점은 어느 정도 입증하여야 할 것인가가 문제될 수 있다. 통상적으로 입증의 정도는 영국 해상보험법상 증거의 우월(preponderance of probability 또는 balance of probability)의 원칙이 적용된다. 우리 민사소송법상의 고도의 개연성과는 표현이 다르다. 그러나 실제에 있어서는 별 차이가 없고, 민사 재판의 판사는 그러할 개연성이 그렇지 아니할 개연성보다 높다면 그 사실은 입증된 것으로 인정할 수 있을 것으로 본다. 이에 대비되는 입증의 정도는 소위 합리적인 의심이 없는 정도(beyond reasonable doubt)가 있는데, 이는 형사 재판의 사실

인정시 적용되는 수준이다. 이처럼 보험금 청구에 있어서 적용되는 입증의 정도는 그다지 높은 수준은 아닌 것인데, 그렇다고 하더라도 선주가 사고의 경위에 대하여 지나치게 많은 사실을 숨기고 보험금을 청구하려고 하는 경우에는, 종종 입증실패로 인하여 보험금 청구가 기각될 수 있다는 점에 유의하여야 한다. 물론 보다 바람직한 것은 정의 실현을 위하여 영미에서 시행되고 있는 증거개시제도(Discovery)가 도입되는 것이다. 이로써 최대한 많은 증거가 법원에 제출될 수 있게 하면, 상당 부분 위와 같은 문제는 사라질 것이다.

082. 선박의 침몰 등 전손과 보험금 청구 - 악행(1)

선박의 전손 사고시, 선주는 소위 해상고유의 위험의 사유 외에 소위 악행(barratry)의 사유를 주장하여 보험금 청구를 하여 볼 수 있다. 특히 ITC Hull(1/10/83) 6.2.5는 barratry of Masters, Officers or Crew를 부보 사유의 하나로 열거하고 있으므로, 선주, 즉 피보험자는 부보 선박이 전손된 것이 선장, 사관 또는 선원의 악행에 의하여 발생하였음을 이유로 보험금 청구를 할 수 있다. 참고로 악행에 관한 정의에 관하여 영국해상보험법(즉, MIA)에 부속된 보험증권 해석 규칙 제11조는 'The term 'barratry' includes every wrongful act willfully committed by the master or crew to the prejudice of the owner, or, as the case may be, the charterer.'라고 규정하고 있다. 이러한 정의에 비추어 악행이 성립되려면, 첫째로 선장이나 선원의 고의적인 행위에 의한 불법행위(예를 들면 선박 침몰 행위)가 있어야 하고, 둘째로 그것이 선주의 이익을 해치기 위한 것이어야 한다.

이러한 경우 부보 선박이 바로 그러한 악행으로 인하여 전손 멸실되었다는 사실(위 첫째 사실)에 대한 입증책임은 선주에게 있다는 점에 의문의 여지가 없다. 사실, 고의 침몰에 관여한 것이 의심스러운 사건에서 선주가 선장의 악행으로 인하여 선박이 침몰된 것이라고 주장·입증한다는 것은 현실적으로 매우 어려운 일이다. 그러한 경우, 선주로서는 선장의 악행을 주장하기보다는 단지 해상고유의 위험으로 인한 전손사고임을 주장하는 경우가 거의 대부분인 것으로 본다. 선주가 그 선장이나 실제 행위자와 실제로 아무런 관련이 없다면, 이러한 악행을 주장하거나 입증하는 데 아무런 장애가 되지 아니할 것이다. 그러나 문제가 되는 것은 선주가 관여하였다는 의혹을 받는 경우인데, 이때에는 선주가 선장 또는 다른 선원의 악행을 주장하면, 그것은 곧 선장이나 해당 선원의 고의 선박매몰죄라는 형사 범죄를 구성하는 것이므로, 선장이나 다른 선원이 선주의 그러한 주장을 방관하는 경우는 거의 없을 것이기 때문이다. 그러한 현실적인 이유에서 선주는 선장이나 해당 선원의 악행 사실을 오히려 덮어 주려는 경향이 있다. 따라서 고의 사고가 의심되는 상황에서 선장이나 다른 선원의 악행 사실을 선주가 입증하는 것은 현실적으로 매우 희귀한 일일 것이다.

그런데 간혹 보험자 역시도 선장이나 특정 선원의 고의로 선박의 전손 사고가 야기되었다고 주장하는 경우가 있다. 이를 기화로 해상 고유의 위험을 주장하던 선주가 이를 입증하는 데 실패하자 태도를 바꾸어, 보험자의 그와 같은 주장을 원용하며 악행 부분에 대하여 소송법상 자백이 성립되었다고 주장하는 경우가 있다. 과연 이것은 허용될 수 있을까? 각국의 법에 따라 달라질 수 있을 것이나, 선주의 위와 같은 주장 변경은 허용되어서는 아니 된다고 본다. 선주가 악행에 대하여 입증을 못하고 있고, 나아가 선장이나 해당 선원의 고의 침몰 행위를 부인하기까지 하는 상황에서 소송법상의 자백을 허용한다는 것은 모순되는 일이며, 상식적인 견지에서 이는 허용되어서는 안 된다고 본다.

선주가 선장이나 선원이 고의로 선박을 침몰한 사실을 입증하면, 다음으로 위 둘째 요건의 입증이 문제된다. 달리 말하면, 그 침몰 행위가 선주의 이익을 해치기 위한 것인지 아닌지 하는 요건의 문제이다. 이 점에 대하여 뒤에 계속 다루기로 한다.

083. 선박의 침몰 등 전손과 보험금 청구 - 악행(2)

선주가 소위 악행(barratry)의 사유를 부보사유로 주장하는 경우, 두 번째 요건으로서 그 행위가 선주의 이익을 해치기 위한 것이어야 한다는 점이 문제된다. 선주의 이익을 해치기 위한 것이라는 것은 영국법상 선주의 공모 없이 혹은 묵인이 있지 아니한 상태에서(without consent or connivance) 선주나 선원의 해당 행위(예를 들면 고의 침몰 행위)가 행하여질 것을 의미하는 것이다. 그렇다면 이러한 사실은 어느 측이 입증 책임을 부담하는 것이 합당한가? 이에 대하여 영국에서는 1923년 항소원의 ELIAS ISSAIAS 판결에도 불구하고 영국 법조의 논란이 지금도 계속되고 있고, 그 논란은 아직 완전한 해결을 보지 못하고 있다.

즉, 1923년 항소원의 ELIAS ISSAIAS 판결에서 항소원은 그 입증책임이 보험자에게 있다고 하였다. 그리고 그렇게 보아야 할 근거로서 그 입증책임을 선주에게 부과하면 형사법상의 선주의 무죄 추정 원칙에 반한다는 것을 거론하였다. 이러한 이유로 입증의 정도도 가장 높은 수준을 요구하여, 보험자는 선장이나 해당 선원의 그 행위가 선주와의 공모 아래에서 또는 선주의 묵인 아래에서 행하여졌음을 소위 합리적인 의심이 없는 정도로 입증하여야 한다고까지 판시하였다. 항소원의 위와 같은 판결에도 나름대로 이유가 있는 것이겠지만, 동 판결은 보험의 실상을 너무도 무시한 비현실적인 논리를 세운 것이 되었다. 실무에서 보험자가 선주의 위와 같은 공모 묵인 사실을 합리적인 의심이 없는 정도로 입증하는 것은 사실상 불가능하다고 할 수 있기 때문이다.

이러한 까닭에 뒤에 내려진 영국 법원의 많은 판결들은 위 판결의 부당성을 인식하고, 각각의 경우에 따라 여러 가지 논리를 내세워 ELIAS ISSAIAS 판결이 그대로 적용될 경우에 발생될 수 있는 부당성을 피하여 갔다. 1979년의 MICHAEL 사건과 1984년의 ZINOVIA 사건은 이에 관한 가장 대표적인 판결들이다. 이후 결국 입증의 정도는 소위 합리적인 의심이 없는 정도가 아닌 민사사건에서 요구되는 통상적인 입증의 정도인 '개연성의 우월'로 변경되었다. 생각건대, 입증책임은 관련 사실을 모두 알 수 있는 선주에게 있다고 하는 것이 합당하며, 단지 그 입증의 정도에 관해서는 선주가 그 행위에 관여하였다고 볼 특별한 사정이 있지 않았음을 증명하는 정도이면 선주는 입증책임을 다한 것으로 처리하는 것이 무방하다고 본다. 이렇게 하게 되면, 선주에게는 과도한 입증의 부담을 지우지 아니하여, 피보험자인 선주를 보호할 수 있고, 다른 한편으로는 관련 사실을 잘 알 수 있고 입증을 하기에 용이한 위치에 있는 사람인 선주로 하여금 입증을 하게 할 수 있어서 조화를 이룰 수 있을 것이다.

1983년 10월 1일에 개정된 ITC Hull 약관 6.2조 단서는 그 멸실 또는 전손 사고가 피보험자가 상당한 주의의무를 해태한 결과로 발생한 경우에는 부보되지 아니한다고 규정하게 되었다. 물론 이는 종전 약관인 소위 S.G. Policy에는 없던 것이고, 위 개정으로 추가된 것이다. 그리고 이처럼 상당한 주의의무를 다하였다는 사실에 대한 입증책임은 선주에게 부과된 것으로 해석된다. 이러한 개정이 바로 공모, 묵인 사실에 대한 입증책임을 누구에게 부담할 것인가에 관한 위에서 본 어려운 문제를 해소하기 위한 것이라고 보는 견해가 있다. 요컨대, 우리나라에서 이 문제를 처리함에 있어서, 기계적으로 영국법원의 판례를 적용하기보다는 위에서 본 바와 같은 현명한 해결책을 찾도록 우리 법원은 노력하여야 할 것으로 본다.

084. 해상보험료의 납입지체

우리의 해상보험은 약관부터 적용법까지 대부분을 영국법과 관행에 의존하고 있다. 따라서 해상보험거래를 하는 실무자들은 좋건 싫건 영국법, 그 중에서도 특히 the Marine Insurance Act, 1906("MIA")을 알아야 한다. ICC 약관을 이용하는 적하보험증권의 표면에는 "Notwithstanding anything contained herein or attached hereto to the contrary, this insurance is understood and agreed to be subject to English law and practice only as to liability for and settlement of any and all claims"(저자 역: 이 보험증권에 어떠한 반대의 규정이 포함 또는 첨부되었다고 하더라도 이 보험은 모든 보상청구에 대한 책임과 결제에 대하여는 영국법 및 관행에 따른다)라는 규정이 있어서, 우리 대법원은 "보상청구에 대한 책임 및 결제"에 관한 사항에 대하여는 영국법에 의하고, 나머지 사항, 예를 들면 보험계약의 성립 여부에 대한 사항은 한국법에 의하여야 한다는 원칙을 천명한 바 있다(대법원 1998. 7. 14. 선고 96다39707 판결). 이로써 적하보험증권에 있어서는 해당 문제가 어느 편에 속하느냐에 따라서 적용법이 달라지는 이분법적인 접근을 하여야 할 상황이 되었다.

이에 비하여 ITC 약관을 이용하는 선박보험에 있어서는 약관의 첫머리에 "This insurance is subject to English law and practice"라고 규정되어 있고 적하보험증권의 표면에 있는 위와 같은 문구가 있지 아니하여, 일단 선박보험에 관한 모든 사항은 영국법에 의하는 것으로 보아야 할 것이다. 예를 들면 보험금청구권의 시효에 대하여 우리 보험법(상법 중 제4편 보험) 제662조는 2년이라고 규정하고 있으나 영국법에서는 6년의 시효기간으로 되어 있는데, 보험금 청구권의 소멸에 대하여도 영국법이 적용되어야 하므로 6년의 시효가 적용되어야 할 것으로 보인다. 또 하나의 예로서 보험료 분납 조건으로 가입된 선박보험에서 보험계약자가 분납보험료의 납입을 지체하는 경우에는 어느 법을 적용할 것이며, 그러한 경우의 효과는 어떠할 것인가? 특히 보험자가 보험계약자에게 수차례 보험료 납입을 독촉하면서 납입지체가 있을 경우에는 보험계약을 해지할 것임을 경고하였음에도 불구하고 보험료 납입을 지체하던 중 보험사고가 발생한 경우에 보험자가 보험금 지급책임을 질 것인지가 문제될 수 있다. 이러한 경우에도 영국해상보험법이 적용되는 것이며, 동법상으로 납입지체가 본질적인 문제가 되었을 때에 담보(cover)가 중단된다고 해석하고 있다(Malcolm A. Clarke, The Law of Insurance Contracts, third edition, pp. 313-314). 영국법상으로는 보험계약자의 지급지체의 이유가 무엇이든 상관하지 아니한다. 따라서 위와 같은 사안이라면 납입지체가 본질적이고 중요한 사항임을 통보한 것으로 해석될 수 있으며, 이에 따라 보험자가 보험계약자에게 해지예고 통보를 한 시점에서 보험계약이 종료되었다고 볼 수 있을 것이다. 참고로 한국 상법이 적용될 경우에는 보험사고 발생 전에 아무리 납입지체를 여러 번 하였다고 하더라도 아직 해지를 하지 아니한 경우에는 보험자는 면책 주장을 하지 못하는 것으로 되어 있다(상법 제650조).

085. Warranty – 개념

우리 법원에서 해상보험 사건의 유효한 준거법으로 적용되고 있는 영국해상 보험법에는 'warranty'라는 특유한 제도가 있다. 이 warranty에 대하여 1906년에 제정된 영국해상보험법('MIA 1906') Section 33(1)은 '피보험자가 어떤 특정한 일이 행하여지거나 행하여지지 않을 것, 또는 어떤 조건이 충족될 것을 약속하거나 또는 특정한 사실상태의 존재를 긍정하거나 부정하는 내용을 담보(혹은 보증, 보장)하는 것'을 의미한다고 규정하고 있다. 그런데 영국의 보험법에서 나타나는 이 warranty는 우리나라의 보험법은 물론 영국의 다른 계약법 분야에도 없는 개념이어서 그것을 다루는 데 특별한 주의가 필요하게 된다. 주요 특징으로는 warranty 위반이 있으면 그 위반 이후에 발생되는 사고에 대하여 설사 그 사고가 warranty 위반과 아무런 관련이 없이 발생하였다고 하더라도 보험자는 보험금 지급 책임을 면한다. 이 점은 우리 보험법에서 말하는 고지의무 위반과 상반된 입장을 취하고 있으므로 피보험자(즉, 선주나 화주)의 입장에서는 극히 주의하여야 할 부분이다.

심지어는 warranty 위반이 있었으나, 뒤에 피보험자가 위반 상태를 치유하고 warranty에 부합되게 조치를 하였고, 부합 이후에 사고가 발생하였다고 하더라도 보험자는 보험금 책임을 면한다[Section 34(2)]. 이러한 점은 그 어느 법률관계에서도 볼 수 없는 특이한 것이라 할 수 있다. warranty 위반이 있는 경우에는 자동적으로 보험자의 책임이 면하여지는 것이며, 보험자가 별도로 보험계약을 해지하여야 하는 것도 아니다. 이러한 warranty는 우리나라 계약법상의 계약조건(terms and conditions)과 다른 것이다. 후자는 계약조건 위반을 한 당사자에 대하여 피해를 입은 타방 당사자가 채무불이행을 이유로 계약해제를 하거나 손해배상청구를 할 수 있음에 비하여 warranty는 그와 다르며, 특히 warranty 위반이 있다고 하여 손해배상청구를 하지 못하기 때문이다.

warranty 위반이 있더라도 보험자는 그 위반에 대한 법적 권리 주장을 포기할 수 있다는 명문 규정이 있으므로[Section 34(3)], warranty 위반이 있는 경우에 보험계약 자체가 종료되는 것인가에 관하여 의문이 제기되었는데, House of Lords가 1991년에 내린 “GOOD LUCK” 사건에 관한 판결에서 Goff 판사가 “… if a promissory warranty is not complied with, the insurer is discharged from liability as from the date of the breach of warranty, for the simple reason that fulfillment of the warranty is a condition precedent to the liability or further liability of the insurer.”라고 판결함으로써, 영국 해상보험법상으로 warranty는 ‘condition precedent’, 즉 보험자책임의 전제조건으로 해석되게 되었고, warranty 위반시 보험자책임은 면제되지만 보험계약 자체는 종료되지 아니하는 것으로 해석되게 되었다.

warranty에 대응되는 법률개념이 없는 우리로서는 마땅히 대체할 만한 용어가 보이지 아니하지만, 일단 대부분의 실무가들이나 학자들이 사용하는 ‘담보’라는 용어를 사용하는 것이 무난하지 않을까 생각한다. 다음 장에는 여러 가지 형태의 담보에 대하여 추가로 설명하는 기회를 갖고자 한다.

086. Warranty – 명시담보(1)

KR(한국선급)에 입급되어 있는 선박이 선박보험에 가입될 때 통상적으로 "Warranted KR Class Maintained"라는 Warranty 조항을 삽입하는 것이 실무이다. 이 Warranty가 1906년에 제정된 영국해상보험법('MIA 1906')에 규정된 명시담보와 묵시담보 중 명시담보에 해당된다는 점에는 의문의 여지가 없다. 명시담보에 해당되므로 앞서 설명한 바와 같이 조금의 위반이라도 있으면 위반과 사고와의 인과관계 여하를 떠나 보험자는 책임을 면하게 된다. 위 Warranty 조항과 관련하여 선주(피보험자)가 KR의 승인 없이 선체 내부의 격벽을 철거하였다면, 그 경우 KR의 선급규칙에 의하면 선급이 정지되게 되어 있으므로, 그 이후 발생된 사고나 손해에 대하여 보험자는 명시담보 위반을 이유로 면책 주장을 할 수 있다(기선 크로버 호에 관한 대법원 1988. 5. 15. 선고 96다27773 판결). 물론 보험자는 담보위반이 있다고 하더라도 필요한 경우 Warranty 위반의 주장을 제기하는 것을 포기할 수 있다(MIA 1906 Section 34(3)). 위 Warranty 조항과 관련하여 위와 같은 사례는 그 적용시 특별한 어려움은 없는 것 같다.

이에 반하여 위 Warranty 조항 아래에서 선박이 항행 중 타 선박과 충돌하여 심각한 선체 손상을 입은 경우에는 위 Warranty의 위반이 발생한 것인지 아닌지에 대하여 쉽지 않은 문제가 발생한다. 물론 이 경우에도 선장이나 선주가 사고 직후 KR에 손상 상태 및 감항성 여부에 대하여 정확하게 보고하고 KR이 그 보고사항에 터잡아 동 선박을 인근 항구로 피항시켜 긴급 수리를 지시하는 경우에는 문제는 비교적 간단할 것이라고 본다. 그 경우에는 수리 이후의 감항성 여부에 대하여 KR 검사관들이 검사를 하고, 검사 결과 항행가능 여부에 대한 승인을 내리게 되는데, 그러한 승인 없이 출항하였다면 위 Warranty 조항 말고도 ITC

Hulls(1/10/83) Clause 4.1.에 의하여 보험계약을 해지할 수 있으며, 만일 선장이나 선주가 그 지시를 위반하여 피항조차 하지 아니하고 계속 항해를 하는 경우에는 KR의 선급 및 강선 규칙 제1편 제1장 제9절 901. 1.에 의거하여 KR은 선급위원회의 심의를 거쳐 해당 선박의 선급을 정지시킬 수 있기 때문이다.

그런데 가장 어려운 문제는 위와 같은 심각한 선체 손상을 입었음에도 불구하고 선장이나 선주가 KR에 정확하고 신속하게 그 사항을 보고하지 아니하였고, 그로 인하여 KR이 손상의 정도를 정확히 파악하지 못한 채 선장의 선상에서의 선원들에 의한 임시수리를 승인하고 계속 항행하는 데에 이의를 제기하지 아니하였으며, 결국 그로 인하여 해당 선박이 항행 중 보통 정도의 해상 상황에서 항행을 더 못하고 침몰하여 버린 경우이다. 이러한 상황을 형식논리적으로 본다면 KR은 해당 선급을 정지시킨 바 없으므로 선주가 요구하는 경우 선급유지증명서를 발급할 수밖에 없고, 선주는 그 유지증명서에 근거하여 위 Warranty는 준수되었다고 보험자에게 주장을 하게 될 것이며, 보험자는 그에 대하여 면책주장을 하기 쉽지 아니한 면이 있다. 그러나 보험자가 위와 같은 Warranty를 요구하는 것은 KR이나 관련 선급협회로 하여금 부보선박에 대한 감항성 감독을 철저히 하여 줄 것을 기대하는 측면이 있다. 그럼에도 불구하고 그 감독이 철저하게 되지 않는다면 보험자로서는 그만큼 불안하여질 것이라는 점에서, 무엇인가 조치가 필요하다는 생각이 든다. 유수의 선급협회 중에 심각한 선체 손상이 있는 선박의 경우에는 그 시점에서 바로 선급이 정지되게 하는 곳이 있다는 말을 들었다. 우리의 KR도 더욱 발전하여 그와 유사한 수준이 되었으면 하는 바람을 가져 본다. 다음에는 condition survey와 seaworthiness certificate 관련한 Warranty를 더 보기로 한다.

087. Warranty – 명시담보(2)

앞에서 KR 등 선급에 입급되어 있는 선박의 감항성에 대하여 보험자가 요구하는 "Warranted KR Class Maintained"라는 명시적인 Warranty에 대하여 보았다. 보험자에게 선박의 감항성에 대한 확인은 보험인수의 기본이므로 KR 등 선급에 입급되어 있지 않은 무선급 선박의 감항성에 대하여도 감항성에 대한 확인을 당연히 받고자 한다. 이때 보험자는 증권상 "WARRANTED CONDITION SURVEY PRIOR TO ATTACHMENT BY KR OR LSA OR KORHI OR KOMOS AND ALL RECOMMENDATIONS COMPLIED WITH"라는 문구를 기입하게 된다. 이를 두고 통상적으로 condition survey warranty라고 한다. condition survey란 선체(hull), 기계류(machinery & machinery spaces), 안전설비 및 항해기기(safety & navigation equipment) 등을 검정인이 검사하여 해당 선박이 감항성을 갖추고 있는지 여부에 대하여 검사하는 것이고, report는 그 의견을 제시하는 보고서이다. 이 보고서에서 검정인은 동 검정보고서의 최종 의견란에서 감항성이 만족스럽게 갖추어졌는지, 혹은 어떠한 부분에 흠결이 있어서 그러한 흠결을 보완하면 감항성은 완전히 갖추어졌다고 볼 수 있는지에 대한 의견을 제시하게 된다. 후자의 의견을 통상적으로 권고(recommendation)이라고 한다. 위에서 예로 든 문구에서 알 수 있듯이, 요즈음에는 선주의 요청에 따라 KR이나 LSA(Lloyd's Salvage Association, Lloyd's에 의하여 지정되어 각 항구에 통상적으로 1개 내지 2개 있게 되어 있는 검정회사에 의한 검사를 의미함) 외에도 국내의 다른 유수한 검정회사에 의한 condition survey도 인정되고 있는 경향이다.

이러한 condition survey를 요구하는 warranty가 명시적인 warranty인 것은 자명하다. 따라서 이 warranty에 대하여 조금의 위반이 있더라도 보험자는 그 책임을 면하게 된다. 이와 관련하여 선주, 즉 피보험자 입장에서 특히 유념하여야 할 것이 있다. 위에서 본 "권고(recommendation)"로서 가령 피보험자가 condition survey를 모두 받았다고 하더라도 보험자가 요구한 기한 내 권고사항을 이행하지 못하였다면(예를 들면 위 문구상에서는 담보(cover) 개시시 이전에 권고사항을 이행하지 못하였다면) 이는 warranty 위반이 되는 것이고, 그 이후에 권고(recommendation) 사항을 이행하더라도 일단 발생된 위반의 효과에는 아무런 변화를 초래하지 아니하며, 결과적으로 보험자는 담보 개시시 이후에 발생된 선체에 발생된 사고에 대하여 보험금 지급책임을 지지 아니한다는 것이다. 위 문구에는 이점에 대한 선주의 주의를 요청하는 의미에서 "AND ALL RECOMMENDATIONS COMPLIED WITH"가 기재되어 있으나, 이러한 문구가 없더라도 마찬가지 결과가 초래된다.

한편 선주, 즉 피보험자로서는 앞서 본 KR 선급을 유지하고 있다고 하거나, 위 condition survey를 다 하였고, 권고(recommendation)를 제대로 이행하였다고 하여, 선박의 감항성 문제에 대하여 완전히 자유로운 것은 아니라는 점에 유의하여야 한다. 선급유지증명서가 있는가 여부와 실제 특정 시점에서 선박이 실제로 감항성을 보유하고 있었느냐의 문제는 완전히 다르다. 우선 선급협회의 검사가 완벽할 수 없고, 선급협회의 검사가 매일매일 행하여지는 것이 아니라 정기적으로 행하여지기 때문에 특정 시점에서 감항성을 갖추고 있음을 증명하지는 못한다는 것이다. 종종 감항성 유무에 관하여 법정에서 논쟁이 될 때 선주는 선급유지증명이 있는데 감항성에 대하여 왜 의문이 제기되는지 모르겠다고 의아해 하지만, 이러한 연유로 감항성의 문제는 다르다는 점을 이해하여야 할 것이다. 바로 이러한 점에서 선급협회의 부실 검사, 그리고 그에 따른 증명서의 부실발급에 대하여 선급협회의 법적 책임이 논란이 될 수 있게 되는 것이다. 이러한 문제는 제한적인 시간과 비용 아래에서 행하여지는 condition survey에도 충분히 내포되어 있다. 다음에는 seaworthiness certificate와 warranty에 대하여 보기로 한다.

088. Warranty – 명시담보(3)

여기서는 seaworthiness certificate와 warranty의 관계 및 또 다른 명시적 warranty인 아래의 warranty에 대하여 보기로 하자. "Warranted approval of tug, tow, towage and stowage arrangements according to the contents of annual operation of the vessel by KR or London Salvage Association Surveyor before initial tow during the currency of the policy and all their recommendations complied with."

우선 첫째의 경우로서 아래의 명시적인 warranty를 요구하는 경우가 있다. "Warranted seaworthiness certificate issued by Lloyd's agent surveyor or KR surveyor." 이 경우에는 보험자가 주어진 상황에서 해당 선박의 감항성에 대하여 앞에서 본 경우보다 더 걱정을 하는 경우라고 할 수 있다. 앞에서 우리가 본 warranty는 소위 condition survey warranty로서 문구는 "WARRANTED CONDITION SURVEY PRIOR TO ATTACHMENT BY KR OR LSA OR KORHI OR KOMOS AND ALL RECOMMENDATIONS COMPLIED WITH"였다. condition survey warranty와 seaworthiness certificate warranty 사이에는 중요한 차이가 있다는 점을 유의하여야 한다. 후자의 경우에는 그러한 seaworthiness certificate를 매 항해시마다 받아야 한다는 것이고, 전자는 담보개시시 이전에 한 번만 받으면 충분하다는 것이다. 이 이유는 seaworthiness, 즉 감항성이란 것은 "특정의 항해"에 있어서 통상적인 위험에 견딜 수 있는 능력이기 때문에 항해가 달라질 때마다 감항성에 대한 판단이 달라질 수 있기 때문에 seaworthiness certificate도 매 항해시에 받아야 하기 때문이다. 이러한 법리는 우리 대법원이 101 태룡호 사건(대법원 1996. 10. 11. 선고 94다60332 판결)에서 "이 사건 각 보험증권상의 담보특약은 영국 해상보험법 제33조 소정의 명시적 담보로서 그 감항성이 있음을 인정하는 감항증명서는 매 항해시마다 발급받아야 비로소 그 담보조건을 충족한다고 할 것이므로, 위 101 태룡호가 이러한 감항증명서를 발급받지 아니한 채 항해하다가 위 각 사고를 일으킨 이상 위 각 보험증권상의 담보특약을 각 위반하였다고 할 것이다"라고 판시함으로써 우리나라에서도 확립되었다.

대법원의 이 판결에 대하여 "101 태룡호"와 같은 모래채취선은 연안을 항해하는 선박으로서 2-3일만에 한 항차의 항해를 종료하고 새로운 항해를 시작하는데 매 출항시마다 미리 감항증명서를 발급받아야 한다는 명시특약은 거래의 실정이나 피보험자의 의사에 부합하지 않는 것으로 보인다는 비판이 있으며(최종현 변호사 및 서기석 부장판사), 필자로서도 위 판시사항은 해운업자에게 지나치게 가혹한 것이 아닌가 하는 생각을 완전히 배제할 수는 없다. 필자의 의견으로는 이 문제를 해결하려면 불가피하게 "101 태룡호"는 기간보험(time policy)이 아닌 항해보험(voyage policy)으로 보험가입이 되어야 할 것이다. 항해보험의 경우에는 MIA 1906 Section 39(1)에 의거하여 감항성 유지는 묵시적 담보로 요구되므로 이 부분은 자동적으로 해결된다.

또 다른 warranty인 "Warranted approval of tug, tow, towage and stowage arrangements according to the contents of annual operation of the vessel by KR or London Salvage Association Surveyor before initial tow during the currency of the policy and all their recommendations complied with"도 동일한 배경을 가지고 있다. 이 warranty에서는 문구기재대로 최초 예인항해 전에 한 번 검사를 받는 것으로 보험자와 피보험자 사이에 타협이 이루어진 경우이다. 이는 예인항해가 주로 동일항로를 한다는 점을 보험자가 감안하여 준 것이다. 예인되는 선박에 대하여 보험에 가입되려면 매 예인항해시마다 감항성이 확인되는 것이 타당하므로 항해보험(voyage policy)으로 가입되어야 함에도 불구하고, 보험가입의 편의상 우리나라에서는 주로 소형선들에 대한 연간보험, 즉 기간보험(time policy)에 가입되고 있기 때문에 위와 같은 우리나라에만 특유한 warranty가 발생되게 되었다. 다음에는 seaworthiness 의 묵시적 담보를 보도록 한다.

089. Warranty – 묵시담보(감항성)(1)

이번에는 해상보험에서의 seaworthiness(감항성 혹은 감항능력)에 대한 묵시적 담보에 대하여 보기로 하자. 선박보험에 가입한 선주는 보험자와의 특별한 약정이 없더라도 혹은 명시적인 warranty를 두지 않았더라도, 감항성을 유지하여야 할 묵시적인 warranty를 한 것으로 볼 수 있느냐의 문제이다. 달리 말하면 선주는 보험자에 대하여 부보선박에 대한 감항성을 유지하여야 할 묵시적 의무가 있는지 여부이다. 이에 대한 영국해상보험법상의 태도를 보기에 앞서서 보험계약의 종류에 대하여 우선 보도록 하자. 보험계약은 보험기간에 의하여 항해보험(voyage policy)과 기간보험(time policy)으로 나눌 수 있다(MIA Section 25(1)). 물론 항해보험과 기간보험의 혼합형태도 가능하다. 항해보험이란 장소적으로 어느 곳에서 어느 곳까지의 피보험이익을 담보하는 것, 달리 말하면 일정한 항해 중에 발생될 수 있는 위험을 담보하는 것이며, 기간보험이란 일정한 기간 동안의 피보험이익을 담보하는 것이다.

항해보험에 가입한 피보험자(선주)가 불감항 상태의 선박을 가지고 항해를 개시하면서 보험자에 대하여 해상위험에 대하여 담보하여 달라고 요구하는 것은 상식적으로 보아도 불합리하다. 이러한 이유로 MIA Section 39(1)은 '항해보험에 있어서 해당 선박은 감항성이 있어야 한다는 것은 묵시적인 warranty 사항'이라고 규정하고 있다.

반면 기간보험에 있어서는 항해보험과 같은 규정을 적용하기 어려운 사정이 있다. 즉, 보험계약의 체결과 항해기간이 일치하지 아니하여 부보개시일 현재 해당 선박이 항해 중일 경우가 있는데, 그 선박에 대하여 항해개시시 또는 부보개시시에 감항성을 유지할 것을 요구하는 것에는 무리가 있다. 그 시점에서는 선주도 모르는 사이에 감항성이 결여되어 있을 수도 있는데, 감항성의 유지를 요구하는 것에는 무리가 있을 수 있다. 이러한 점에서 MIA Section 39(5)은 기간보험에는 감항성에 대한 묵시적 warranty가 없음을 명백히 하고 있다. 그런데 거의 대부분의 상선은 기간보험으로 부보되고 있으므로, 일반적으로 말하면 선박보험에 있어서 MIA 상 감항성 유지에 대한 묵시적 warranty가 없다는 결과가 된다. 따라서 어떤 부보 선박이 항해 중 다른 선박과의 충돌을 일으켜 선박이 심각하게 파손되었는데, 그 원인을 조사하여 보니 해당 선박이 출항시에 이미 감항성이 결여되었던 것이 원인이었다고 밝혀지더라도, 보험자는 그러한 감항성 결여를 지적하여 보험금 지급을 거절할 수는 없다는 것이다.

다만, 이에 대한 예외가 한 가지가 있다. 그 불감항성에 대하여 선주가 출항 당시 알고 있었고 사고의 원인이 그 불감항성과 인과관계가 있는 경우에는, 기간보험인 경우라도 보험자는 보험금 지급 책임을 면한다는 점이다(MIA Section 39(5)). 여기서 "안다"는 것은 편의상 그렇게 표현한 것이고, MIA 원문의 표현에 의하면 "with the privity of the assured"이다. 여기서의 "privity"는 영국에서도 고색창연한 표현인 것으로 보여지는 용어로서, 영국의 대법원장 Lord Denning MR이 정의한 대로 "적극적으로 아는 것만에 한정하지 아니하고, [해당사실을] 아예 보지 않으려 하는 것("turning a blind eye")"을 의미한다(Compania Maritima San Basilio S.A. *v* Oceanus Mutual Underwriting Association (Bermuda) Ltd, "Eurysthenes"[1976] 2 Lloy's Rep 171, CA). 이러한 논의는 다소 이론적인 것인데, Lord Denning의 설명에 의하면 어떤 사람이 어떤 사실에 대하여 의심을 가지고 있는데, 거기에 대하여 아예 알아 보지 않으려 하고, 조사하지 않으려 하여 그러한 사항이 사실인지 여부에 대하여 확실하게 알지 못할 때, 그러한 경우에는 그 사람은 그 사실을 안 것으로 간주된다는 것이다. 여기서의 아예 보지 않으려 한 것("turning a blind eye")은 알지 못한 과실보다 비난 가능성이 훨씬 더 크다는 것이다. 그러나 여전히 MIA Section 39(5)을 적용함에 있어서는 실제적으로 어려운 문제를 많이 양산하게 되는데 이 부분에 대하여는 계속 보기로 한다.

090. Warranty – 묵시담보(감항성)(2)

이번에는 해상보험에서의 seaworthiness(감항성 혹은 감항능력)에 대한 묵시적 담보에 대하여 더 보기로 한다. 앞에서 본 바와 같이 기간보험에서 선박이 출항 당시 감항성을 결여하고 있었다는 사실에 대하여 선주가 알고 있었고, 그 결여된 감항성으로 인하여 선박에 손해가 야기된 경우에는 보험자는 보험금 지급책임을 지지 않는다는 것이 영국 해상보험법(MIA)의 원칙이라고 하였다. 그리고 그 "안다"는 것은 우리 법으로 표현하기 어려운 개념으로서 원문 그대로는 "with the privity of the assured"인데, 이것의 의미에 대하여 "Eurysthenes"[1976] 판결에서 Lord Denning이 간명하고 용이하게 설명한 대로 "적극적으로 아는 것 만에 한정하지 아니하고, [해당사실을] 아예 보지 않으려 하는 것("turning a blind eye")"을 의미한다고 보는 것이 적당할 것 같다. Lord Denning은 동 판결에서, 예를 들어 최소한 14명은 승선하여야 할 선박을 선주 스스로 생각할 때 12명의 승선으로도 충분하다고 생각하고, 12명을 승선시키고 출항시켰다면 이는 "privity"의 요건을 충족하지 않지만, 이와 달리 최소승선 인원이 14명인 선박에 대하여 선주 스스로도 14명은 승선시켜야 된다고 생각하였음에도 불구하고 나는 사정이 있어서 불가피하니 12명만 승선시켜 출항시킬 수밖에 없다고 생각하여 12명만을 승선시켜 출항시켰다면 그 경우는 "privity"의 요건을 충족하는 것이라고 설명하였다(물론 Lord Denning이 제시한 사례는 약간 다르나 의미에 있어서는 동일하다). 결국 Lord Denning에 의하면 privity에는 "아는 것"(positive knowledge)과 "[해당사실을] 아예 보지 않으려 하는 것("turning a blind eye")"의 두 가지가 있다는 것이 된다.

그런데 "Eurysthenes"[1976] 판결에서의 Lord Denning의 이러한 해석에 대하여, 그로부터 20년 뒤에 내려진 Manifest Shipping Co., Ltd.

v. Uni-Polaris Insurance and la Reunion Europeene, "The Star Sea" H.L. (2001) LLR 360 판결에서 "영국 귀족원은 이에 대해 '알고도 못 본 체 하는 것(blind eye knowledge)'은 피보험자의 부주의로 질문이나 조사를 하지 않은 것만으로는 충분치 않고, 피보험자가 질문이나 조사를 해보면 확인할 수 있을 사실에 대한 자각이 있어야만 하는 것으로 보다 엄격한(stricter) 의미로 보아야 한다고 하면서, 피보험자가 선장의 부적격성이나 부품의 결함에 관해 의심을 품고 있었다는 증거가 없으므로 보험자가 책임을 질 것을 판시하였다"고 한다(이창길 박사가 해법학회 춘계 세미나에서 발표한 논문인 영국해상보험법 제39조 5항의 "privity" 개념의 해석과 적용에 관한 고찰, 37면). "The Star Sea" 판결에 의하면 privity는 단순한 과실을 의미하는 것이 아니라, 선주의 주관적 상태(의심이나 결심)가 요구된다는 것이다.

이로써 실로 privity의 의미의 해석과 관련하여서는 고의(wilful misconduct)와 어떻게 다른 것인지, 과실과는 어떻게 다른 것인지, 그리고 "[해당사실을] 아예 보지 않으려 하는 것("turning a blind eye")"을 어떻게 해석할 것인지, "The Star Sea"에서 말하는 주관적 요건이라는 것은 무엇을 말하는 것인지 일대 혼란이 발생하고 있다고 생각된다. 이러한 혼란 속에서도 분명한 것이 두 가지가 있다고 본다. 하나는 비난가능성의 강도 순서상으로 고의 > privity > 과실이 분명하다는 것이다. 그런데 선주의 과실에 기인한 사고에 대하여 보험자는 보험금 지급책임을 진다. 다른 하나는 이러한 논의는 너무나 이론적이라는 것이며, 실무에 크게 도움이 되지 않을 수 있다는 것이다. 실제로 보험자와 선주는 보험계약 체결의 무렵에는 선주는 보험자의 고객이므로 우호적인 관계이고, 그러한 고객관계는 대부분 지속되게 되어 있으므로 보험자는 특별한 경우가 아닌 한 보험금을 지급하려 한다는 것이다. 그 특별한 경우란 선주가 사고 자체를 고의로 야기하였다고 볼 가능성이 지극히 높은 경우라는 것이다. 그러한 경우 보험자는 고의에 대한 입증 자체는 불가능에 가까우므로 우회적으로 MIA Section 39(5)의 2문에 의거하여 보험금 책임을 면하려 한다는 것이다. 실무에서 특히 법원의 실무에서는 이러한 실상이 충분히 감안되어야 할 것으로 본다.

091. Warranty – 묵시담보(감항성)(3)

해상보험법에서 'Alter Ego'라는 말이 등장한다. 이 말의 사전적 정의는 "A corporation used by an individual in conducting personal business, the result being that a court may impose liability on the individual by piercing the corporate veil when fraud has been perpetrated on someone dealing with the corporation."(Black's Law Dictionary)로 되어 있다. 이에서 보는 것처럼 해상보험법외의 분야에서는 회사의 배후에서 회사를 조종하는 사람을 의미하며, 그러한 개념을 도입하는 것은 그 배후인에 대하여도 회사의 법적 책임을 지우기 위한 것이다. 그런데 해상보험법에서는 'Alter Ego'의 의미는 좀 다르다고 할 수 있다. 우리는 이제까지 선박의 감항성에 대한 묵시적 담보는 없음을 보았으며, 예외적으로 출항 당시 피보험자(즉 선주)가 선박이 감항성을 결여하고 있다는 사실을 알고(privy) 있는 상태에서 선박이 출항된 경우, 그리고 그 불감항성이 사고 발생에 원인을 제공한 경우에 비로소 warranty위반이 있는 것으로 처리됨으로써 보험자의 보험금 지급책임이 면제된다는 점을 본 바 있다. 여기서 피보험자(즉 선주)가 감항성 결여를 알고 있다는 것은 영국 판례상 일찍부터 선주 자신이 직접(personally) 알고 있어야 한다는 점은 확립되어 있었다. 이러한 점은 Campania Maritima San Basilio S.A. *v.* The Oceanus Mutual Underwriting Association (Bermuda) Ltd. (The 'Eurysthenes')[1] 판결에서 Lord Denning 판사에 의하여도 다시 확인되었는데, Lord Denning 판사는 "The knowledge must also be the knowledge of the shipowner personally, or his alter ego, or, in the case of a company, its head men

1) [1976] 2 Lloyd's Rep 171, CA.

or whoever may be considered their alter ego."라고 판시함으로써, 'Alter Ego'라는 말을 사용하였다. 여기서 보는 것처럼 해상보험법 분야에서의 'Alter Ego'는 회사인 선주(즉 피보험자)가 개인적으로 선박의 불감항성을 알았느냐 여부를 판단할 때 사용되는 개념이다. 이 'Alter Ego'라는 개념은 위 The 'Eurysthenes' 판결 훨씬 이전에 내려진 Lennard's Carrying Co. *v.* Asiatic Petroleum Co.[2] 판결에서의 Haldane L.C. 판사의 판결 이유에 그 기원이 있다고 한다. 동 판사는 'Alter Ego'를 "the person or persons who is or are really the directing mind and will of the corporation, the very ego and centre of the personality of the corporation"로 설명하였다.

어쨌든 'Alter Ego'는 해상보험법상의 "선주 자신"을 압축적으로 의미하는 것이다. 이론상으로는 이러하나 실제적으로는 적용상 어려움이 많다. 우선 The 'Eurysthenes' 사건에서 'servant'는 이에 해당되지 않는 것으로 양 당사자가 인정하였다고 하므로, 우리 실무나 법원도 'servant'는 'Alter Ego'에 해당되지 않는 것으로 해석하여야 할 것이다. 구체적으로 어떤 직급이나 업무를 하는 사람이 'servant'에 해당되는지를 고려하여야 할 것인데, 최소한 선장, 항해사, 기관사들은 이에 해당되지 않는다고 보아야 할 것이다.

반면, Lord Denning 판사의 위 판결 이유에 등장하는 'head men'은 'Alter Ego'와 동격으로 처리되어야 할 것이다. 그러나 이 'head men'이 어떠한 사람까지를 포괄하는 것인지 여부에 대하여도 판단하기 용이하지 않다. 이러한 '선주 자신' 또는 'Alter Ego'의 개념은 해상보험법 외에도 영국의 Merchant Shipping Act 1894 및 1958의 선주책임제한 배제사유로서의 'actual fault or privity' 적용과 관련하여도 동일하게 문제되는데, 동법 관련 판결도 해상보험법에서 무엇이 'Alter Ego'에 해당될지 여부를 판단함에 사용될 수 있다. Merchant Shipping Act 1894 및

2) [1915] A.C. 705.

1958의 해석과 관련하여 내려진 판결에 의하면 "assistant managing director"(director, 즉 이사이면서도 업무를 담당하는 직책에 있는 사람으로서 회사의 president까지 이르지는 못하지만 'Alter Ego'로 인정된 것이다),[3] 또는 "manager"[4]가 이에 포함되는 것으로 해석되고 있다.

우리나라의 법원에서 내려진 판결로는 소위 'scuttling'사건(선원의 악행에 대하여 선주 자신이 공모·묵인하였는지 여부에 관한 사건)이기는 하였으나, 선주 회사는 냉동창고업을 주로 하는 회사이기 때문에 수산부장이 대표이사 바로 아래의 지위에서 어선의 운항에 대하여 상당한 책임을 지고 업무를 처리하고 있었던 사례에서 수산부장이 안 사정은 선주 자신이 안 것으로 사실상 인정한 판결례가 있다("동영호" 사건에 관한 대법원 2005. 11. 25. 선고 2002다59528, 59535 판결). 이는 영국법원의 해석례에 비추어 타당한 것으로 보인다. 결국 '선주 자신' 혹은 'Alter Ego'의 개념을 정하는 것은 우리 실무계나 법조계의 consensus를 하나씩하나씩 만들어 감으로써 해결될 일이라고 본다.

3) The 'Lady Gwendolen' C.A. [1965] 1 Lloyd's Rep. 335.
4) The 'Marion' H.L. [1984] 2 Lloyd's Rep. 1

092. Warranty – 묵시담보(적법성담보)(1)

다음으로는 묵시담보 중에서 논란이 많은 적법성담보를 보도록 한다. 마약 밀수를 하는 업자에게 사업자금을 제공하는 계약을 체결하였다고 하자, 그러한 계약의 효력이 유효한가? 우리 법의 해석으로는 동기가 표시되어 법률행위의 내용이 되었을 때에는 그 계약의 효력은 무효라는 것이 다수설이다. 이는 그 계약의 목적이 사회적으로 타당하지 아니하고 그 계약의 이행을 보장하여 주어야 할 필요성이 없기 때문일 것이다. 이와 유사한 맥락으로 해상보험계약에 있어서 금수품(contraband) 운송을 위한 항해에 선박이 투입된 경우로서 그러한 항해 중에 발생되는 해상위험에 대비하여 해상보험계약을 체결한 경우, 그러한 해상보험계약은 유효하게 이행되어야 하는가? 일반 계약법에서도 위와 같이 사회질서에 반하는 계약이 무효로 되고 있는 상황인데, 보험법 분야는 그 어느 분야보다도 계약 당사자의 최대선의(uberrimae fidei, utmost good faith)에 근거하고 있다는 점을 감안하면 위와 같은 해상보험계약은 무효임이 명백할 것이다.

해상보험법은 피보험자의 항해(또는 사업)가 적법한 경우에 한하여 유효한 것으로 한다. 즉, 영국 해상보험법(MIA 1906) Section 41은 "There is an implied warranty that the adventure insured is a lawful one, and that, so far as the assured can control the matter, the adventure shall be carried out in a lawful manner."와 같이 규정하고 있다. 여기서 보는 바와 같이, 해상보험에서는 부보 사업[1]이 적법하여야 할 것 또는 피보험자가 지배할 수 있는 한 부보 사업이 적법한 방법으로 수행되어야 할 것이라는 묵시적인 warranty가 있다. 따라서 이러한 묵시적 담보인 소위

1) 선박보험의 경우에는 부보 항해가 될 것이며, 적하보험의 경우에는 부보 사업이라고 번역하는 것이 무난할 것으로 본다.

적법성담보를 위반한 경우에는 여타의 warranty 위반의 경우의 효과와 마찬가지로 위반 즉시 그 시점부터 보험자의 책임은 면제되게 된다.

MIA Section 41의 이 규정은 MIA의 다른 대부분의 규정이 그러한 것처럼 제정시인 1906년까지 내려진 영국법원의 판결례로부터 조문화된 것인데, 특히 Redmond *v.* Smith 판결에서 Tindal 판사는 "원 계약이 무효가 되고, 이에 따라 집행 불능이 되었는데, 그 부수 계약이 집행될 수 있다면 그것은 정상적인 것이라고 할 수 없기 때문에 위법적인 항해를 담보하는 보험은 유효한 것으로 이행될 수 없다"라고 판시하였는바,[2] 이는 MIA Section 41의 배경을 이해하는 데 도움이 된다.

이에 따라 어떠한 나라에서 특정 A라는 나라로 무기를 수출하는 것을 금지하는 법규가 있다고 할 경우, 피보험자가 운항하는 선박이 그 무기를 운송하다가 선박에 화재가 발생하여 선박이 전손되었다고 할 경우, 피보험자는 위법한 사업(즉, 위법한 항해)에 종사한 바 있으므로 종사하기 시작한 시점(즉, 항해개시 시점)에 이미 적법성 warranty를 위반한 것이 되어 선박의 화재로 인하여 발생된 손해에 대하여 보상을 받지 못하게 된다. 그런데 실제의 문제로 들어가서는 해당 사안이 적법성 담보를 위반한 것이라고 볼 수 있는지 여부가 불분명한 경우가 허다하다. 예를 들면 피보험자 A가 선박 V를 선박안전법상의 정기검사를 해태한 채 운항하다가 해상위험으로 선체가 손상을 입었다면 A는 적법성 담보를 위반한 것인가? 피보험자 A가 선박 V를 출항시킬 때 개항질서법에 의하여 출항신고를 하지 않고 출항하였다면 그러한 경우 역시 A는 적법성 담보를 위반한 것인가? 법규의 경중 여하를 떠나 조금의 위반이라도 있으면 적법성 담보를 위반한 것이라고 볼 수 있는가? 이에 대하여는 뒤에 보도록 한다.

2) E.R. Hardy Ivamy, Marine Insurance, Fourth Edition p.308.

093. Warranty – 묵시담보(적법성담보)(2)

적법성 담보를 위반하였는가 여부를 판단하기 위하여는 영국 판결례를 보아야 할 것이다. 적법성이 담보되어야 한다는 것은 MIA 1906가 제정되기 이전에 common law 아래에서 이미 확립된 법이라 할 것인바, common law 아래에서 내려진 판결로 적법성담보에 관하여 내려진 판결들은 주로 전쟁관련 물자를 수출하는 경우에 관련된 것이었다.

우리나라 법원에서 내려진 적법성담보에 관한 판결례는 극히 적다. 적하보험과 관련하여 우리 법원이 외국에 수출되는 화물이 관세를 포탈하기 위하여 수출가액(해당 국가 기준으로는 수입가격)을 과소신고한 경우를 적법성담보 위반으로 본 하급심 판결이 두 개가 보일 정도이다.

어떠한 법규의 위반이 있는 경우, 그것이 항해 자체를 위법한 것으로 만들어 그에 관련된 보험 역시도 적법성담보 위반이 있는 것으로 볼 것인지, 아니면 단순한 과태료 부과를 받는 것에 그치는 것이며 적법성담보의 관점에서 항해 자체를 위법한 것으로 만드는 정도까지에는 이르지 않는다고 볼 것인지의 문제는 어려운 문제이다. 이러한 문제에 관하여 E.R. Hardy Ivamy는 문제된 법 규정에서 그 입법의 목적이 무엇인지를 판단하는 것이 관건이라고 설명한다. 마찬가지겠지만, 필자의 생각으로는 MIA 1906에 의하는 경우라 하더라도 적법성담보 위반 여부는 결국 사회통념에 따라 판단되어야 하지 않을까 생각된다. 사회통념에 비추어 해당 사업(혹은 항해)에 대하여 부보 혜택을 주는 것이 타당하지 않다면 적법성 위반이 있다고 하여야 한다고 본다. 또한 적법성담보 위반의 경우는 MIA 1906에 대하여 모르는 피보험자에게 불측의 손해를 줄 우려가 있다는 점에서 신중하게 해석하는 것이 바람직하다고 생각한다.

한편, 항해가 적법하지 아니하다는 점에 대하여 선장은 알았지만, 선주는 몰랐을 경우에는 적법성담보의 죄책으로부터 벗어날 수 있는가?

원칙적으로 벗어나지 못한다고 한다. 선주가 적법성담보의 문제에서 벗어나려면, 선장의 행동이 선주가 모르고 있는 사이에 그리고 선주의 동의 없이 행하여졌음을 입증하여야 할 뿐만 아니라 선주의 어떠한 행동도 선장의 위법한 행동을 용이하게 하지 않았음을 명백하게 입증하여야 한다.

만일, 위법성이 개재된 사정을 보험자가 사전에 안 경우에도 보험자는 적법성담보를 위반하였다고 하며 보험금 지급을 거절할 수 있을 것인가? 이에 대하여 긍정하는 견해가 보인다.[1] 그러나 계약 당사자의 최대선의(uberrimae fidei, utmost good faith) 의무는 피보험자에게 적용될 뿐 아니라 보험자에게도 적용되므로 보험자가 그러한 사정을 알고도 보험을 인수하였다가, 후에 적법성담보 위반을 거론하며 면책을 주장하는 것이 합당할 것인지에 대하여는 이론의 여지가 없지는 않을 것으로 본다.

1) E.R. Hardy Ivamy, Marine Insurance Fourth Edition, p. 309.

VI

외국법

094. 미국의 In Rem Action(1)

영미법계 국가에서 선박이 압류되어 경매되는 상황에서 우리는 In Rem Action(혹은 Action In Rem)이라는 것을 보게 된다. In Rem Action은 우리말로 대물소송이라고 표현하며, 대인소송(In Personam Action)에 대비되고 있는 개념이다. 우리나라에서는 미국에서 인정되고 있는 이러한 In Rem Action이란 것이 존재하지 아니한다. 우리나라에서는 선박 저당권에 기하여 담보권 실행을 하거나 선박우선특권(maritime lien)에 기하여 담보권 실행을 할 경우에도, 채권자는 반드시 소유자의 이름을 밝혀야 하고, 그 소유자에게도 송달하는 것을 원칙으로 하고 있다. 즉, 우리나라에서는 그러한 담보권 실행에 있어서도 절차의 당사자는 채권자와 소유자 및 채무자로 보는 것이다. 우리나라와 같은 대륙법계에서는 채권, 채무 관계가 성립되려면, 그것이 계약에 의한 것이건 혹은 불법행위에 의한 것이건 간에 자연인 혹은 법인이 어떠한 행위를 하여야 하는 것이 원칙이다. 그리고 그러한 행위는 자연인 또는 법인만이 이를 할 수 있다고 본다. 그런데 미국법상의 In Rem Action에서는 그러하지 아니하다. 즉, 미국법에서는 선박 그 자체가 자연인과 같은 것으로 본다. 소위 의인화(personification) 이론인 것이다. 이러한 의인화 이론의 기원은 미국의 1819년 The Little Charles 사건(United States *v.* The Little Charles, 26 F. Cas. 979(C.C.D. Va. 1818)에서 비롯된다. 이 판결을 포함한 3개의 판결이 미국에 의인화 이론을 도입한 것이라고 한다. 강철이나 나무를 의인화 하는 것은 불가능하다. 그러나, 선박이란 것은 강철과 나무 등으로 건조되지만, 선원들에 의하여 움직여지고 선장에 의하여 안내된다는 점에서, 그리고 선장이 선박이 하고자 하는 말을 대변할 수 있다는 점에서 생물과 같다는 것이 The Little Charles 사건의 판지이다. 이러한 판결들은 주로 선박이 수출입 거래금지령(Imbargo)을 위반하였다는 등의 이유로 몰수되어야 할 상황에 관한 것이었다. 선박 그 자체를 피고로 보기 때문에 미국법상 원고는 해당 선박의 소유자가 누구인지에 대하여 밝혀야 할 필요가 없다. 다시 말하면, 원고 대 선박 V가 되는 것이다. 물론 선박 V에 대한 대물소송에서 선주가 원고의 청구 권원을 다투는 것은 가능하며, 원고가 그 대물소송에서 채권의 완전한 만족을 받지 못한 경우에, 채무자를 상대로 하여 대인소송을 제기하는 것도 역시 가능하다. 이러한 대물소송은 외견상 우리나라의 담보권 실행의 제도와 매우 유사하여 보인다. 각각의 절차의 마지막 단계에는 해당 물건에 대한 경매와 배당이 있다는 점이 특히 유사하다. 선박에 대한 압류로부터 In Rem Action이 시작하는 것은 저당권에 기한 선박 경매절차, 혹은 선박우선특권에 기한 선박 경매절차에서 압류로부터 시작된다는 점과 역시 동일한 점이다. 대표적인 차이점은 In Rem Action이 소위 본안 문제, 실체 문제, 달리 말하면 채권의 존재 여부를 다투는 절차인데에 비하여, 우리나라의 담보권 실행의 절차는 그러한 채권(우리 표현대로 하면 피담보채권)의 존재 여부에 대한 재판을 하는 것이 아니라는 데 있다. In Rem Action을 할 수 있는 경우로서 미국연방민사소송규칙은 maritime lien이 있는 경우와 기타 법에서 인정되는 경우를 규정하고 있다(Rule C (1)). 아마 저당권의 실행을 위한 In Rem Action이 여기서 말하는 기타 법에서 인정되는 경우에 해당될 것이다. 실제적인 효용성의 측면에서 본다면, In Rem Action은 maritime lien을 실행여 관할권을 확보하기 위한 것이라고 할 수 있다. 우리나라에서는 선박을 가압류하면, 채권자는 본안 소송으로 진행할 것인지 여부에 대하여 시간을 가지고 판단할 수 있다. 그러나 영미법계에서 In Rem Action에 의하여 선박을 압류한 경우에는 그러한 선택권이 없으며 해당 절차는 반드시 채권의 존재 여부를 다투는 절차로 진행하게 된다.

095. 미국의 In Rem Action(2)

미국법상으로 우리가 보고 있는 In Rem Action 외에 In Personam Action 및 Quasi In Rem Action이 있다. 이번에는 이들간의 관계를 비교하여 봄으로써, In Rem Action을 보다 잘 이해하여 보도록 한다. 이들은 말할 것도 없이 대륙법제를 취하고 있는 우리에게 생소한 개념이다. 우선 In Personam Action을 보자. 이것이 바로 우리가 알고 있는 일반 소송인 것이다. 우리나라에서 외국회사를 상대로 하여 민사소송을 제기하려면, 무엇보다도 국제재판관할이 인정되어야 한다. 무엇보다도 우리나라와 해당 피고 혹은 사건과의 관련이 있어야 국제재판관할이 인정될 것이다. 대표적인 관련성은 피고가 우리나라에 살고 있다는 것이 될 것이다. 마찬가지로, 미국에서도 In Personam Action이 인정되려면, 달리 말하면 In Personam Jurisdiction이 인정되려면, 해당 주와 해당 피고 혹은 사건과의 관련(contacts)이 있어야 한다. 그리고 해당 피고에 대하여 정당한 송달이 되어야 한다. 이러한 요건이 없는 경우에는 In Personam Jurisdiction이 인정되지 아니한다. 미국에서는 재판관할권을 가지는가 여부를 주 단위로 보게 된다. 왜냐하면, 50개주는 각기 다른 관할권이기 때문이다. 미국법상으로도 contacts 중 대표적인 것은 피고가 해당 주에 소재하고 있는 것이다. 이처럼 미국의 법원이 관할권을 행사하려면 해당 주에 피고가 소재하는 등으로 해당 주와 피고와의 관련성이 인정되어야 한다. 그러한 관련성이 인정되지 아니하면 해당 주는 해당 피고 혹은 해당 사건에 대하여 관할권을 행사하지 못한다는 것이 된다. 이는 곧 원고의 입장으로는 해당 주에서는 해당 피고에 대한 소를 제기할 수 없다는 것이 된다. 그러한 경우, 당연히 원고는 해당 피고와의 관련성이 있는 다른 관할을 찾아가 그 곳에서 소제기를 하여야 할 것이다.

그런데, 이에 대하여 예외가 있다. 하나는 물건과 관련되는 분쟁으로서, 그 물건 자체가 피고가 될 수 있으며 그 물건이 해당 주에 소재하고 있는 경우이다. 이는 곧 피고가 해당 주에 소재하고 있는 것과 마찬가지이므로 그 물건에 대한 소송, 즉 In Rem Action이 가능한 것이다. 물론 물건과 관련되는 분쟁으로서, In Rem Action이 가능한 것은 다 정하여져 있다. 이미 지난 회에 언급하기는 하였으나, 대표적인 것은 maritime lien의 실행과 저당권의 실행인 것이다. 이러한 것들은 우리나라 법으로 이해한다면 담보권의 실행인데, 미국법적으로 이해하면 대물소송이라는 것이 이색적인 점이다.

또 하나의 예외로 attachment와 garnishment라는 것이 있다. 전자는 물건에 대한 압류이고, 후자는 채권에 대한 압류이다. 이는 분쟁과 일정한 관련성은 없지만, 해당 주에 피고 소유의 물건이 소재하고 피고는 해당 주에 소재하지 아니하는 경우이다. 즉, 피고가 해당 주에 소재하지 아니하기 때문에 In Personam Jurisdiction을 구하기 불가능한 경우이다. 그러한 경우 예외적으로 원고가 동일한 피고에 대한 대인소송의 관할권을 가지기 위하여 해당 주에 소재하는 동일한 피고의 재산을 압류하거나 채권을 압류하는 방법에 의하여 피고에 대한 소송을 할 수 있게 된다. 이를 소위 Quasi In Rem Jurisdiction이라고 한다. 원고와 자연인 또는 법인인 피고 사이의 당사자 구조를 취한다는 점에서 In Personam Action과 유사하지만, 판결금액이 해당 재산의 가액한도로 제한된다는 점이 특색이다. 따라서 Quasi In Rem Jurisdiction에서 원고가 승소하더라도, 피고에 대한 채권액 전부에 대하여 집행할 수 있는 것이 아니다.

096. 미국의 In Rem Action(3)

지금까지 살펴 본 결과를 곰곰히 생각하여 보면, 우리법과 미국법을 서로 비교할 때 몇 가지 혼란이 초래되는 부분이 있음을 느끼게 될 것이다. 우선, 우리는 대한민국이 재판권 혹은 관할권을 갖는가가 문제인데, 미국은 주가 재판권 혹은 관할권을 갖는가가 문제라는 점이다. 앞서 설명한 바와 같이 미국은 주가 우리의 주권이나 사법권과 유사한 권한을 갖기 때문이다. 미국에서는 타주의 판결을 마치 우리나라에서의 외국판결과 같이 취급한다.

우리나라에서는 소위 서울중앙지방법원의 관할이 있고, 동 관할 내에서 단독사건 관할이냐 아니면 합의사건 관할이냐, 혹은 행정사건이냐는 식으로 관할을 말하고 있다. 보통 전자는 토지관할이라 하고, 후자는 사물관할이라고 한다. 그런데 이러한 토지관할이 바로 In Rem Jurisdiction이라 할 때의 Jurisdiction에 해당되는가? 아니다. 우리의 토지관할에 해당되는 것은 미국법상 venue라고 하는 것으로, 캘리포니아 주의 관할권이 인정되는 상황에서 어느 법원이 재판을 하게 되는가 정하는 것을 의미한다. 결국, 여기서의 Jurisdiction은 국가가 가지는 재판권 혹은 관할권의 개념인 것이다.

우리나라에서는 우리의 항구로 들어오는 선박은 어느 것이나 가압류가 가능하다고 보는 것이 일반적인 견해이다. 일단 가압류가 되면, 소위 재산 소재지의 관할로서 피고(곧, 선박 소유자)에 대한 소송이 가능하다고 보는 것이 일반적인 견해이고, 거기에 특별한 제한이 있지 아니하다. 그러나 미국의 Quasi In Rem Action은 제한적인 절차로 보기 때문에, 피고가 책임지는 금액은 해당재산의 가액으로 제한된다는 차이가 있다.

그러면, Quasi In Rem Action에서 말하는 attachment 또는 garnishment는 우리나라의 압류와 다른 것인가? 미국 연방법원에서, 해상사건과 관련하여 attachment 또는 garnishment의 주된 목적은 오히려 위에서 본 바와 같은 관할권을 취득하기 위한 것이고, 부차적으로 채무자 혹은 피고의 재산 동결을 목적으로 한다. 참고로 미국 역시 주법으로 채무자 재산의 보전을 위하여 채권자가 보전처분으로서 압류(attachment)를 신청하는 것을 허용한다. 그러나 우리의 경우와 요건이 다르고, 무엇보다도 재산 산일을 방지하기 위하여 하는 압류는 우리보다 요건이 강화되어 있다. 아울러 보전조치로서 Preliminary Injunction도 있다.

이제 Action In Rem의 절차가 어떻게 되는지를 보기로 하자. 무엇보다도 Action In Rem은 선박의 arrest로서 시작한다. 그러한 arrest를 구하는 당사자는 complaint, 즉 소장을 법원에 제출하여 한다. 물론 연방법원이다. 법원은 이들 서류를 검토하고, 그 이유가 있다고 판단하는 경우 압류명령을 발하게 된다. 원고 또는 채권자가 급박한 사정이 있음을 주장하고 원고의 변호사가 이를 확인하는 경우에는 법원의 서류 검토 없이, 법원 서기(clerk)가 우선적으로 압류 명령을 발령할 수 있다. 뒤에 좀 더 절차적인 것을 보기로 한다.

097. 미국의 In Rem Action(4)

선박이 압류신청 당시에(즉, in rem action에 대한 complaint를 접수할 당시에) 해당 항구에 입항하여 정박하여 있지 아니하더라도, 입항할 가능성이 있거나 당사자 사이에 관련된 합의가 있을 수 있는 경우에는 압류가 가능하다. 이 점에 관하여 우리법상으로는 원칙적으로 선박이 항구 내에 정박하여 있는 경우에 한하여 선박압류 결정이 내려질 수 있는 것으로 되어 있다. 다만, 우리 압류 실무에서 선박이 아직 항구에 입항하지 아니한 경우에도 편법에 의하여 선박 압류 결정을 받아 내고 있는 것이 현실이기는 하다. 어쨌든 이 점에 관하여 미국법과 우리법은 차이가 있는 것이다.

선박이 압류되더라도 소유자에게 자동으로 통지되는 것은 아니다. 선박이 압류되었음에도 불구하고, 10일 이내에 압류 해제가 되지 아니하면, 그때에 비로소 법원은 신문에 공고를 하게 된다. 선박에 대하여 권리를 가진 자는 그 권리를 신고하여야 하며, 또한 답변서를 제출하여야 한다.

압류된 선박은 보증(security)의 제공에 의하여 압류에서 해제(release) 될 수 있다. 보증의 제공에 의하여 압류가 해제되는 경우에도 in rem jurisdiction(대물소송의 관할권)은 그대로 유지되며, 선박에 대하여 권리를 가진 자(security를 제공한 측) 및 그 보증인은 보증서(bond)에 기재된 대로 판결금의 지급을 보증하는 것이다. 보증서의 금액에 대하여는 당사자가 합의하여 정할 수 있으며, 당사자가 합의하지 못하는 경우에는 법원이 정하게 되어 있다. 이때 법원은 압류를 한 당사자, 즉 원고의 청구금액, 이자 및 비용을 감당하는 금액을 정하여야 한다. 그러나 법원은 압류된 선박의 가액을 초과하거나, 청구금액의 2배를 넘는 금액을 정할 수는 없다. 보증서에는 이미 청구된 금액의 지급만을 담보하는 special bond와 압류 이후라도 해당 선박을 압류할 수 있는 청구 전체의 지급에 대하여 담보하는 general bond의 두 가지가 있다. special bond에 의하여 선박이 압류 해제된 후에는, 그 special bond에서 담보되는 청구가 아닌 다른 청구의 권리자는 bond에 대한 권리를 주장할 수 없음은 물론, 대물소송의 관할권도 주장할 수 없다. 앞서 본 바와 같이 대물소송의 관할은 압류가 있어야 인정되는데, 뒤의 청구권자는 압류를 한 바 없기 때문이다.

법원은 보증의 금액을 증가 또는 감소시킬 것을 요구할 수 있고, 불법 가압류를 이유로 하는 반소(counter claim)가 제기된 경우에는 압류를 한 당사자(원고)에 대하여 반소를 담보할 수 있는 보증(counter security)의 제공을 명할 수 있다. 이처럼 보증이 제공되고 선박의 압류가 해제되는 경우에는 선박우선특권은 선박에서 그 보증으로 전이된다. 즉, 선박에 대하여는 더 이상 선박우선특권을 행사할 수 없게 된다.

이러한 bond의 제공에 의한 선박 압류의 해제는, 우리법과는 상당히 다른 것이다. 우리 법에서는 선박의 압류를 해제하는 것은 해방공탁금이라는 현금을 납부하는 방법이 유일하기 때문이다. 물론 당사자 자치의 원칙에 따라 신청인과 피신청인(소유자)의 합의로 보증서(Letter of Undertaking)가 제공되고, 그에 따라 신청인이 압류 신청을 스스로 취하하는 것은 가능하다. 그러나 이러한 절차에서 법원이 bond를 제공 받고 압류를 해제하여 준다든지, 혹은 bond의 금액을 정하는 일은 없다.

대물소송도 일반 소송과 크게 다를 바 없으므로, 이후 절차는 일반 소송처럼 진행된다. 특기할 만한 것은 선박에 대하여 권리를 가진 자(예를 들면, 선주)는 압류한 청구와 관련된 목적에 한해서만 응소하는 것이 가능하다. 미국법의 표현으로는 restricted appearance가 가능하며, 그러한 응소가 다른 청구에 대하여도 관할권을 창출하는 것은 아니다. 즉, general appearance가 되지 아니한다는 것이다.

098. 일본에서 선박이 압류된 경우 취할 조치

앞으로 우리 선박이 일본이나 중국, 그리고 영미법 국가의 항구에 기항하다가 압류된 경우, 이는 어떻게 해제될 수 있는지를 살펴보고자 한다. 우선 일본에 기항한 선박이 갑자기 압류되는 경우를 생각하여 보자. 그 경우 선주로서는 어떻게 선박을 압류로부터 해제시킬 수 있을까? 우리법상 선박 압류는 주로 가압류에 의한 방법과 선박우선특권에 기한 경매 신청의 두 가지 방법이 있음은 주지하는 바와 같다. 일본도 이와 마찬가지이다. 일본법 아래에서 가압류에 의하여 선박이 압류된 경우에는 현금으로 해방공탁금을 납부하는 길 외에는 달리 압류로부터 벗어날 방법이 없다. 한편, 우선특권(즉, 일본법으로 표현한다면 선취득권)의 경우에 있어서는, 일본 금융기관이나 일본 P&I Club의 보증장, 또는 일본에서 등록되어 있고 사무소를 가지고 있는 외국의 P&I Club의 보증장을 제공함으로써 압류로부터 벗어날 수 있다. 그렇다면 어느 P&I Club의 보증장이라도 모두 허용될까? 그렇지 아니하다. 법원이 타당하다고 보는 P&I Club의 보증장만 허용되는데, 일단 P&I Club이나 일본의 보험회사가 아닌 외국의 보험회사는 어떠한 형식을 취하여서든 보증장의 제공의 방법으로 압류를 해제하는 것이 가능하다고 보면 될 것이다. 이러한 점은 우리법보다 상당히 진일보한 것이라고 생각된다. 우리나라에서는 이에 대하여 해상법 개정 논의시 논의된 바는 있지만 결국 개정안에 반영되지 못하였다. 그러나 추후에라도 이러한 점은 반드시 고려되어야 한다고 생각한다. 법 기술적인 사항에 해당되는 것이지만, 우리 현행법도 이러한 방식의 운용이 가능하게 되어 있기는 하나, 법원의 내부 규정이나 실무상 일본과 같은 방식으로는 운용하지 않고 있다. 나아가 이와 관련하여, 관할을 일본이 아닌 다른 나라로 하는 관할합의 규정을 삽입한 보증장은 일본 법원에서 허용될 것인가? 일본에서의 경매를 전제로 하여 보증장이 제공되는 것이고, 보증장에 따라 추후 해당 금원의 납입이 요구될 수 있을 것이므로, 외국 법원에서 분쟁을 해결하기로 하는 관할 합의 규정이 있는 보증장은 허용되지 아니한다. 이러한 점은 중재 합의 규정을 보증장에 삽입하려고 하는 경우에도 마찬가지이다. 요컨대, 일본에서의 압류 해제는 전적으로 보증장에 의하는 것이 아니라, 일부의 경우에는 현금의 공탁만으로, 다른 일부의 경우는 소위 보증장의 제공에 의하여 이루어지고 있다는 것이다.

VII

부 록

International Convention for the Unification of Certain Rules of Law Relating to Bills of Lading ("Hague Rules"), and Protocol of Signature (Brussels, 25 August 1924)

Article 1

In this Convention the following words are employed with the meanings set out below:

(a) "Carrier" includes the owner or the charterer who enters into a contract of carriage with a shipper.

(b) "Contract of carriage" applies only to contracts of carriage covered by a bill of lading or any similar document of title, in so far as such document relates to the carriage of goods by sea, including any bill of lading or any similar document as aforesaid issued under or pursuant to a charter party from the moment at which such bill of lading or similar document of title regulates the relations between a carrier and a holder of the same.

(c) "Goods" includes goods, wares, merchandise and articles of every kind whatsoever except live animals and cargo which by the contract of carriage in stated as being carried on deck and is so carried.

(d) "Ship" means any vessel used for the carriage of goods by sea.

(e) "Carriage of goods" covers the period from the time when the goods are loaded on

to the time they are discharged from the ship.

Article 2

Subject to the provisions of Article 6, under every contract of carriage of goods by sea the carrier, in relation to the loading, handling, stowage, carriage, custody, care and discharge of such goods, shall be subject to the responsibilities and liabilities, and entitled to the rights and immunities hereinafter set forth.

Article 3

1. The carrier shall be bound before and at the beginning of the voyage to exercise due diligence to:

(a) Make the ship seaworthy.

(b) Properly man, equip and supply the ship.

(c) Make the holds, refrigerating and cool chambers, and all other parts of the ship in which goods are carried, fit and safe for their reception, carriage and preservation.

2. Subject to the provisions of Article 4, the carrier shall properly and carefully load, handle, stow, carry, keep, care for, and discharge the goods carried.

3. After receiving the goods into his charge the carrier or the master or agent of the carrier shall, on demand of the shipper, issue to the shipper a bill of lading showing among other things:

(a) The leading marks necessary for identification of the goods as the same are furnished in writing by the shipper before the loading of such goods starts, provided such marks are stamped or otherwise shown clearly upon the goods if uncovered, or on the cases or coverings in which such goods are contained, in such a manner as should ordinarily remain legible until the end of the voyage.

(b) Either the number of packages or pieces, or the quantity, or weight, as the case may be, as furnished in writing by the shipper.

(c) The apparent order and condition of the goods.

Provided that no carrier, master or agent of the carrier shall be bound to state or show in the bill of lading any marks, number, quantity, or weight which he has reasonable ground for suspecting not accurately to represent the goods actually received, or which he has had no reasonable means of checking.

4. Such a bill of lading shall be prima facie evidence of the receipt by the carrier of the goods as therein described in accordance with paragraph 3(a), (b) and (c).

5. The shipper shall be deemed to have guaranteed to the carrier the accuracy at the time of shipment of the marks, number, quantity and weight, as furnished by him, and the shipper shall indemnity the carrier against all loss, damages and expenses arising or resulting from inaccuracies in such particulars. The right of the carrier to such indemnity shall in no way limit his responsibility and liability under the contract of carriage to any person other than the shipper.

6. Unless notice of loss or damage and the general nature of such loss or damage be given in writing to the carrier or his agent at the port of discharge before or at the time of the removal of the goods into the custody of the person entitled to delivery thereof under the contract of carriage, or, if the loss or damage be not apparent, within three days, such removal shall be prima facie evidence of the delivery by the carrier of the goods as described in the bill of lading.

If the loss or damage is not apparent, the notice must be given within three days of the delivery of the goods.

The notice in writing need not be given if the state of the goods has, at the time of their receipt, been the subject of joint survey or inspection.

In any event the carrier and the ship shall be discharged from all liability in respect of loss or damage unless suit is brought within one year after delivery of the goods or the date when the goods should have been delivered.

In the case of any actual or apprehended loss or damage the carrier and the receiver shall give all reasonable facilities to each other for inspecting and tallying the goods.

7. After the goods are loaded the bill of lading to be issued by the carrier, master, or agent of the carrier, to the shipper shall, if the shipper so demands, be a "shipped" bill of lading, provided that if the shipper shall have previously taken up any document of title to such goods, he shall surrender the same as against the issue of the "shipped" bill of lading, but at the option of the carrier such document of title may be noted at the

port of shipment by the carrier, master, or agent with the name or names of the ship or ships upon which the goods have been shipped and the date or dates of shipment, and when so noted, if it shows the particulars mentioned in paragraph 3 of Article 3, shall for the purpose of this Article be deemed to constitute a "shipped" bill of lading.

8. Any clause, covenant, or agreement in a contract of carriage relieving the carrier or the ship from liability for loss or damage to, or in connexion with, goods arising from negligence, fault, or failure in the duties and obligations provided in this Article or lessening such liability otherwise than as provided in this Convention, shall be null and void and of no effect. A benefit of insurance in favour of the carrier or similar clause shall be deemed to be a clause relieving the carrier from liability.

Article 4

1. Neither the carrier nor the ship shall be liable for loss or damage arising or resulting from unseaworthiness unless caused by want of due diligence on the part of the carrier to make the ship seaworthy and to secure that the ship is properly manned, equipped and supplied, and to make the holds, refrigerating and cool chambers and all other parts of the ship in which goods are carried fit and safe for their reception, carriage and preservation in accordance with the provisions of paragraph 1 of Article 3. Whenever loss or damage has resulted from unseaworthiness the burden of proving the exercise of due diligence shall be on the carrier or other person claiming exemption under this Article.

2. Neither the carrier nor the ship shall be responsible for loss or damage arising or resulting from:

(a) Act, neglect, or default of the master, mariner, pilot, or the servants of the carrier in the navigation or in the management of the ship.

(b) Fire, unless caused by the actual fault or privity of the carrier.

(c) Perils, dangers and accidents of the sea or other navigable waters.

(d) Act of God.

(e) Act of war.

(f) Act of public enemies.

(g) Arrest or restraint or princes, rulers or people, or seizure under legal process.

(h) Quarantine restrictions.

(i) Act or omission of the shipper or owner of the goods, his agent or representative.

(j) Strikes or lockouts or stoppage or restraint of labour from whatever cause, whether partial or general.

(k) Riots and civil commotions.

(l) Saving or attempting to save life or property at sea.

(m) Wastage in bulk or weight or any other loss or damage arising from inherent defect, quality or vice of the goods.

(n) Insufficiency of packing.

(o) Insufficiency or inadequacy of marks.

(p) Latent defects not discoverable by due diligence.

(q) Any other cause arising without the actual fault or privity of the carrier, or without the actual fault or neglect of the agents or servants of the carrier, but the burden of proof shall be on the person claiming the benefit of this exception to show that neither the actual fault or privity of the carrier nor the fault or neglect of the agents or servants of the carrier contributed to the loss or damage.

3. The shipper shall not be responsible for loss or damage sustained by the carrier or the ship arising or resulting from any cause without the act, fault or neglect of the shipper, his agents or his servants.

4. Any deviation in saving or attempting to save life or property at sea or any reasonable deviation shall not be deemed to be an infringement or breach of this Convention or of the contract of carriage, and the carrier shall not be liable for any loss or damage resulting therefrom.

5. Neither the carrier nor the ship shall in any event be or become liable for any loss or damage to or in connexion with goods in an amount exceeding 100 pounds sterling per package or unit, or the equivalent of that sum in other currency unless the nature

and value of such goods have been declared by the shipper before shipment and inserted in the bill of lading.

This declaration if embodied in the bill of lading shall be prima facie evidence, but shall not be binding or conclusive on the carrier.

By agreement between the carrier, master or agent of the carrier and the shipper another maximum amount than that mentioned in this paragraph may be fixed, provided that such maximum shall not be less than the figure above named.

Neither the carrier nor the ship shall be responsible in any event for loss or damage to, or in connexion with, goods if the nature or value thereof has been knowingly misstated by the shipper in the bill of lading.

6. Goods of an inflammable, explosive or dangerous nature to the shipment whereof the carrier, master or agent of the carrier has not consented with knowledge of their nature and character, may at any time before discharge be landed at any place, or destroyed or rendered innocuous by the carrier without compensation and the shipper of such goods shall be liable for all damage and expenses directly or indirectly arising out of or resulting from such shipment. If any such goods shipped with such knowledge and consent shall become a danger to the ship or cargo, they may in like manner be landed at any place, or destroyed or rendered innocuous by the carrier without liability on the part of the carrier except to general average, if any.

Article 5

A carrier shall be at liberty to surrender in whole or in part all or any of his rights and immunities or to increase any of his responsibilities and obligations under this Convention, provided such surrender or increase shall be embodied in the bill of lading issued to the shipper.

The provisions of this Convention shall not be applicable to charter parties, but if bills of lading are issued in the case of a ship under a charter party they shall comply with the terms of this Convention. Nothing in these rules shall be held to prevent the insertion in a bill of lading of any lawful provision regarding general average.

Article 6

Notwithstanding the provisions of the preceding Articles, a carrier, master or agent of the carrier and a shipper shall in regard to any particular goods be at liberty to enter into any agreement in any terms as to the responsibility and liability of the carrier for such goods, and as to the rights and immunities of the carrier in respect of such goods, or his obligation as to seaworthiness, so far as this stipulation is not contrary to public policy, or the care or diligence of his servants or agents in regard to the loading, handling, stowage, carriage, custody, care and discharge of the goods carried by sea, provided that in this case no bill of lading has been or shall be issued and that the terms agreed shall be embodied in a receipt which shall be a non-negotiable document and shall be marked as such.

Any agreement so entered into shall have full legal effect.

Provided that this Article shall not apply to ordinary commercial shipments made in the ordinary course of trade, but only to other shipments where the character or condition of the property to be carried or the circumstances, terms and conditions under which the carriage is to be performed are such as reasonably to justify a special agreement.

Article 7

Nothing herein contained shall prevent a carrier or a shipper from entering into any agreement, stipulation, condition, reservation or exemption as to the responsibility and liability of the carrier or the ship for the loss or damage to, or in connexion with, the custody and care and handling of goods prior to the loading on, and subsequent to, the discharge from the ship on which the goods are carried by sea.

Article 8

The provisions of this Convention shall not affect the rights and obligations of the carrier under any statute for the time being in force relating to the limitation of the liability of owners of sea-going vessels.

Article 9

The monetary units mentioned in this Convention are to be taken to be gold value.

Those contracting States in which the pound sterling is not a monetary unit reserve to themselves the right of translating the sums indicated in this Convention in terms of pound sterling into terms of their own monetary system in round figures.

The national laws may reserve to the debtor the right of discharging his debt in national currency according to the rate of exchange prevailing on the day of the arrival of the ship at the port of discharge of the goods concerned.

Article 10

The provisions of this Convention shall apply to all bills of lading issued in any of the contracting States.

Article 11

After an interval of not more than two years from the day on which the Convention is signed, the Belgian Government shall place itself in communication with the Governments of the High Contracting Parties which have declared themselves prepared to ratify the Convention, with a view to deciding whether it shall be put into force. The ratifications shall be deposited at Brussels at a date to be fixed by agreement among the said Governments. The first deposit of ratifications shall be recorded in a procs-verbal signed by the representatives of the Powers which take part therein and by the Belgian Minister of Foreign Affairs.

The subsequent deposit of ratifications shall be made by means of a written notification, addressed to the Belgian Government and accompanied by the instrument of ratification.

A duly certified copy of the procs-verbal relating to the first deposit of ratifications, of the notifications referred to in the previous paragraph, and also of the instruments of ratification accompanying them, shall be immediately sent by the Belgian Government through the diplomatic channel to the Powers who have signed this Convention or who have acceded to it. In the cases contemplated in the preceding paragraph, the said Government shall inform them at the same time of the date on which it received the notification.

Article 12

Non-signatory States may accede to the present Convention whether or not they have

been represented at the International Conference at Brussels.
A State which desires to accede shall notify its intention in writing to the Belgian Government, forwarding to it the document of accession, which shall be deposited in the archives of the said Government.

The Belgian Government shall immediately forward to all the States which have signed or acceded to the Convention a duly certified copy of the notification and of the act of accession, mentioning the date on which it received the notification.

Article 13

The High Contracting Parties may at the time of signature, ratification or accession declare that their acceptance of the present Convention does not include any or all of the self-governing dominions, or of the colonies, overseas possessions, protectorates or territories under their sovereignty or authority, and they may subsequently accede separately on behalf of any self-governing dominion, colony, overseas possession, protectorate or territory excluded in their declaration. They may also denounce the Convention separately in accordance with its provisions in respect of any self-governing dominion, or any colony, overseas possession, protectorate or territory under their sovereignty or authority.

Article 14

The present Convention shall take effect, in the case of the States which have taken part in the first deposit of ratifications, one year after the date of the protocol recording such deposit.

As respects the States which ratify subsequently or which accede, and also in cases in which the Convention is subsequently put into effect in accordance with Article 13, it shall take effect six months after the notifications specified in paragraph 2 of Article 11 and paragraph 2 of Article 12 have been received by the Belgian Government.

Article 15

In the event of one of the contracting States wishing to denounce the present Convention, the denunciation shall be notified in writing to the Belgian Government, which shall immediately communicate a duly certified copy of the notification to all the other

States, informing them of the date on which it was received.

The denunciation shall only operate in respect of the State which made the notification, and on the expiry of one year after the notification has reached the Belgian Government.

Article 16

Any one of the contracting States shall have the right to call for a fresh conference with a view to considering possible amendments.

A State which would exercise this right should notify its intention to the other States through the Belgian Government, which would make arrangements for convening the Conference.

DONE at Brussels, in a single copy, August 25th, 1924.

PROTOCOL OF SIGNATURE

At the time of signing the International Convention for the Unification of Certain Rules of Law relating to Bills of Lading the Plenipotentiaries whose signatures appear below have adopted this Protocol, which will have the same force and the same value as if its provisions were inserted in the text of the Convention to which it relates.

The High Contracting Parties may give effect to this Convention either by giving it the force of law or by including in their national legislation in a form appropriate to that legislation the rules adopted under this Convention.

They may reserve the right:

1. To prescribe that in the cases referred to in paragraph 2(c) to (p) of Article 4 the holder of a bill of lading shall be entitled to establish responsibility for loss or damage arising from the personal fault of the carrier or the fault of his servants which are not covered by paragraph (a).

2. To apply Article 6 in so far as the national coasting trade is concerned to all classes of goods without taking account of the restriction set out in the last paragraph of that Article.

DONE at Brussels, in single copy, August 25th, 1924.

Protocol to Amend the International Convention for the Unification of Certain Rules of Law Relating to Bills of Lading, Brussels, February 23, 1968 (Visby Rules)

Article I

Definitions

In these Rules the following expressions have the meanings hereby assigned to them respectively, that is to say,

(a) "carrier" includes the owner or the charterer who enters into a contract of carriage with a shipper;

(b) "contract of carriage" applies only to contracts of carriage covered by a bill of lading or any similar document of title, in so far as such document relates to the carriage of goods by water, including any bill of lading or any similar document as aforesaid issued under or pursuant to a charter-party from the moment at which such bill of lading or similar document of title regulates the relations between a carrier and a holder of the same;

(c) "goods" includes goods, wares, merchandise and articles of every kind whatsoever, except live animals and cargo which by the contract of carriage is stated as being carried on deck and is so carried;

(d) "ship" means any vessel used for the carriage of goods by water;

(e) "carriage of goods" covers the period from the time when the goods are loaded on to the time they are discharged from the ship.

Article II

Risks

Subject to the provisions of Article VI, under every contract of carriage of goods by water the carrier, in relation to the loading, handling, stowage, carriage, custody, care and discharge of such goods, shall be subject to the responsibilities and liabilities and entitled to the rights and immunities hereinafter set forth.

Article III

Responsibilities and Liabilities

1. The carrier shall be bound, before and at the beginning of the voyage, to exercise due diligence to

(a) make the ship seaworthy;

(b) properly man, equip and supply the ship;

(c) make the holds, refrigerating and cool chambers, and all other parts of the ship in which goods are carried, fit and safe for their reception, carriage and preservation.

2. Subject to the provisions of Article IV, the carrier shall properly and carefully load, handle, stow, carry, keep, care for and discharge the goods carried.

3. After receiving the goods into his charge, the carrier, or the master or agent of the carrier, shall, on demand of the shipper, issue to the shipper a bill of lading showing among other things

(a) the leading marks necessary for identification of the goods as the same are furnished in writing by the shipper before the loading of such goods starts, provided such marks are stamped or otherwise shown clearly upon the goods if uncovered, or on the cases or coverings in which such goods are contained, in such a manner as should ordinarily remain legible until the end of the voyage;

(b) either the number of packages or pieces, or the quantity, or weight, as the case may be, as furnished in writing by the shipper;

(c) the apparent order and condition of the goods:

Provided that no carrier, master or agent of the carrier shall be bound to state or show in the bill of lading any marks, number, quantity, or weight which he has reasonable ground for suspecting not accurately to represent the goods actually received or which he has had no reasonable means of checking.

4. Such a bill of lading shall be prima facie evidence of the receipt by the carrier of the goods as therein described in accordance with paragraphs 3(a), (b) and (c).

However, proof to the contrary shall not be admissible when the bill of lading has been transferred to a third party acting in good faith.

5. The shipper shall be deemed to have guaranteed to the carrier the accuracy at the time of shipment of the marks, number, quantity and weight, as furnished by him, and the shipper shall indemnify the carrier against all loss, damages and expenses arising or resulting from inaccuracies in such particulars. The right of the carrier to such indemnity shall in no way limit his responsibility and liability under the contract of carriage to any person other than the shipper.

6. Unless notice of loss or damage and the general nature of such loss or damage be given in writing to the carrier or his agent at the port of discharge before or at the time of the removal of the goods into the custody of the person entitled to delivery thereof under the contract of carriage, or, if the loss or damage be not apparent, within three days, such removal shall be prima facie evidence of the delivery by the carrier of the goods as described in the bill of lading.

The notice in writing need not be given if the state of the goods has at the time of their receipt been the subject of joint survey or inspection.

Subject to paragraph 6.bis the carrier and the ship shall in any event be discharged from all liability whatsoever in respect of the goods, unless suit is brought within one year of their delivery or of the date when they should have been delivered. This period may, however, be extended if the parties so agree after the cause of action has arisen.

In the case of any actual or apprehended loss or damage the carrier and the receiver shall give all reasonable facilities to each other for inspecting and tallying the goods.

6.bis An action for indemnity against a third person may be brought even after the expiration of the year provided for in the preceding paragraph if brought within the time allowed by the law of the Court seized of the case. However, the time allowed shall be not less than three months, commencing from the day when the person bringing such action for indemnity has settled the claim or has been served with process in the action against himself.

7. After the goods are loaded the bill of lading to be issued by the carrier, master or agent of the carrier, to the shipper shall, if the shipper so demands, be a "shipped" bill of lading, provided that if the shipper shall have previously taken up any document of

title to such goods, he shall surrender the same as against the issue of the "shipped" bill of lading, but at the option of the carrier such document of title may be noted at the port of shipment by the carrier, master, or agent with the name or names of the ship or ships upon which the goods have been shipped and the date or dates of shipment, and when so noted the same shall for the purpose of this Article be deemed to constitute a "shipped" bill of lading.

8. Any clause, covenant or agreement in a contract of carriage relieving the carrier or the ship from liability for loss or damage to or in connection with goods arising from negligence, fault or failure in the duties and obligations provided in this Article or lessening such liability otherwise than as provided in these Rules, shall be null and void and of no effect.
A benefit of insurance or similar clause shall be deemed to be a clause relieving the carrier from liability.

Article IV

Rights and Immunities

1. Neither the carrier nor the ship shall be liable for loss or damage arising or resulting from unseaworthiness unless caused by want of due diligence on the part of the carrier to make the ship seaworthy, and to secure that the ship is properly manned, equipped and supplied, and to make the holds, refrigerating and cool chambers and all other parts of the ship in which goods are carried fit and safe for their reception, carriage and preservation in accordance with the provisions of paragraph 1 of Article III.

Whenever loss or damage has resulted from unseaworthiness, the burden of proving the exercise of due diligence shall be on the carrier or other person claiming exemption under this article.

2. Neither the carrier nor the ship shall be responsible for loss or damage arising or resulting from

(a) act, neglect, or default of the master, mariner, pilot or the servants of the carrier in the navigation or in the management of the ship;

(b) fire, unless caused by the actual fault or privity of the carrier;

(c) perils, dangers and accidents of the sea or other navigable waters;

(d) act of God;

(e) act of war;

(f) act of public enemies;

(g) arrest or restraint of princes, rulers or people, or seizure under legal process;

(h) quarantine restrictions;

(i) act or omission of the shipper or owner of the goods, his agent or representative;

(j) strikes or lock-outs or stoppage or restraint of labour from whatever cause, whether partial or general;

(k) riots and civil commotions;

(l) saving or attempting to save life or property at sea;

(m) wastage in bulk or weight or any other loss or damage arising from inherent defect, quality or vice of the goods;

(n) insufficiency of packing;

(o) insufficiency or inadequacy of marks;

(p) latent defects not discoverable by due diligence;

(q) any other cause arising without the actual fault and privity of the carrier, or without the fault or neglect of the agents or servants of the carrier, but the burden of proof shall be on the person claiming the benefit of this exception to show that neither the actual fault or privity of the carrier nor the fault or neglect of the agents or servants of the carrier contributed to the loss or damage.

3. The shipper shall not be responsible for loss or damage sustained by the carrier or the ship arising or resulting from any cause without the act, fault or neglect of the shipper, his agents or his servants.

4. Any deviation in saving or attempting to save life or property at sea or any reasonable deviation shall not be deemed to be an infringement or breach of these Rules

or of the contract of carriage, and the carrier shall not be liable for any loss or damage resulting therefrom.

5. *(a)* Unless the nature and value of such goods have been declared by the shipper before shipment and inserted in the bill of lading, neither the carrier nor the ship shall in any event be or become liable for any loss or damage to or in connection with the goods in an amount exceeding 666.67 units of account per package or unit or 2 units of account per kilogramme of gross weight of the goods lost or damaged, whichever is the higher.

(b) The total amount recoverable shall be calculated by reference to the value of such goods at the place and time at which the goods are discharged from the ship in accordance with the contract or should have been so discharged.

The value of the goods shall be fixed according to the commodity exchange price, or, if there be no such price, according to the current market price, or, if there be no commodity exchange price or current market price, by reference to the normal value of goods of the same kind and quality.

(c) Where a container, pallet or similar article of transport is used to consolidate goods, the number of packages or units enumerated in the bill of lading as packed in such article of transport shall be deemed the number of packages or units for the purpose of this paragraph as far as these packages or units are concerned. Except as aforesaid such article of transport shall be considered the package or unit.

(d) The unit of account mentioned in this Article is the Special Drawing Right as defined by the International Monetary Fund. The amounts mentioned in sub-paragraph (a) of this paragraph shall be converted into national currency on the basis of the value of that currency on the date to be determined by the law of the Court seized of the case. The value of the national currency, in terms of the Special Drawing Right, of a State which is a member of the International Monetary Fund, shall be calculated in accordance with the method of valuation applied by the International Monetary Fund in effect at the date in question for its operations and transactions. The value of the national currency, in terms of the Special Drawing Right, of a State which is not a member of the International Monetary Fund, shall be calculated in a manner determined by that State.

Nevertheless, a State which is not a member of the International Monetary Fund and whose law does not permit the application of the provisions of the preceding sentences may, at the time of ratification of the Protocol of 1979 or accession thereto or at any time thereafter, declare that the limits of liability provided for in this Convention to be applied in its territory shall be fixed as follows:

(i) in respect of the amount of 666.67 units of account mentioned in sub-paragraph (a) of paragraph 5 of this Article, 10,000 monetary units;

(ii) in respect of the amount of 2 units of account mentioned in sub-paragraph (a) of paragraph 5 of this Article, 30 monetary units.

The monetary unit referred to in the preceding sentence corresponds to 65.5 milli-grammes of gold of millesimal fineness 900. The conversion of the amounts specified in that sentence into the national currency shall be made according to the law of the State concerned. The calculation and the conversion mentioned in the preceding sentences shall be made in such a manner as to express in the national currency of that State as far as possible the same real value for the amounts in sub-paragraph (a) of paragraph 5 of this Article as is expressed there in units of account.

States shall communicate to the depositary the manner of calculation or the result of the conversion as the case may be, when depositing an instrument of ratification of the Protocol of 1979 or of accession thereto and whenever there is a change in either.

(e) Neither the carrier nor the ship shall be entitled to the benefit of the limitation of liability provided for in this paragraph if it is proved that the damage resulted from an act or omission of the carrier done with intent to cause damage, or recklessly and with knowledge that damage would probably result.

(f) The declaration mentioned in sub-paragraph (a) of this paragraph, if embodied in the bill of lading, shall be prima facie evidence, but shall not be binding or conclusive on the carrier.

(g) By agreement between the carrier, master or agent of the carrier and the shipper other maximum amounts than those mentioned in sub-paragraph (a) of this paragraph may be fixed, provided that no maximum amount so fixed shall be less than the appropriate maximum mentioned in that sub-paragraph.

(h) Neither the carrier nor the ship shall be responsible in any event for loss or damage

to, or in connection with, goods if the nature or value thereof has been knowingly mis-stated by the shipper in the bill of lading.

6. Goods of an inflammable, explosive or dangerous nature to the shipment whereof the carrier, master or agent of the carrier has not consented, with knowledge of their nature and character, may at any time before discharge be landed at any place or destroyed or rendered innocuous by the carrier without compensation, and the shipper of such goods shall be liable for all damages and expenses directly or indirectly arising out of or resulting from such shipment.

If any such goods shipped with such knowledge and consent shall become a danger to the ship or cargo, they may in like manner be landed at any place or destroyed or rendered innocuous by the carrier without liability on the part of the carrier except to general average, if any.

Article IVbis

Application of Defences and Limits of Liability

1. The defences and limits of liability provided for in these Rules shall apply in any action against the carrier in respect of loss or damage to goods covered by a contract of carriage whether the action be founded in contract or in tort.

2. If such an action is brought against a servant or agent of the carrier (such servant or agent not being an independent contractor), such servant or agent shall be entitled to avail himself of the defences and limits of liability which the carrier is entitled to invoke under these Rules.

3. The aggregate of the amounts recoverable from the carrier, and such servants and agents, shall in no case exceed the limit provided for in these Rules.

4. Nevertheless, a servant or agent of the carrier shall not be entitled to avail himself of the provisions of this Article, if it is proved that the damage resulted from an act or omission of the servant or agent done with intent to cause damage or recklessly and with knowledge that damage would probably result.

Article V

Surrender of Rights and Immunities, and Increase of Responsibilities and Liabilities

A carrier shall be at liberty to surrender in whole or in part all or any of his rights and immunities or to increase any of his responsibilities and liabilities under the Rules contained in any of these Articles, provided such surrender or increase shall be embodied in the bill of lading issued to the shipper.

The provisions of these Rules shall not be applicable to charter-parties, but if bills of lading are issued in the case of a ship under a charter-party they shall comply with the terms of these Rules. Nothing in these Rules shall be held to prevent the insertion in a bill of lading of any lawful provision regarding general average.

Article VI

Special Conditions

Notwithstanding the provisions of the preceding Articles, a carrier, master or agent of the carrier and a shipper shall in regard to any particular goods be at liberty to enter into any agreement in any terms as to the responsibility and liability of the carrier for such goods, and as to the rights and immunities of the carrier in respect of such goods, or his obligation as to seaworthiness, so far as this stipulation is not contrary to public policy, or the care or diligence of his servants or agents in regard to the loading, handling, stowage, carriage, custody, care and discharge of the goods carried by water, provided that in this case no bill of lading has been or shall be issued and that the terms agreed shall be embodied in a receipt which shall be a non-negotiable document and shall be marked as such.

Any agreement so entered into shall have full legal effect.

Provided that this Article shall not apply to ordinary commercial shipments made in the ordinary course of trade, but only to other shipments where the character or condition of the property to be carried or the circumstances, terms and conditions under which the carriage is to be performed are such as reasonably to justify a special agreement.

Article VII

Limitations on the Application of the Rules

Nothing herein contained shall prevent a carrier or a shipper from entering into any agreement, stipulation, condition, reservation or exemption as to the responsibility and liability of the carrier or the ship for the loss or damage to, or in connection with the custody and care and handling of goods prior to the loading on and subsequent to the discharge from the ship on which the goods are carried by water.

Article VIII

Limitation of Liability

The provisions of these Rules shall not affect the rights and obligations of the carrier under any statute for the time being in force relating to the limitation of the liability of owners of vessels.

Article IX

Liability for Nuclear Damage

These Rules shall not affect the provisions of any international Convention or national law governing liability for nuclear damage.

Article X

Application

The provisions of these Rules shall apply to every bill of lading relating to the carriage of goods between ports in two different States if:

(a) the bill of lading is issued in a Contracting State, or

(b) the carriage is from a port in a Contracting State, or

(c) the contract contained in or evidenced by the bill of lading provides that these Rules or legislation of any State giving effect to them are to govern the contract,

whatever may be the nationality of the ship, the carrier, the shipper, the consignee, or any other interested person.

International Convention relating to the Limitation of the Liability of Owners of Sea-Going Ships, and Protocol of Signature (Brussels, 10 October 1957)

THE HIGH CONTRACTING PARTIES,

HAVING RECOGNISED the desirability of determining by agreement certain uniform rules relating to the limitation of the liability of owners of sea-going ships;

HAVE DECIDED to conclude a Convention for this purpose, and thereto have agreed as follows:

Article 1

(1) The owner of a sea-going ship may limit his liability in accordance with Article 3 of this Convention in respect of claims arising from any of the following occurrences, unless the occurrence giving rise to the claim resulted from the actual fault or privity of the owner:

(a) loss of life of, or personal injury to, any person being carried in the ship, and loss of, or damage to, any property on board the ship;

(b) loss of life of, or personal injury to, any other person, whether on land or on water, loss of or damage to any other property or infringement of any rights caused by the act, neglect or default of any person on board the ship for whose act, neglect or default the owner is responsible or any person not on board the ship for whose act, neglect or default the owner is responsible: Provided however that in regard to the act, neglect or default of this last class of person, the owner shall only be entitled to limit his liability when the act, neglect or default is one which occurs in the navigation or the management of the ship or in the loading, carriage or discharge of its cargo or in the embarkation, carriage or disembarkation of its passengers;

(c) any obligation or liability imposed by any law relating to the removal of wreck and arising from or in connection with the raising, removal or destruction of any ship which is sunk, stranded or abandoned (including anything which may be on board such ship)

and any obligation or liability arising out of damage caused to harbour works, basins and navigable waterways.
(2) In the present Convention the expression "personal claims" means claims resulting from loss of life and personal injury; the expression "property claims" means all other claims set out in paragraph 1 of this Article.

(3) An owner shall be entitled to limit his liability in the cases set out in paragraph (1) of this Article even in cases where his liability arises, without proof of negligence on the part of the owner or of persons for whose conduct he is responsible, by reason of his ownership, possession, custody or control of the ship.

(4) Nothing in this Article shall apply:

(a) to claims for salvage or to claims for contribution in general average;

(b) to claims by the Master, by members of the crew, by any servants of the owner on board the ship or by servants of the owner whose duties are connected with the ship, including the claims of their heirs, personal representatives or dependents, if under the law governing the contract of service between the owner and such servants the owner is not entitled to limit his liability in respect of such claims or if he is by such law only permitted to limit his liability to an amount greater than that provided for in Article 3 of this Convention.

(5) If the owner of a ship is entitled to make a claim against a claimant arising out of the same occurrence, their respective claims shall be set off against each other and the provisions of this Convention shall only apply to the balance, if any.

(6) The question upon whom lies the burden of proving whether or not the occurrence giving rise to the claim resulted from the actual fault or privity of the owner shall be determined by the lex fori.

(7) The act of invoking limitation of liability shall not constitute an admission of liability.

Article 2

(1) The limit of liability prescribed by Article 3 of this Convention shall apply to the aggregate of personal claims and property claims which arise on any distinct occasion

without regard to any claims which have arisen or may arise on any other distinct occasion.

(2) When the aggregate of the claims which arise on any distinct occasion exceeds the limits of liability provided for by Article 3 the total sum representing such limits of liability may be constituted as one distinct limitation fund.

(3) The fund thus constituted shall be available only for the payment of claims in respect of which limitation of liability can be invoked.

(4) After the fund has been constituted, no claimant against the fund shall be entitled to exercise any right against any other assets of the shipowner in respect of his claim against the fund, if the limitation fund is actually available for the benefit of the claimant.

Article 3

(1) The amounts to which the owner of a ship may limit his liability under Article 1 shall be:

(a) where the occurrence has only given rise to property claims an aggregate amount of 1,000 francs for each ton of the ship's tonnage;

(b) where the occurrence has only given rise to personal claims an aggregate amount of 3,100 francs for each ton of the ship's tonnage;

(c) where the occurrence has given rise both to personal claims and property claims an aggregate amount of 3,100 francs for each ton of the ship's tonnage, of which a first portion amounting to 2,100 francs for each ton of the ship's tonnage shall be exclusively appropriated to the payment of personal claims and of which a second portion amounting to 1,000 francs for each ton of the ship's tonnage shall be appropriated to the payment of property claims: Provided however that in cases where the first portion is insufficient to pay the personal claims in full, the unpaid balance of such claims shall rank rateably with the property claims for payment against the second portion of the fund.

(2) In each portion of the limitation fund the distribution among the claimants shall be made in proportion to the amounts of their established claims.

(3) If before the fund is distributed the owner has paid in whole or in part any of the claims set out in Article 1 paragraph (1), he shall pro tanto be placed in the same position in relation to the fund as the claimant whose claim he has paid, but only to the extent that the claimant whose claim he has paid would have had a right of recovery against him under the national law of the State where the fund has been constituted.

(4) Where the shipowner establishes that he may at a later date be compelled to pay in whole or in part any of the claims set out in Article 1 paragraph (1) the Court or other competent authority of the State where the fund has been constituted may order that a sufficient sum shall be provisionally set aside to enable the shipowner at such later date to enforce his claim against the fund in the manner set out in the preceding paragraph.

(5) For the purpose of ascertaining the limit of an owner's liability in accordance with the provisions of this Article the tonnage of a ship of less than 300 tons shall be deemed to be 300 tons.

(6) The franc mentioned in this Article shall be deemed to refer to a unit consisting of sixty five and a half milligrams of gold of millesimal fineness nine hundred. The amounts mentioned in paragraph (1) of this Article shall be converted into the national currency of the State in which limitation is sought on the basis of the value of that currency by reference to the unit defined above at the date on which the shipowner shall have constituted the limitation fund, made the payment or given a guarantee which under the law of that State is equivalent to such payment.

(7) For the purpose of this convention tonnage shall be calculated as follows:

- in the case of steamships or other mechanically propelled ships there shall be taken the net tonnage with the addition of the amount deducted from the gross tonnage on account of engine room space for the purpose of ascertaining the net tonnage;

- in the case of all other ships there shall be taken the net tonnage.

Article 4

Without prejudice to the provisions of Article 3, paragraph (2), of this Convention, the rules relating to the constitution and distribution of the limitation fund, if any, and all rules of procedure shall be governed by the national law of the State in which the fund is constituted.

Article 5

(1) Whenever a shipowner is entitled to limit his liability under this Convention, and the ship or another ship or other property in the same ownership has been arrested within the jurisdiction of a Contracting State or bail or other security has been given to avoid arrest, the Court or other competent authority of such State may order the release of the ship or other property or of the security given if it is established that the shipowner has already given satisfactory bail or security in a sum equal to the full limit of his liability under this Convention and that the bail or other security so given is actually available for the benefit of the claimant in accordance with his rights.

(2) Where, in circumstances mentioned in paragraph (1) of this Article, bail or other security has already been given:

(a) at the port where the accident giving rise to the claim occurred;

(b) at the first port of call after the accident if the accident did not occur in a port;

(c) at the port of disembarkation or discharge if the claim is a personal claim or relates to damage to cargo;

the Court or other competent authority shall order the release of the ship or the bail or other security given, subject to the conditions set forth in paragraph (1) of this Article.

(3) The provisions of paragraphs (1) and (2) of this Article shall apply likewise if the bail or other security already given is in a sum less than the full limit of liability under this Convention: Provided that satisfactory bail or other security is given for the balance.

(4) When the shipowner has given bail or other security in a sum equal to the full limit of his liability under this Convention such bail or other security shall be available for the payment of all claims arising on a distinct occasion and in respect of which the shipowner may limit his liability.

(5) Questions of procedure relating to actions brought under the provisions of this Convention and also the time limit within which such actions shall be brought or prosecuted shall be decided in accordance with the national law of the Contracting State in which the action takes place.

Article 6

(1) In this Convention the liability of the shipowner includes the liability of the ship herself.

(2) Subject to paragraph (3) of this Article, the provisions of this Convention shall apply to the charterer, manager and operator of the ship, and to the master, members of the crew and other servants of the owner, charterer, manager or operator acting in the course of their employment, in the same way as they apply to an owner himself: Provided that the total limits of liability of the owner and all such other persons in respect of personal claims and property claims arising on a distinct occasion shall not exceed the amounts determined in accordance with Article 3 of this Convention.

(3) When actions are brought against the master or against members of the crew such persons may limit their liability even if the occurrence which gives rise to the claims resulted from the actual fault or privity of one or more of such persons. If, however, the master or member of the crew is at the same time the owner, co-owner, charterer, manager or operator of the ship the provisions of this paragraph shall only apply where the act, neglect or default in question is an act, neglect or default committed by the person in question in his capacity as master or as member of the crew of the ship.

Article 7

This Convention shall apply whenever the owner of a ship, or any other person having by virtue of the provisions of Article 6 hereof the same rights as an owner of a ship, limits or seeks to limit his liability before the Court of a Contracting State or seeks to procure the release of a ship or other property arrested or the bail or other security given within the jurisdiction of any such State.

Nevertheless, each Contracting State shall have the right to exclude, wholly or partially, from the benefits of this Convention any non-Contracting State, or any person who, at the time when he seeks to limit his liability or to secure the release of a ship or other property arrested or the bail or other security in accordance with the provisions of Article 5 hereof, is not ordinarily resident in a Contracting State, or does not have his principal place of business in a Contracting State, or any ship in respect of which limitation of liability or release is sought which does not at the time specified above fly the flag of a Contracting State.

Article 8

Each Contracting State reserves the right to decide what other classes of ship shall be treated in the same manner as sea-going ships for the purposes of this Convention.

Article 9

This Convention shall be open for signature by the States represented at the tenth session of the Diplomatic Conference on Maritime Law.

Article 10

This Convention shall be ratified and the instruments of ratification shall be deposited with the Belgian Government which shall notify through diplomatic channels all signatory and acceding States of their deposits.

Article 11

(1) This Convention shall come into force six months after the date of deposit of at least ten instruments of ratification, of which at least five shall have been deposited by States that have each a tonnage equal or superior to one million gross tons of tonnage.

(2) For each signatory State which ratifies the Convention after the date of deposit of the instrument of ratification determining the coming into force such as is stipulated in paragraph (1) of this Article, this Convention shall come into force six months after the deposit of their instrument of ratification.[4]

Article 12

Any State not represented at the tenth session of the Diplomatic Conference on Maritime Law may accede to this Convention.

The instruments of accession shall be deposited with the Belgian Government which shall inform through diplomatic channels all signatory and acceding States of the deposit of any such instruments.

The Convention shall come into force in respect of the acceding State six months after the date of the deposit of the instrument of accession of that State, but not before the date of entry into force of the Convention as established by Article 11(1).

Article 13

Each High Contracting Party shall have the right to denounce this Convention at any time after the coming into force thereof in respect of such High Contracting Party. Nevertheless, this denunciation shall only take effect one year after the date on which notification thereof has been received by the Belgian Government which shall inform through diplomatic channels all signatory and acceding States of such notification.

Article 14

(1) Any High Contracting Party may at the time of its ratification of or accession to this Convention or at any time thereafter declare by written notification to the Belgian Government that the Convention shall extend to any of the territories for whose international relations it is responsible. The Convention shall six months after the date of the receipt of such notification by the Belgian Government extend to the territories named therein, but not before the date of the coming into force of this Convention in respect of such High Contracting Party.

(2) Any High Contracting Party which has made a declaration under paragraph 1 of this Article extending the Convention to any territory for whose international relations it is responsible may at any time thereafter declare by notification given to the Belgian Government that the Convention shall cease to extend to such territory. This denunciation shall take effect one year after the date on which notification thereof has been received by the Belgian Government.

(3) The Belgian Government shall inform through diplomatic channels all signatory and acceding States of any notification received by it under this Article.

Article 15

Any High Contracting Party may three years after the coming into force of this Convention in respect of such High Contracting Party or at any time thereafter request that a Conference be convened in order to consider amendments to this Convention.

Any High Contracting Party proposing to avail itself of this right shall notify the Belgian Government which shall convene the Conference within six months thereafter.

Article 16

In respect of the relations between States which ratify this Convention or accede to it, this Convention shall replace and abrogate the International Convention for the unification of certain rules concerning the limitation of the liability of the owners of sea-going ships, signed at Brussels, on the 25th of August 1924.

IN WITNESS WHEREOF the Plenipotentiaries, duly authorized, have signed this Convention.

DONE at Brussels, this tenth day of October 1957, in the French and English languages, the two texts being equally authentic, in a single copy, which shall remain deposited in the archives of the Belgian Government, which shall issue certified copies.

PROTOCOL OF SIGNATURE

(1) Any State, at the time of signing, ratifying or acceding to this Convention may make any of the reservations set forth in paragraph (2). No other reservations to this Convention shall be admissible.

(2) The following are the only reservations admissible:

(a) Reservation of the right to exclude the application of Article 1 paragraph (1)(c).

(b) Reservation of the right to regulate by specific provisions of national law the system of limitation of liability to be applied to ships of less than 300 tons.

(c) Reservation of the right to give effect to this Convention either by giving it the force of law or by including in national legislation, in a form appropriate to that legislation, the provisions of this Convention.

Convention on Limitation of Liability for Maritime Claims, 1976 (London, 19 November 1976)

THE STATES PARTIES TO THIS CONVENTION,

HAVING RECOGNIZED the desirability of determining by agreement certain uniform rules relating to the limitation of liability for maritime claims,

HAVE DECIDED to conclude a Convention for this purpose and have thereto agreed as follows:

CHAPTER I: THE RIGHT OF LIMITATION

Article 1

Persons entitled to limit liability

1. Shipowners and salvors, as hereinafter defined, may limit their liability in accordance with the rules of this Convention for claims set out in Article 2.

2. The term "shipowner" shall mean the owner, charterer, manager and operator of a seagoing ship.

3. Salvor shall mean any person rendering services in direct connexion with salvage operations. Salvage operations shall also include operations referred to in Article 2, paragraph 1(d), (e) and (f).

4. If any claims set out in Article 2 are made against any person for whose act, neglect or default the shipowner or salvor is responsible, such person shall be entitled to avail himself of the limitation of liability provided for in this Convention.

5. In this Convention the liability of a shipowner shall include liability in an action brought against the vessel itself.

6. An insurer of liability for claims subject to limitation in accordance with the rules of this Convention shall be entitled to the benefits of this Convention to the same extent

as the assured himself.

7. The act of invoking limitation of liability shall not constitute an admission of liability.

Article 2

Claims subject to limitation

1. Subject to Articles 3 and 4 the following claims, whatever the basis of liability may be, shall be subject to limitation of liability:

(a) claims in respect of loss of life or personal injury or loss of or damage to property (including damage to harbour works, basins and waterways and aids to navigation), occurring on board or in direct connexion with the operation of the ship or with salvage operations, and consequential loss resulting therefrom;

(b) claims in respect of loss resulting from delay in the carriage by sea of cargo, passengers or their luggage;

(c) claims in respect of other loss resulting from infringement of rights other than contractual rights, occurring in direct connexion with the operation of the ship or salvage operations;

(d) claims in respect of the raising, removal, destruction or the rendering harmless of a ship which is sunk, wrecked, stranded or abandoned, including anything that is or has been on board such ship;

(e) claims in respect of the removal, destruction or the rendering harmless of the cargo of the ship;

(f) claims of a person other than the person liable in respect of measures taken in order to avert or minimize loss for which the person liable may limit his liability in accordance with this Convention, and further loss caused by such measures.

2. Claims set out in paragraph 1 shall be subject to limitation of liability even if brought by way of recourse or for indemnity under a contract or otherwise. However, claims set out under paragraph 1(d), (e) and (f) shall not be subject to limitation of liability to the extent that they relate to remuneration under a contract with the person liable.

Article 3

Claims excepted from limitation

The rules of this Convention shall not apply to:

(a) claims for salvage or contribution in general average;

(b) claims for oil pollution damage within the meaning of the International Convention on Civil Liability for Oil Pollution Damage, dated 29 November 1969 or of any amendment or Protocol thereto which is in force;

(c) claims subject to any international convention or national legislation governing or prohibiting limitation of liability for nuclear damage;

(d) claims against the shipowner of a nuclear ship for nuclear damage;

(e) claims by servants of the shipowner or salvor whose duties are connected with the ship or the salvage operations, including claims of their heirs, dependants or other persons entitled to make such claims, if under the law governing the contract of service between the shipowner or salvor and such servants the shipowner or salvor is not entitled to limit his liability in respect of such claims, or if he is by such law only permitted to limit his liability to an amount greater than that provided for in Article 6.

Article 4

Conduct barring limitation

A person liable shall not be entitled to limit his liability if it is proved that the loss resulted from his personal act or omission, committed with the intent to cause such loss, or recklessly and with knowledge that such loss would probably result.

Article 5

Counterclaims

Where a person entitled to limitation of liability under the rules of this Convention has a claim against the claimant arising out of the same occurrence, their respective claims shall be set off against each other and the provisions of this Convention shall only apply to the balance, if any.

CHAPTER II: LIMITS OF LIABILITY

Article 6

The general limits

1. The limits of liability for claims other than those mentioned in Article 7, arising on any distinct occasion, shall be calculated as follows:

(a) in respect of claims for loss of life or personal injury,

(i) 333,000 Units of Account for a ship with a tonnage not exceeding 500 tons,

(ii) for a ship with a tonnage in excess thereof, the following amount in addition to that mentioned in (i):

for each ton from 501 to 3,000 tons, 500 Units of Account;

for each ton from 3,001 to 30,000 tons, 333 Units of Account;

for each ton from 30,001 to 70,000 tons, 250 Units of Account; and

for each ton in excess of 70,000 tons, 167 Units of Account,

(b) in respect of any other claims,

(i) 167,000 Units of Account for a ship with a tonnage not exceeding 500 tons,

(ii) for a ship with a tonnage in excess thereof the following amount in addition to that mentioned in (i):

for each ton from 501 to 30,000 tons, 167 Units of Account;

for each ton from 30,001 to 70,000 tons, 125 Units of Account; and

for each ton in excess of 70,000 tons, 83 Units of Account.

2. Where the amount calculated in accordance with paragraph 1(a) is insufficient to pay the claims mentioned therein in full, the amount calculated in accordance with paragraph 1(b) shall be available for payment of the unpaid balance of claims under paragraph 1(a) and such unpaid balance shall rank rateably with claims mentioned under paragraph 1(b).

3. However, without prejudice to the right of claims for loss of life or personal injury according to paragraph 2, a State Party may provide in its national law that claims in respect of damage to harbour works, basins and waterways and aids to navigation shall have such priority over other claims under paragraph 1(b) as is provided by that law.

4. The limits of liability for any salvor not operating from any ship or for any salvor operating solely on the ship to, or in respect of which he is rendering salvage services, shall be calculated according to a tonnage of 1,500 tons.

5. For the purpose of this Convention the ship's tonnage shall be the gross tonnage calculated in accordance with the tonnage measurement rules contained in Annex I of the International Convention on Tonnage Measurement of Ships, 1969.

Article 7

The limit for passenger claims

1. In respect of claims arising on any distinct occasion for loss of life or personal injury to passengers of a ship, the limit of liability of the shipowner thereof shall be an amount of 46,666 Units of Account multiplied by the number of passengers which the ship is authorized to carry according to the ship's certificate, but not exceeding 25 million Units of Account.

2. For the purpose of this Article "claims for loss of life or personal injury to passengers of a ship" shall mean any such claims brought by or on behalf of any person carried in that ship:

(a) under a contract of passenger carriage, or

(b) who, with the consent of the carrier, is accompanying a vehicle or live animals which are covered by a contract for the carriage of goods.

Article 8

Unit of Account

1. The Unit of Account referred to in Articles 6 and 7 is the Special Drawing Right as defined by the International Monetary Fund. The amounts mentioned in Articles 6 and 7 shall be converted into the national currency of the State in which limitation is

sought, according to the value of that currency at the date the limitation fund shall have been constituted, payment is made, or security is given which under the law of that State is equivalent to such payment. The value of a national currency in terms of the Special Drawing Right, of a State Party which is a member of the International Monetary Fund, shall be calculated in accordance with the method of valuation applied by the International Monetary Fund in effect at the date in question for its operations and transactions. The value of a national currency in terms of the Special Drawing Right, of a State Party which is not a member of the International Monetary Fund, shall be calculated in a manner determined by that State Party.

2. Nevertheless, those States which are not members of the International Monetary Fund and whose law does not permit the application of the provisions of paragraph 1 may, at the time of signature without reservation as to ratification, acceptance or approval or at the time of ratification, acceptance, approval or accession or at any time thereafter, declare that the limits of liability provided for in this Convention to be applied in their territories shall be fixed as follows:

(a) in respect of Article 6, paragraph 1(a) at an amount of:

(i) 5 million monetary units for a ship with a tonnage not exceeding 500 tons,

(ii) for a ship with a tonnage in excess thereof, the following amount in addition to that mentioned in (i):

for each ton from 501 to 3,000 tons, 7,500 monetary units;

for each ton from 3,001 to 30,000 tons, 5,000 monetary units;

for each ton from 30,001 to 70,000 tons, 3,750 monetary units; and

for each ton in excess of 70,000 tons, 2,500 monetary units; and

(b) in respect of Article 6, paragraph 1(b), at an amount of:

(i) 2.5 million monetary units for a ship with a tonnage not exceeding 500 tons,

(ii) for a ship with a tonnage in excess thereof, the following amount in addition to that mentioned in (i):

for each ton from 501 to 30,000 tons, 2,500 monetary units;

for each ton from 30,001 to 70,000 tons, 1,850 monetary units; and

for each ton in excess of 70,000 tons, 1,250 monetary units; and

(c) in respect of Article 7, paragraph 1, at an amount of 700,000 monetary units multiplied by the number of passengers which the ship is authorized to carry according to its certificate, but not exceeding 375 million monetary units.

Paragraphs 2 and 3 of Article 6 apply correspondingly to sub-paragraphs (a) and (b) of this paragraph.

3. The monetary unit referred to in paragraph 2 corresponds to sixty-five and a half milligrammes of gold of millesimal fineness nine hundred. The conversion of the amounts referred to in paragraph 2 into the national currency shall be made according to the law of the State concerned.

4. The calculation mentioned in the last sentence of paragraph 1 and the conversion mentioned in paragraph 3 shall be made in such a manner as to express in the national currency of the State Party as far as possible the same real value for the amounts in Articles 6 and 7 as is expressed there in units of account. States Parties shall communicate to the depositary the manner of calculation pursuant to paragraph 1, or the result of the conversion in paragraph 3, as the case may be, at the time of the signature without reservation as to ratification, acceptance or approval, or when depositing an instrument referred to in Article 16 and whenever there is a change in either.

Article 9

Aggregation of claims

1. The limits of liability determined in accordance with Article 6 shall apply to the aggregate of all claims which arise on any distinct occasion:

(a) against the person or persons mentioned in paragraph 2 of Article 1 and any person for whose act, neglect or default he or they are responsible; or

(b) against the shipowner of a ship rendering salvage services from that ship and the salvor or salvors operating from such ship and any person for whose act, neglect or default he or they are responsible; or

(c) against the salvor or salvors who are not operating from a ship or who are operating solely on the ship to, or in respect of which, the salvage services are rendered and any person for whose act, neglect or default he or they are responsible.

2. The limits of liability determined in accordance with Article 7 shall apply to the aggregate of all claims subject thereto which may arise on any distinct occasion against the person or persons mentioned in paragraph 2 of Article 1 in respect of the ship referred to in Article 7 and any person for whose act, neglect or default he or they are responsible.

Article 10

Limitation of liability without constitution of a limitation fund

1. Limitation of liability may be invoked notwithstanding that a limitation fund as mentioned in Article 11 has not been constituted. However, a State Party may provide in its national law that, where an action is brought in its Courts to enforce a claim subject to limitation, a person liable may only invoke the right to limit liability if a limitation fund has been constituted in accordance with the provisions of this Convention or is constituted when the right to limit liability is invoked.

2. If limitation of liability is invoked without the constitution of a limitation fund, the provisions of Article 12 shall apply correspondingly.

3. Questions of procedure arising under the rules of this Article shall be decided in accordance with the national law of the State Party in which action is brought.

CHAPTER III: THE LIMITATION FUND

Article 11

Constitution of the fund

1. Any person alleged to be liable may constitute a fund with the Court or other competent authority in any State Party in which legal proceedings are instituted in respect of claims subject to limitation. The fund shall be constituted in the sum of such of the amounts set out in Articles 6 and 7 as are applicable to claims for which that

person may be liable, together with interest thereon from the date of the occurrence giving rise to the liability until the date of the constitution of the fund. Any fund thus constituted shall be available only for the payment of claims in respect of which limitation of liability can be invoked.

2. A fund may be constituted, either by depositing the sum, or by producing a guarantee acceptable under the legislation of the State Party where the fund is constituted and considered to be adequate by the Court or other competent authority.

3. A fund constituted by one of the persons mentioned in paragraph 1(a), (b) or (c) or paragraph 2 of Article 9 or his insurer shall be deemed constituted by all persons mentioned in paragraph 1(a), (b) or (c) or paragraph 2, respectively.

Article 12

Distribution of the fund

1. Subject to the provisions of paragraphs 1, 2 and 3 of Article 6 and of Article 7, the fund shall be distributed among the claimants in proportion to their established claims against the fund.

2. If, before the fund is distributed, the person liable, or his insurer, has settled a claim against the fund such person shall, up to the amount he has paid, acquire by subrogation the rights which the person so compensated would have enjoyed under this Convention.

3. The right of subrogation provided for in paragraph 2 may also be exercised by persons other than those therein mentioned in respect of any amount of compensation which they may have paid, but only to the extent that such subrogation is permitted under the applicable national law.

4. Where the person liable or any other person establishes that he may be compelled to pay, at a later date, in whole or in part any such amount of compensation with regard to which such person would have enjoyed a right of subrogation pursuant to paragraphs 2 and 3 had the compensation been paid before the fund was distributed, the Court or other competent authority of the State where the fund has been constituted may order that a sufficient sum shall be provisionally set aside to enable such person at such later date to enforce his claim against the fund.

Article 13

Bar to other actions

1. Where a limitation fund has been constituted in accordance with Article 11, any person having made a claim against the fund shall be barred from exercising any right in respect of such claim against any other assets of a person by or on behalf of whom the fund has been constituted.

2. After a limitation fund has been constituted in accordance with Article 11, any ship or other property, belonging to a person on behalf of whom the fund has been constituted, which has been arrested or attached within the jurisdiction of a State Party for a claim which may be raised against the fund, or any security given, may be released by order of the Court or other competent authority of such State. However, such release shall always be ordered if the limitation fund has been constituted:

(a) at the port where the occurrence took place, or, if it took place out of port, at the first port of call thereafter; or

(b) at the port of disembarkation in respect of claims for loss of life or personal injury; or

(c) at the port of discharge in respect of damage to cargo; or

(d) in the State where the arrest is made.

3. The rules of paragraphs 1 and 2 shall apply only if the claimant may bring a claim against the limitation fund before the Court administering that fund and the fund is actually available and freely transferable in respect of that claim.

Article 14

Governing law

Subject to the provisions of this Chapter the rules relating to the constitution and distribution of a limitation fund, and all rules of procedure in connexion therewith, shall be governed by the law of the State Party in which the fund is constituted.

CHAPTER IV: SCOPE OF APPLICATION

Article 15

1. This Convention shall apply whenever any person referred to in Article 1 seeks to limit his liability before the Court of a State Party or seeks to procure the release of a ship or other property or the discharge of any security given within the jurisdiction of any such State. Nevertheless, each State Party may exclude wholly or partially from the application of this Convention any person referred to in Article 1 who at the time when the rules of this Convention are invoked before the Courts of that State does not have his habitual residence in a State Party or does not have his principal place of business in a State Party or any ship in relation to which the right of limitation is invoked or whose release is sought and which does not at the time specified above fly the flag of a State Party.

2. A State Party may regulate by specific provisions of national law the system of limitation of liability to be applied to vessels which are:

(a) according to the law of that State, ships intended for navigation on inland waterways

(b) ships of less than 300 tons.

A State Party which makes use of the option provided for in this paragraph shall inform the depositary of the limits of liability adopted in its national legislation or of the fact that there are none.

3. A State Party may regulate by specific provisions of national law the system of limitation of liability to be applied to claims arising in cases in which interests of persons who are nationals of other States Parties are in no way involved.

4. The Courts of a State Party shall not apply this Convention to ships constructed for, or adapted to, and engaged in, drilling:

(a) when that State has established under its national legislation a higher limit of liability than that otherwise provided for in Article 6; or

(b) when that State has become party to an international convention regulating the

system of liability in respect of such ships.
In a case to which sub-paragraph (a) applies that State Party shall inform the depositary accordingly.

5. This Convention shall not apply to:

(a) air-cushion vehicles;

(b) floating platforms constructed for the purpose of exploring or exploiting the natural resources of the sea-bed or the subsoil thereof.

CHAPTER V: FINAL CLAUSES

Article 16

Signature, ratification and accession

1. This Convention shall be open for signature by all States at the Headquarters of the Inter-Governmental Maritime Consultative Organization (hereinafter referred to as "the Organization") from 1 February 1977 until 31 December 1977 and shall thereafter remain open for accession.

2. All States may become parties to this Convention by:

(a) signature without reservation as to ratification, acceptance or approval; or

(b) signature subject to ratification, acceptance or approval followed by ratification, acceptance or approval; or

(c) accession.

3. Ratification, acceptance, approval or accession shall be effected by the deposit of a formal instrument to that effect with the Secretary-General of the Organization (hereinafter referred to as "the Secretary-General").

Article 17

Entry into force

1. This Convention shall enter into force on the first day of the month following one

year after the date on which twelve States have either signed it without reservation as to ratification, acceptance or approval or have deposited the requisite instruments of ratification, acceptance, approval or accession.

2. For a State which deposits an instrument of ratification, acceptance, approval or accession, or signs without reservation as to ratification, acceptance or approval, in respect of this Convention after the requirements for entry into force have been met but prior to the date of entry into force, the ratification, acceptance, approval or accession or the signature without reservation as to ratification, acceptance or approval, shall take effect on the date of entry into force of the Convention or on the first day of the month following the ninetieth day after the date of the signature or the deposit of the instrument, whichever is the later date.

3. For any State which subsequently becomes a Party to this Convention, the Convention shall enter into force on the first day of the month following the expiration of ninety days after the date when such State deposited its instrument.

4. In respect of the relations between States which ratify, accept, or approve this Convention or accede to it, this Convention shall replace and abrogate the International Convention relating to the Limitation of the Liability of Owners of Sea-going Ships, done at Brussels' on 10 October 1957, and the International Convention for the Unification of certain Rules relating to the Limitation of Liability of the Owners of Sea-going Vessels, signed at Brussels on 25 August 1924.

Article 18

Reservations

1. Any State may, at the time of signature, ratification, acceptance, approval or accession, reserve the right to exclude the application of Article 2 paragraph 1(d) and (e). No other reservations shall be admissible to the substantive provisions of this Convention.

2. Reservations made at the time of signature are subject to confirmation upon ratification, acceptance or approval.

3. Any State which has made a reservation to this Convention may withdraw it at any time by means of a notification addressed to the Secretary-General. Such withdrawal

shall take effect on the date the notification is received. If the notification states that the withdrawal of a reservation is to take effect on a date specified therein, and such date is later than the date the notification is received by the Secretary-General, the withdrawal shall take effect on such later date.

Article 19

Denunciation

1. This Convention may be denounced by a State Party at any time one year from the date on which the Convention entered into force for that Party.

2. Denunciation shall be effected by the deposit of an instrument with the Secretary-General.

3. Denunciation shall take effect on the first day of the month following the expiration of one year after the date of deposit of the instrument, or after such longer period as may be specified in the instrument.

Article 20

Revision and amendment

1. A Conference for the purpose of revising or amending this Convention may be convened by the Organization.

2. The Organization shall convene a Conference of the States Parties to this Convention for revising or amending it at the request of not less than one-third of the Parties.

3. After the date of the entry into force of an amendment to this Convention, any instrument of ratification, acceptance, approval or accession deposited shall be deemed to apply to the Convention as amended, unless a contrary intention is expressed in the instrument.

Article 21

Revision of the limitation amounts and of Unit of Account or monetary unit

1. Notwithstanding the provisions of Article 20, a Conference only for the purposes of altering the amounts specified in Articles 6 and 7 and in Article 8, paragraph 2, or of

substituting either or both of the Units defined in Article 8, paragraphs 1 and 2, by other units shall be convened by the Organization in accordance with paragraphs 2 and 3 of this Article. An alteration of the amounts shall be made only because of a significant change in their real value.

2. The Organization shall convene such a Conference at the request of not less than one fourth of the States Parties.

3. A decision to alter the amounts or to substitute the Units by other units of account shall be taken by a two-thirds majority of the States Parties present and voting in such Conference.

4. Any State depositing its instrument of ratification, acceptance, approval or accession to the Convention, after entry into force of an amendment, shall apply the Convention as amended.

Article 22

Depositary

1. This Convention shall be deposited with the Secretary-General.

2. The Secretary-General shall:

(a) transmit certified true copies of this Convention to all States which were invited to attend the Conference on Limitation of Liability for Maritime Claims and to any other States which accede to this Convention;

(b) inform all States which have signed or acceded to this Convention of:

(i) each new signature and each deposit of an instrument and any reservation thereto together with the date thereof;

(ii) the date of entry into force of this Convention or any amendment thereto;

(iii) any denunciation of this Convention and the date on which it takes effect;

(iv) any amendment adopted in conformity with Articles 20 or 21;

(v) any communication called for by any Article of this Convention.

3. Upon entry into force of this Convention, a certified true copy thereof shall be

transmitted by the Secretary-General to the Secretariat of the United Nations for registration and publication in accordance with Article 102 of the Charter of the United Nations.

Article 23

Languages

This Convention is established in a single original in the English, French, Russian and Spanish languages, each text being equally authentic.

DONE AT LONDON this nineteenth day of November one thousand nine hundred and seventy-six.

IN WITNESS WHEREOF the undersigned being duly authorized for that purpose have signed this Convention.

Protocol of 1996 to amend the Convention on Limitation of Liability for Maritime Claims of 19 November 1976
(London, 2 May 1996)

THE PARTIES TO THE PRESENT PROTOCOL,

CONSIDERING that it is desirable to amend the Convention on Limitation of Liability for Maritime Claims, done at London on 19 November 1976, to provide for enhanced compensation and to establish a simplified procedure for updating the limitation amounts,

HAVE AGREED as follows:

Article 1

For the purposes of this Protocol:

1. "Convention" means the Convention on Limitation of Liability for Maritime Claims, 1976.

2. "Organization" means the International Maritime Organization.

3. "Secretary-General" means the Secretary-General of the Organization.

Article 2

Article 3, subparagraph (a) of the Convention is replaced by the following text:

(a) claims for salvage, including, if applicable, any claim for special compensation under Article 14 of the International Convention on Salvage 1989, as amended, or contribution in general average;

Article 3

Article 6, paragraph 1 of the Convention is replaced by the following text:

1. The limits of liability for claims other than those mentioned in Article 7, arising on

any distinct occasion, shall be calculated as follows:

(a) in respect of claims for loss of life or personal injury,
(i) 2 million Units of Account for a ship with a tonnage not exceeding 2,000 tons,

(ii) for a ship with a tonnage in excess thereof, the following amount in addition to that mentioned in (i):

for each ton from 2,001 to 30,000 tons, 800 Units of Account;

for each ton from 30,001 to 70,000 tons, 600 Units of Account; and

for each ton in excess of 70,000 tons, 400 Units of Account,

(b) in respect of any other claims,

(i) 1 million Units of Account for a ship with a tonnage not exceeding 2,000 tons,

(ii) for a ship with a tonnage in excess thereof, the following amount in addition to that mentioned in (i):

for each ton from 2,001 to 30,000 tons, 400 Units of Account;

for each ton from 30,001 to 70,000 tons, 300 Units of Account; and

for each ton in excess of 70,000 tons, 200 Units of Account.

Article 4

Article 7, paragraph 1 of the Convention is replaced by the following text:

1. In respect of claims arising on any distinct occasion for loss of life or personal injury to passengers of a ship, the limit of liability of the shipowner thereof shall be an amount of 175,000 Units of Account multiplied by the number of passengers which the ship is authorized to carry according to the ship's certificate.

Article 5

Article 8, paragraph 2 of the Convention is replaced by the following text:

2. Nevertheless, those States which are not members of the International Monetary Fund and whose law does not permit the application of the provisions of paragraph 1 may,

at the time of signature without reservation as to ratification, acceptance or approval or at the time of ratification, acceptance, approval or accession or at any time thereafter, declare that the limits of liability provided for in this Convention to be applied in their territories shall be fixed as follows:

(a) in respect of Article 6, paragraph 1(a), at an amount of

(i) 30 million monetary units for a ship with a tonnage not exceeding 2,000 tons;

(ii) for a ship with a tonnage in excess thereof, the following amount in addition to that mentioned in (i):

for each ton from 2,001 to 30,000 tons, 12,000 monetary units;

for each ton from 30,001 to 70,000 tons, 9,000 monetary units; and

for each ton in excess of 70,000 tons, 6,000 monetary units; and

(b) in respect of Article 6, paragraph 1(b), at an amount of:

(i) 15 million monetary units for a ship with a tonnage not exceeding 2,000 tons;

(ii) for a ship with a tonnage in excess thereof, the following amount in addition to that mentioned in (i):

for each ton from 2,001 to 30,000 tons, 6,000 monetary units;

for each ton from 30,001 to 70,000 tons, 4,500 monetary units; and

for each ton in excess of 70,000 tons, 3,000 monetary units; and

(c) in respect of Article 7, paragraph 1, at an amount of 2,625,000 monetary units multiplied by the number of passengers which the ship is authorized to carry according to its certificate.

Paragraphs 2 and 3 of Article 6 apply correspondingly to subparagraphs (a) and (b) of this paragraph.

Article 6

The following text is added as paragraph 3bis in Article 15 of the Convention:

3bis Notwithstanding the limit of liability prescribed in paragraph 1 of Article 7, a State Party may regulate by specific provisions of national law the system of liability to be applied to claims for loss of life or personal injury to passengers of a ship, provided that the limit of liability is not lower than that prescribed in paragraph 1 of Article 7. A State Party which makes use of the option provided for in this paragraph shall inform the Secretary-General of the limits of liability adopted or of the fact that there are none.

Article 7

Article 18, paragraph 1 of the Convention is replaced by the following text:

1. Any State may, at the time of signature, ratification, acceptance, approval or accession, or at any time thereafter, reserve the right:

(a) to exclude the application of Article 2, paragraphs 1(d) and (e);

(b) to exclude claims for damage within the meaning of the International Convention on Liability and Compensation for Damage in Connection with the Carriage of Hazardous and Noxious Substances by Sea, 1996 or of any amendment or protocol thereto.

No other reservations shall be admissible to the substantive provisions of this Convention.

Article 8

Amendment of limits

1. Upon the request of at least one half, but in no case less than six, of the States Parties to this Protocol, any proposal to amend the limits specified in Article 6, paragraph 1, Article 7, paragraph 1 and Article 8, paragraph 2 of the Convention as amended by this Protocol shall be circulated by the Secretary-General to all Members of the Organization and to all Contracting States.

2. Any amendment proposed and circulated as above shall be submitted to the Legal Committee of the Organization (the Legal Committee) for consideration at a date at least six months after the date of its circulation.

3. All Contracting States to the Convention as amended by this Protocol, whether or not Members of the Organization, shall be entitled to participate in the proceedings of the

Legal Committee for the consideration and adoption of amendments.

4. Amendments shall be adopted by a two-thirds majority of the Contracting States to the Convention as amended by this Protocol present and voting in the Legal Committee expanded as provided for in paragraph 3, on condition that at least one half of the Contracting States to the Convention as amended by this Protocol shall be present at the time of voting.

5. When acting on a proposal to amend the limits, the Legal Committee shall take into account the experience of incidents and, in particular, the amount of damage resulting therefrom, changes in the monetary values and the effect of the proposed amendment on the cost of insurance.

6. *(a)* No amendment of the limits under this Article may be considered less than five years from the date on which this Protocol was opened for signature nor less than five years from the date of entry into force of a previous amendment under this Article.

(b) No limit may be increased so as to exceed an amount which corresponds to the limit laid down in the Convention as amended by this Protocol increased by six percent per year calculated on a compound basis from the date on which this Protocol was opened for signature.

(c) No limit may be increased so as to exceed an amount which corresponds to the limit laid down in the Convention as amended by this Protocol multiplied by three.

7. Any amendment adopted in accordance with paragraph 4 shall be notified by the Organization to all Contracting States. The amendment shall be deemed to have been accepted at the end of a period of eighteen months after the date of notification, unless within that period not less than one-fourth of the States that were Contracting States at the time of the adoption of the amendment have communicated to the Secretary-General that they do not accept the amendment, in which case the amendment is rejected and shall have no effect.

8. An amendment deemed to have been accepted in accordance with paragraph 7 shall enter into force eighteen months after its acceptance.

9. All Contracting States shall be bound by the amendment, unless they denounce this Protocol in accordance with paragraphs 1 and 2 of Article 12 at least six months before

the amendment enters into force. Such denunciation shall take effect when the amendment enters into force.

10. When an amendment has been adopted but the eighteen-month period for its acceptance has not yet expired, a State which becomes a Contracting State during that period shall be bound by the amendment if it enters into force. A State which becomes a Contracting State after that period shall be bound by an amendment which has been accepted in accordance with paragraph 7. In the cases referred to in this paragraph, a State becomes bound by an amendment when that amendment enters into force, or when this Protocol enters into force for that State, if later.

Article 9

1. The Convention and this Protocol shall, as between the Parties to this Protocol, be read and interpreted together as one single instrument.

2. A State which is Party to this Protocol but not a Party to the Convention shall be bound by the provisions of the Convention as amended by this Protocol in relation to other States Parties hereto, but shall not be bound by the provisions of the Convention in relation to States Parties only to the Convention.

3. The Convention as amended by this Protocol shall apply only to claims arising out of occurrences which take place after the entry into force for each State of this Protocol.

4. Nothing in this Protocol shall affect the obligations of a State which is a Party both to the Convention and to this Protocol with respect to a State which is a Party to the Convention but not a Party to this Protocol.

FINAL CLAUSES

Article 10

Signature, ratification, acceptance, approval and accession

1. This Protocol shall be open for signature at the Headquarters of the Organization from 1 October 1996 to 30 September 1997 by all States.

2. Any State may express its consent to be bound by this Protocol by:

(a) signature without reservation as to ratification, acceptance or approval; or

(b) signature subject to ratification, acceptance or approval followed by ratification, acceptance or approval; or
(c) accession.

3. Ratification, acceptance, approval or accession shall be effected by the deposit of an instrument to that effect with the Secretary-General.

4. Any instrument of ratification, acceptance, approval or accession deposited after the entry into force of an amendment to the Convention as amended by this Protocol shall be deemed to apply to the Convention so amended, as modified by such amendment.

Article 11

Entry into force

1. This Protocol shall enter into force ninety days following the date on which ten States have expressed their consent to be bound by it.

2. For any State which expresses its consent to be bound by this Protocol after the conditions in paragraph 1 for entry into force have been met, this Protocol shall enter into force ninety days following the date of expression of such consent.

Article 12

Denunciation

1. This Protocol may be denounced by any State Party at any time after the date on which it enters into force for that State Party.

2. Denunciation shall be effected by the deposit of an instrument of denunciation with the Secretary-General.

3. A denunciation shall take effect twelve months, or such longer period as may be specified in the instrument of denunciation, after its deposit with the Secretary-General.

4. As between the States Parties to this Protocol, denunciation by any of them of the

Convention in accordance with Article 19 thereof shall not be construed in any way as a denunciation of the Convention as amended by this Protocol.

Article 13

Revision and amendment

1. A conference for the purpose of revising or amending this Protocol may be convened by the Organization.

2. The Organization shall convene a conference of Contracting States to this Protocol for revising or amending it at the request of not less than one-third of the Contracting States.

Article 14

Depositary

1. This Protocol and any amendments adopted under Article 8 shall be deposited with the Secretary General.

2. The Secretary-General shall:

(a) inform all States which have signed or acceded to this Protocol of:

(i) each new signature or deposit of an instrument together with the date thereof;

(ii) each declaration and communication under Article 8, paragraph 2 of the Convention as amended by this Protocol, and Article 8, paragraph 4 of the Convention;

(iii) the date of entry into force of this Protocol;

(iv) any proposal to amend limits which has been made in accordance with Article 8, paragraph 1;

(v) any amendment which has been adopted in accordance with Article 8, paragraph 4;

(vi) any amendment deemed to have been accepted under Article 8, paragraph 7, together with the date on which that amendment shall enter into force in accordance with paragraphs 8 and 9 of that Article;

(vii) the deposit of any instrument of denunciation of this Protocol together with the date of the deposit and the date on which it takes effect;

(b) transmit certified true copies of this Protocol to all Signatory States and to all States which accede to this Protocol.

3. As soon as this Protocol enters into force, the text shall be transmitted by the Secretary-General to the Secretariat of the United Nations for registration and publication in accordance with Article 102 of the Charter of the United Nations.

Article 15

Languages

This Protocol is established in a single original in the Arabic, Chinese, English, French, Russian and Spanish languages, each text being equally authentic

DONE at London this second day of May one thousand nine hundred and ninety-six.

IN WITNESS WHEREOF the undersigned, being duly authorized by their respective Governments for that purpose, have signed this Protocol.

International Convention for the Unification of Certain Rules relating to Maritime Liens and Mortgages
(Brussels, 27 May 1967)

THE CONTRACTING PARTIES,

HAVING RECOGNIZED the desirability of determining by agreement certain rules relating to maritime liens and mortgages,

HAVE RESOLVED to conclude a convention for this purpose, and thereto agreed as follows:

Article 1

Mortgages and "hypothques" on sea-going vessels shall be enforceable in Contracting States provided that:

(a) such mortgages and "hypothques" have been effected and registered in accordance with the law of the State where the vessel is registered;

(b) the register and any instruments required to be deposited with the registrar in accordance with the law of the State where the vessel is registered are open to public inspection, and that extracts of the register and copies of such instruments are obtainable from the registrar, and

(c) either the register or any instruments referred to in paragraph (b) above specifies the name and address of the person in whose favour the mortgage or "hypothque" has been effected or that it has been issued to bearer, the amount secured and the date and other particulars which, according to the law of the State of registration, determine the rank as respects other registered mortgages and "hypothques".

Article 2

The ranking of registered mortgages and "hypothques" as between themselves and, without prejudice to the provisions of this Convention, their effect in regard to third parties shall be determined by the law of the State of registration; however, without prejudice to the provisions of this Convention, all matters relating to the procedure of enforcement shall be regulated by the law of the State where enforcement takes place.

Article 3

1. Subject to the provisions of Article 11, no Contracting State shall permit the deregistration of a vessel without the written consent of all holders of registered mortgages and "hypothques".

2. A vessel which is or has been registered in a Contracting State shall not be eligible for registration in another Contracting State, unless:

(a) a certificate has been issued by the former State to the effect that the vessel has been deregistered, or

(b) a certificate has been issued by the former State to the effect that the vessel will be deregistered on the day when such new registration is effected.

Article 4

1. The following claims shall be secured by maritime liens on the vessel:

(i) wages and other sums due to the master, officers and other members of the vessel's complement in respect of their employment on the vessel;

(ii) port, canal and other waterway dues and pilotage dues;

(iii) claims against the owner in respect of loss of life or personal injury occurring, whether on land or on water, in direct connection with the operation of the vessel;

(iv) claims against the owner, based on tort and not capable of being based on contract, in respect of loss of or damage to property occurring, whether on land or on water, in direct connection with the operation of the vessel;

(v) claims for salvage, wreck removal and contribution in general average.

The word "owner" mentioned in this paragraph shall be deemed to include the demise or other charterer, manager or operator of the vessel.

2. No maritime lien shall attach to the vessel securing claims as set out in paragraph 1 (iii) and (iv) of this Article which arise out of or result from the radioactive properties

or a combination of radioactive properties with toxic, explosive or other hazardous properties of nuclear fuel or of radioactive product or waste.

Article 5

1. The maritime liens set out in Article 4 shall take priority over registered mortgages and "hypothques", and no other claim shall take priority over such maritime liens or over mortgages and "hypothques" which comply with the requirements of Article 1, except as provided in Article 6(2).

2. The maritime liens set out in Article 4 shall rank in the order listed, provided however that maritime liens securing claims for salvage, wreck removal and contribution in general average shall take priority over all other maritime liens which have attached to the vessel prior to the time when the operations giving rise to the said liens were performed.

3. The maritime liens set out in each of sub-paragraphs (i), (ii), (iii) and (iv) of paragraph (1) of Article 4 shall rank pari passu as between themselves.

4. The maritime liens set out in sub-paragraph (v) of paragraph (1) of Article 4 shall rank in the inverse order of the time when the claims secured thereby accrued. Claims for contribution in general average shall be deemed to have accrued on the date on which the general average act was performed; claims for salvage shall be deemed to have accrued on the date on which the salvage operation was terminated.

Article 6

1. Each Contracting State may grant liens or rights of retention to secure claims other than those referred to in Article 4. Such liens shall rank after all maritime liens set out in Article 4 and after all registered mortgages and "hypothques" which comply with the provisions of Article 1; and such rights of retention shall not prejudice the enforcement of maritime liens set out in Article 4 or registered mortgages or "hypothques" which comply with the provisions of Article 1, nor the delivery of the vessel to the purchaser in connection with such enforcement.

2. In the event that a lien or right of retention is granted in respect of a vessel in possession of:

(a) a shipbuilder, to secure claims for the building of the vessel, or
(b) a ship repairer, to secure claims for repair of the vessel effected during such possession,

such lien or right of retention shall be postponed to all maritime liens set out in Article 4, but may be preferred to registered mortgages or "hypothques". Such lien or right of retention may be exercisable against the vessel notwithstanding any registered mortgage or "hypothque" on the vessel, but shall be extinguished when the vessel ceases to be in the possession of the shipbuilder or ship repairer, as the case may be.

Article 7

1. The maritime liens set out in Article 4 arise whether the claims secured by such liens are against the owner or against the demise or other charterer, manager or operator of the vessel.

2. Subject to the provisions of Article 11, the maritime liens securing the claims set out in Article 4 follow the vessel notwithstanding any change of ownership or of registration.

Article 8

1. The maritime liens set out in Article 4 shall be extinguished after a period of one year from the time when the claims secured thereby arose unless, prior to the expiry of such period, the vessel has been arrested, such arrest leading to a forced sale.

2. The one year period referred to in the preceding paragraph shall not be subject to suspension or interruption, provided, however, that time shall not run during the period that the lienor is legally prevented from arresting the vessel.

Article 9

The assignment of or subrogation to a claim secured by a maritime lien set out in Article 4 entails the simultaneous assignment of or subrogation to such maritime lien.

Article 10

Prior to the forced sale of a vessel in a Contracting State, the competent authority of such State shall give, or cause to be given at least thirty days written notice of the time and place of such sale to:

(a) all holders of registered mortgages and "hypothques" which have not been issued to bearer;

(b) such holders of registered mortgages and "hypothques" issued to bearer and to such holders of maritime liens set out in Article 4 whose claims have been notified to the said authority;

(c) the registrar of the register in which the vessel is registered.

Article 11

1. In the event of the forced sale of the vessel in a Contracting State all mortgages and "hypothques", except those assumed by the purchaser with the consent of the holders, and all liens and other encumbrances of whatsoever nature shall cease to attach to the vessel, provided however that:

(a) at the time of the sale, the vessel is in the jurisdiction of such Contracting State, and

(b) the sale has been effected in accordance with the law of the said State and the provisions of this Convention.

No charter party or contract for the use of the vessel shall be deemed a lien or encumbrance for the purpose of this Article.

2. The cost awarded by the Court and arising out of the arrest and subsequent sale of the vessel and the distribution of the proceeds shall first be paid out of the proceeds of such sale. The balance shall be distributed among the holders of maritime liens, liens and rights of retention mentioned in paragraph 2 of Article 6 and registered mortgages and "hypothques" in accordance with the provisions of this Convention to the extent necessary to satisfy their claims.

3. When a vessel registered in a Contracting State has been the object of a forced sale in a Contracting State, the Court or other competent authority having jurisdiction shall, at the request of the purchaser, issue a certificate to the effect that the vessel is sold free of all mortgages and "hypothques", except those assumed by the purchaser, and all

liens and other encumbrances, provided that the requirements set out in paragraph 1, sub-paragraphs (a) and (b) have been complied with, and that the proceeds of such forced sale have been distributed in compliance with paragraph 2 of this Article or have been deposited with the authority that is competent under the law of the place of the sale. Upon production of such certificate the registrar shall be bound to delete all registered mortgages and "hypothques", except those assumed by the purchaser, and to register the vessel in the name of the purchaser or to issue a certificate of deregistration for the purpose of re-registration, as the case may be.

Article 12

1. Unless otherwise provided in this Convention, its provisions shall apply to all sea-going vessels registered in a Contracting State or in a non-Contracting State.

2. Nothing in this Convention shall require any rights to be conferred in or against, or enable any rights to be enforced against any vessel owned, operated or chartered by a State and appropriated to public non-commercial services.

Article 13

For the purposes of Articles 3, 10 and 11 of this Convention, the competent authorities of the Contracting States shall be authorized to correspond directly between themselves.

Article 14

Any Contracting Party may at the time of signing, ratifying or acceding to this Convention make the following reservations:

1. to give effect to this Convention either by giving it the force of law or by including the provisions of this Convention in its national legislation in a form appropriate to that legislation;

2. to apply the International Convention relating to the limitation of the liability of owners of sea-going ships, signed at Brussels on 10 October 1957.

Article 15

Any dispute between two or more Contracting Parties concerning the interpretation or application of this Convention which cannot be settled through negotiation shall, at the request of one of them, be submitted to arbitration. If within six months from the date of the request for arbitration the Parties are unable to agree on the organization of the arbitration, any one of those Parties may refer the dispute to the International Court of Justice by request in conformity with the Statute of the Court.

Article 16

1. Each Contracting Party may at the time of signature or ratification of this Convention or accession thereto, declare that it does not consider itself bound by Article 15 of the Convention. The other Contracting Parties shall not be bound by this Article with respect to any Contracting Party having made such a reservation.

2. Any Contracting Party having made a reservation in accordance with paragraph 1 may at any time withdraw this reservation by notification to the Belgian Government.

Article 17

This Convention shall be open for signature by the States represented at the twelfth session of the Diplomatic Conference on Maritime Law

Article 18

This Convention shall be ratified and the instruments of ratification shall be deposited with the Belgian Government.

Article 19

1. This Convention shall come into force three months after the date of the deposit of the fifth instrument of ratification.

2. This Convention shall come into force in respect of each signatory State which ratifies it after the deposit of the fifth instrument of ratification, three months after the date of the deposit of the instrument of ratification.

Article 20

1. States, Members of the United Nations or Members of the specialized agencies, not

represented at the twelfth session of the Diplomatic Conference on Maritime Law, may accede to this Convention.

2. The instruments of accession shall be deposited with the Belgian Government.

3. The Convention shall come into force in respect of the acceding State three months after the date of deposit of the instrument of accession of that State, but not before the date of entry into force of the Convention as established by Article 19(1).

Article 21

Each Contracting Party shall have the right to denounce this Convention at any time after the coming into force thereof in respect of such Contracting Party. Nevertheless, this denunciation shall only take effect one year after the date on which notification thereof have been received by the Belgian Government.

Article 22

1. Any Contracting Party may at the time of signature, ratification or accession to this Convention or at any time thereafter declare by written notification to the Belgian Government which, among the territories under its sovereignty or for whose international relations it is responsible, are those to which the present Convention applies.

The Convention shall three months after the date of the receipt of such notification by the Belgian Government, extend to the territories named therein.

2. Any Contracting Party which has made a declaration under paragraph (1) of this Article may at any time thereafter declare by notification given to the Belgian Government that the Convention shall cease to extend to such territories.

This denunciation shall take effect one year after the date on which notification thereof has been received by the Belgian Government.

Article 23

The Belgium Government shall notify the States represented at the twelfth session of the Diplomatic Conference on Maritime Law, and the acceding States to this Convention, of the following:

1. The signatures, ratifications and accessions received in accordance with Articles 17, 18 and 20.

2. The date on which the present Convention will come into force in accordance with Article 19.

3. The notifications with regard to Articles 14, 16 and 22.
4. The denunciations received in accordance with Article 21.

Article 24

Any Contracting Party may three years after the coming into force of this Convention, in respect of such Contracting Party, or at any time thereafter request that a Conference be convened in order to consider amendments to this Convention.

Any Contracting Party proposing to avail itself of this right shall notify the Belgian Government which, provided that one-third of the Contracting Parties are in agreement, shall convene the Conference within six months thereafter

Article 25

In respect of the relations between States which ratify this Convention or accede to it, this Convention shall replace and abrogate the International Convention for the unification of certain rules relating to Maritime Liens and Mortgages and Protocol of signature, signed at Brussels on 10 April 1926.

IN WITNESS WHEREOF the undersigned plenipotentiaries, duly authorized, have signed this Convention.

DONE at Brussels, this 27th day of May 1967, in the French and English languages, both texts being equally authentic, in a single copy, which shall remain deposited in the archives of the Belgian Government, which shall issue certified copies.

International Convention on Maritime Liens and Mortgages
(Geneva, 6 May 1993)

THE STATES PARTIES TO THIS CONVENTION,

CONSCIOUS of the need to improve conditions for ship financing and the development of national merchant fleets,

RECOGNIZING the desirability of international uniformity in the field of maritime liens and mortgages, and therefore

CONVINCED of the necessity for an international legal instrument governing maritime liens and mortgages,

HAVE DECIDED to conclude a Convention for this purpose and have therefore agreed as follows:

Article 1

Recognition and enforcement of mortgages, "hypothques" and charges

Mortgages, "hypothques" and registrable charges of the same nature, which registrable charges of the same nature will be referred to hereinafter as "charges", effected on seagoing vessels shall be recognized and enforceable in States Parties provided that:

(a) Such mortgages, "hypothques" and charges have been effected and registered in accordance with the law of the State in which the vessel is registered;

(b) The register and any instruments required to be deposited with the registrar in accordance with the law of the State in which the vessel is registered are open to public inspection, and that extracts from the register and copies of such instruments are obtainable from the registrar; and

(c) Either the register or any instruments referred to in subparagraph (b) specifies at least the name and address of the person in whose favour the mortgage, "hypothque" or charge has been effected or that it has been issued to bearer, the maximum amount secured, if that is a requirement of the law of the State of registration or if that amount

is specified in the instrument creating the mortgage, "hypothque" or charge, and the date and other particulars which, according to the law of the State of registration, determine the ranking in relation to other registered mortgages, "hypothques" and charges.

Article 2

Ranking and effects of mortgages, "hypothques" and charges

The ranking of registered mortgages, "hypothques" or charges as between themselves and, without prejudice to the provisions of this Convention, their effect in regard to third parties shall be determined by the law of the State of registration; however, without prejudice to the provisions of this Convention, all matters relating to the procedure of enforcement shall be regulated by the law of the State where enforcement takes place.

Article 3

Change of ownership or registration

1. With the exception of the cases provided for in articles 11 and 12, in all other cases that entail the deregistration of the vessel from the register of a State Party, such State Party shall not permit the owner to deregister the vessel unless all registered mortgages, "hypothques" or charges are previously deleted or the written consent of all holders of such mortgages, "hypothques" or charges is obtained. However, where the deregistration of the vessel is obligatory in accordance with the law of a State Party, otherwise than as a result of a voluntary sale, the holders of registered mortgages, "hypothques" or charges shall be notified of the pending deregistration in order to enable such holders to take appropriate action to protect their interests; unless the holders consent, the deregistration shall not be implemented earlier than after a lapse of a reasonable period of time which shall be not less than three months after the relevant notification to such holders.

2. Without prejudice to article 12, paragraph 5, a vessel which is or has been registered in a State Party shall not be eligible for registration in another State Party unless either:

(a) A certificate has been issued by the former State to the effect that the vessel has been deregistered; or

(b) A certificate has been issued by the former State to the effect that the vessel will be deregistered with immediate effect, at such time as the new registration is effected. The date of deregistration shall be the date of the new registration of the vessel.

Article 4

Maritime liens

1. Each of the following claims against the owner, demise charterer, manager or operator of the vessel shall be secured by a maritime lien on the vessel:

(a) Claims for wages and other sums due to the master, officers and other members of the vessel's complement in respect of their employment on the vessel, including costs of repatriation and social insurance contributions payable on their behalf;

(b) Claims in respect of loss of life or personal injury occurring, whether on land or on water, in direct connection with the operation of the vessel;

(c) Claims for reward for the salvage of the vessel;

(d) Claims for port, canal, and other waterway dues and pilotage dues;

(e) Claims based on tort arising out of physical loss or damage caused by the operation of the vessel other than loss of or damage to cargo, containers and passengers' effects carried on the vessel.

2. No maritime lien shall attach to a vessel to secure claims as set out in subparagraphs (b) and (e) of paragraph 1 which arise out of or result from:

(a) Damage in connection with the carriage of oil or other hazardous or noxious substances by sea for which compensation is payable to the claimants pursuant to international conventions or national law providing for strict liability and compulsory insurance or other means of securing the claims; or

(b) The radioactive properties or a combination of radioactive properties with toxic, explosive or other hazardous properties of nuclear fuel or of radioactive products or waste.

Article 5

Priority of maritime liens

1. The maritime liens set out in article 4 shall take priority over registered mortgages, "hypothques" and charges, and no other claim shall take priority over such maritime liens or over such mortgages, "hypothques" or charges which comply with the requirements of article 1, except as provided in paragraphs 3 and 4 of article 12.

2. The maritime liens set out in article 4 shall rank in the order listed, provided however that maritime liens securing claims for reward for the salvage of the vessel shall take priority over all other maritime liens which have attached to the vessel prior to the time when the operations giving rise to the said liens were performed.

3. The maritime liens set out in each of subparagraphs (a), (b), (d) and (e) of paragraph 1 of article 4 shall rank pari passu as between themselves.

4. The maritime liens securing claims for reward for the salvage of the vessel shall rank in the inverse order of the time when the claims secured thereby accrued. Such claims shall be deemed to have accrued on the date on which each salvage operation was terminated.

Article 6

Other maritime liens

Each State Party may, under its law, grant other maritime liens on a vessel to secure claims, other than those referred to in article 4, against the owner, demise charterer, manager or operator of the vessel, provided that such liens:

(a) Shall be subject to the provisions of articles 8, 10 and 12;

(b) Shall be extinguished

(i) after a period of 6 months, from the time when the claims secured thereby arose unless, prior to the expiry of such period, the vessel has been arrested or seized, such arrest or seizure leading to a forced sale; or

(ii) at the end of a period of 60 days following a sale to a bona fide purchaser of the vessel, such period to commence on the date on which the sale is registered in accordance with the law of the State in which the vessel is registered following the sale;

whichever period expires first; and

(c) Shall rank after the maritime liens set out in article 4 and also after registered mortgages, "hypothques" or charges which comply with the provisions of article 1.

Article 7

Rights of retention

1. Each State Party may grant under its law a right of retention in respect of a vessel in the possession of either:

(a) A shipbuilder, to secure claims for the building of the vessel; or

(b) A shiprepairer, to secure claims for repair, including reconstruction of the vessel, effected during such possession.

2. Such right of retention shall be extinguished when the vessel ceases to be in the possession of the shipbuilder or shiprepairer, otherwise than in consequence of an arrest or seizure.

Article 8

Characteristics of maritime liens

Subject to the provisions of article 12, the maritime liens follow the vessel, notwithstanding any change of ownership or of registration or of flag.

Article 9

Extinction of maritime liens by lapse of time

1. The maritime liens set out in article 4 shall be extinguished after a period of one year unless, prior to the expiry of such period, the vessel has been arrested or seized, such arrest or seizure leading to a forced sale.

2. The one-year period referred to in paragraph 1 shall commence:

(a) With respect to the maritime lien set out in article 4, paragraph 1(a), upon the claimant's discharge from the vessel;

(b) With respect to the maritime liens set out in article 4, paragraph 1(b) to (e), when the claims secured thereby arise;

and shall not be subject to suspension or interruption, provided, however, that time shall not run during the period that the arrest or seizure of the vessel is not permitted by law.

Article 10

Assignment and subrogation

1. The assignment of or subrogation to a claim secured by a maritime lien entails the simultaneous assignment of or subrogation to such a maritime lien.

2. Claimants holding maritime liens may not be subrogated to the compensation payable to the owner of the vessel under an insurance contract.

Article 11

Notice of forced sale

1. Prior to the forced sale of a vessel in a State Party, the competent authority in such State Party shall ensure that notice in accordance with this article is provided to:

(a) The authority in charge of the register in the State of registration;

(b) All holders of registered mortgages, "hypothques" or charges which have not been issued to bearer;

(c) All holders of registered mortgages, "hypothques" or charges issued to bearer and all holders of the maritime liens set out in article 4, provided that the competent authority conducting the forced sale receives notice of their respective claims; and

(d) The registered owner of the vessel.

2. Such notice shall be provided at least 30 days prior to the forced sale and shall contain either:

(a) The time and place of the forced sale and such particulars concerning the forced sale or the proceedings leading to the forced sale as the authority in a State Party conducting the proceedings shall determine is sufficient to protect the interests of persons entitled to notice; or,

(b) If the time and place of the forced sale cannot be determined with certainty, the approximate time and anticipated place of the forced sale and such particulars concerning the forced sale as the authority in a State Party conducting the proceedings shall determine is sufficient to protect the interests of persons entitled to notice.

If notice is provided in accordance with subparagraph (b), additional notice of the actual time and place of the forced sale shall be provided when known but, in any event, not less than seven days prior to the forced sale.

3. The notice specified in paragraph 2 of this article shall be in writing and either given by registered mail, or given by any electronic or other appropriate means which provide confirmation of receipt, to the persons interested as specified in paragraph l, if known. In addition, the notice shall be given by press announcement in the State where the forced sale is conducted and, if deemed appropriate by the authority conducting the forced sale, in other publications.

Article 12

Effects of forced sale

1. In the event of the forced sale of the vessel in a State Party, all registered mortgages, "hypothques" or charges, except those assumed by the purchaser with the consent of the holders, and all liens and other encumbrances of whatsoever nature, shall cease to attach to the vessel, provided that:

(a) At the time of the sale, the vessel is in the area of the jurisdiction of such State; and

(b) The sale has been effected in accordance with the law of the said State and the provisions of article 11 and this article.

2. The costs and expenses arising out of the arrest or seizure and subsequent sale of the vessel shall be paid first out of the proceeds of sale. Such costs and expenses include,

inter alia , the costs for the upkeep of the vessel and the crew as well as wages, other sums and costs referred to in article 4, paragraph 1(a), incurred from the time of arrest or seizure. The balance of the proceeds shall be distributed in accordance with the provisions of this Convention, to the extent necessary to satisfy the respective claims. Upon satisfaction of all claimants, the residue of the proceeds, if any, shall be paid to the owner and it shall be freely transferable.

3. A State Party may provide in its law that, in the event of the forced sale of a stranded or sunken vessel following its removal by a public authority in the interest of safe navigation or the protection of the marine environment, the costs of such removal shall be paid out of the proceeds of the sale, before all other claims secured by a maritime lien on the vessel.

4. If at the time of the forced sale the vessel is in the possession of a shipbuilder or of a shiprepairer who under the law of the State Party in which the sale takes place enjoys a right of retention, such shipbuilder or shiprepairer must surrender possession of the vessel to the purchaser but is entitled to obtain satisfaction of his claim out of the proceeds of sale after the satisfaction of the claims of holders of maritime liens mentioned in article 4.

5. When a vessel registered in a State Party has been the object of a forced sale in any State Party, the competent authority shall, at the request of the purchaser, issue a certificate to the effect that the vessel is sold free of all registered mortgages, "hypothques" or charges, except those assumed by the purchaser, and of all liens and other encumbrances, provided that the requirements set out in paragraph 1 (a) and (b) have been complied with. Upon production of such certificate, the registrar shall be bound to delete all registered mortgages, "hypothques" or charges except those assumed by the purchaser, and to register the vessel in the name of the purchaser or to issue a certificate of deregistration for the purpose of new registration, as the case may be.

6. States Parties shall ensure that any proceeds of a forced sale are actually available and freely transferable.

Article 13

Scope of application

1. Unless otherwise provided in this Convention, its provisions shall apply to all

seagoing vessels registered in a State Party or in a State which is not a State Party, provided that the latter's vessels are subject to the jurisdiction of the State Party.
2. Nothing in this Convention shall create any rights in, or enable any rights to be enforced against, any vessel owned or operated by a State and used only on Government non-commercial service

Article 14

Communication between States Parties

For the purpose of articles 3, 11 and 12, the competent authorities of the States Parties shall be authorized to correspond directly between themselves.

Article 15

Conflict of conventions

Nothing in this Convention shall affect the application of any international convention providing for limitation of liability or of national legislation giving effect thereto.

Article 16

Temporary change of flag

If a seagoing vessel registered in one State is permitted to fly temporarily the flag of another State, the following shall apply:

(a) For the purposes of this article, references in this Convention to the "State in which the vessel is registered" or to the "State of registration" shall be deemed to be references to the State in which the vessel was registered immediately prior to the change of flag, and references to "the authority in charge of the register" shall be deemed to be references to the authority in charge of the register in that State.

(b) The law of the State of registration shall be determinative for the purpose of recognition of registered mortgages, "hypothques" and charges.

(c) The State of registration shall require a cross-reference entry in its register specifying the State whose flag the vessel is permitted to fly temporarily; likewise, the State whose flag the vessel is permitted to fly temporarily shall require that the

authority in charge of the vessel's record specifies by a cross-reference in the record the State of registration.

(d) No State Party shall permit a vessel registered in that State to fly temporarily the flag of another State unless all registered mortgages, "hypothques" or charges on that vessel have been previously satisfied or the written consent of the holders of all such mortgages, "hypothques" or charges has been obtained.

(e) The notice referred to in article ll shall be given also to the competent authority in charge of the vessel's record in the State whose flag the vessel is permitted to fly temporarily.

(f) Upon production of the certificate of deregistration referred to in article 12, paragraph 5, the competent authority in charge of the vessel's record in the State whose flag the vessel is permitted to fly temporarily shall, at the request of the purchaser, issue a certificate to the effect that the right to fly the flag of that State is revoked

(g) Nothing in this Convention is to be understood to impose any obligation on States Parties to permit foreign vessels to fly temporarily their flag or national vessels to fly temporarily a foreign flag.

Article 17

Depositary

This Convention shall be deposited with the Secretary-General of the United Nations.

Article 18

Signature, ratification, acceptance, approval and accession

1. This Convention shall be open for signature by any State at the Headquarters of the United Nations, New York, from 1 September 1993 to 31 August 1994 and shall thereafter remain open for accession.

2. States may express their consent to be bound by this Convention by:

(a) Signature without reservation as to ratification, acceptance or approval; or

(b) Signature subject to ratification, acceptance or approval, followed by ratification,

acceptance or approval; or

(c) Accession.

3. Ratification, acceptance, approval or accession shall be effected by the deposit of an instrument to that effect with the depositary.

Article 19

Entry into force

1. This Convention shall enter into force 6 months following the date on which 10 States have expressed their consent to be bound by it.

2. For a State which expresses its consent to be bound by this Convention after the conditions for entry into force thereof have been met, such consent shall take effect 3 months after the date of expression of such consent.

Article 20

Revision and amendment

1. A conference of States Parties for the purpose of revising or amending this Convention shall be convened by the Secretary-General of the United Nations at the request of one third of the States Parties.

2. Any consent to be bound by this Convention, expressed after the date of entry into force of an amendment to this Convention, shall be deemed to apply to the Convention, as amended.

Article 21

Denunciation

1. This Convention may be denounced by any State Party at any time after the date on which this Convention enters into force for that State.

2. Denunciation shall be effected by the deposit of an instrument of denunciation with the depositary.

3. A denunciation shall take effect one year, or such longer period as may be specified

in the instrument of denunciation, after the receipt of the instrument of denunciation by the depositary.

Article 22

Languages

This Convention is established in a single original in the Arabic, Chinese, English, French, Russian and Spanish languages, each text being equally authentic.

DONE AT Geneva this sixth day of May, one thousand nine hundred and ninety-three.

IN WITNESS WHEREOF the undersigned being duly authorized by their respective Governments for that purpose have signed this Convention.

신·구조문대비표

1991년 改正前 商法	現 行 商 法
〈新　設〉	第732條의2(重過失로 인한 保險事故) 死亡을 保險事故로 한 保險契約에는 事故가 保險契約者 또는 被保險者나 保險受益者의 중대한 過失로 인하여 생긴 경우에도 保險者는 保險金額을 支給할 責任을 免하지 못한다.
第733條(保險受益者의 指定 또는 變更의 權利) ①(省　略) ②保險契約者가 前項의 指定權을 行使하지 아니하고 死亡한 때에는 被保險者를 保險受益者로 하고 保險契約者가 前項의 變更權을 行使하지 아니하고 死亡한 때에는 保險受益者의 權利가 確定된다. 그러나, 保險契約者가 死亡한 境遇에는 그 承繼人이 前項의 權利를 行使할 수 있다는 約定이 있는 때에는 그러하지 아니하다. ③(省　略)	第733條(保險受益者의 指定 또는 變更의 權利) ①(舊法과 같음) ----------- 第1項의 ----------- ------------------------------ ------------------------------ ----第1項의 ------------------ ------------------------------ --------. ------------------ ----------------------第1項의 ------------------------------ -------------------. ③(舊法과 같음)
〈新　設〉	④保險契約者가 第2項과 第3項의 指定權을 행사하기 전에 保險事故가 생긴 경우에는 被保險者 또는 保險受益者의 相續人을 保險受益者로 한다.
第734條(保險受益者指定權等의 通知) ①(省　略) ②第731條第1項의 規定은 前項의 指定 또는 變更에 準用한다.	第734條(保險受益者指定權等의 通知) ①(舊法과 같음) ②------------------ 第1項의 -- -------------------.
〈新　設〉	第735條의2(年金保險) 生命保險契約의 保險者는 被保險者의 生命에 관한 保險事故가 생긴 때에 약정에 따라 保險

	金額을 年金으로 分割하여 支給할 수 있다.
〈新　設〉	第735條의3(團體保險) ①團體가 規約에 따라 構成員의 전부 또는 일부를 被保險者로 하는 生命保險契約을 체결하는 경우에는 第731條를 適用하지 아니한다. ②第1項의 保險契約이 체결된 때에는 保險者는 保險契約者에 대하여서만 保險證券을 교부한다.
第736條(保險積立金返還義務等) ①第649條 乃至 第655條의 規定에 依하여 保險契約이 解止된 때, 第659條와 第660條의 規定에 依하여 保險金額의 支給責任이 免除된 때에는 保險者는 保險受益者를 爲하여 積立한 金額을 保險契約者에게 支給하여야 한다. 그러나 다른 約定이 없으면 第659條第1項의 保險事故가 保險契約者에 依하여 생긴 境遇에는 그러하지 아니하다. ②前項의 規定에 의한 保險者의 義務는 2年을 經過하면 消滅時效가 完成한다.	第736條(保險積立金返還義務等) ①第649條, 第650條, 第651條 및 第652條 乃至 第655條--. ②〈削　除〉
第5編　海　商	第5編　海　商
第1章　船　舶	第1章　船　舶
第740條(船舶의 意義) 本法에서 船舶이라 함은 商行爲 其他 營利를 目的으로 航海에 使用하는 船舶을 이른다.	第740條(船舶의 意義) 이 法에서 ---.

第741條(短艇 또는 櫓櫂船) 本編의 規定은 短艇 또는 主로 櫓櫂로 運轉하는 船舶에 適用하지 아니한다.	第741條(短艇 또는 櫓櫂船) 이 編의 --.
第745條(小型船舶) 前2條의 規定은 總톤數20톤未滿의 船舶에 適用하지 아니한다.	第745條(小型船舶) 第743條와 第744條-----------------------------------.
第2章 船舶所有者	第2章 船舶所有者
第746條(船舶所有者의 有限責任) 船舶所有者는 航海에 사용한 船舶과 그 屬具, 運賃, 그 船舶에 關所한 損害賠償 또는 報酬의 請求權 其他 船舶附屬物의 價額을 限度로 그 航海에 關하여 생긴 다음의 事項의 責任을 진다. 1. 船長, 海員, 導船士 其他의 船舶使用人의 故意 또는 過失로 因하여 第3者에게 加한 損害의 賠償 2. 運送하기 위하여 船長에게 引渡된 運送物 또는 그 船內에 있는 모든 物件에 對한 損害의 賠償 3. 船荷證券으로 因한 債務 4. 運送契約履行中의 航海過失로 因한 損害의 賠償 5. 沈沒船舶의 破損物除去의 義務와 이에 關聯한 債務 6. 海難救助와 船舶引揚에 대한 報酬 7. 共同海損에 對한 船舶所有者의 分擔債務 8. 船長이 船籍港外에서 船舶保存 또는 航海繼續의 現實的 必要로 그 法	第746條(船舶所有者의 有限責任) 船舶所有者는 請求原因의 如何에 불구하고 다음 各號의 債權에 대하여 第747條의 規定에 의한 금액의 限度로 그 責任을 제한할 수 있다. 그러나 그 債權이 船舶所有者 자신의 故意 또는 損害發生의 염려가 있음을 認識하면서 無謀하게 한 作爲 또는 不作爲로 인하여 생긴 損害에 관한 것인 때에는 그러하지 아니하다. 1. 船舶에서 또는 船舶의 運航에 직접 관련하여 발생한 사람의 死亡, 身體의 傷害 또는 그 船舶 이외의 물건의 滅失 또는 훼손으로 인하여 생긴 損害에 관한 債權 2. 運送物, 旅客 또는 手荷物의 運送의 遲延으로 인하여 생긴 損害에 관한 債權 3. 第1號 및 第2號 이외에 船舶의 運航에 직접 관련하여 발생한 契約上의 權利 이외의 他人의 權利의 침해로 인하여 생긴 損害에 관한 債權

定權限에 依하여 締結한 契約 또는 處分行爲로 因하여 생긴 債務. 그러나 그 必要가 航海準備의 不充分으로 裝備 또는 補給品의 不足이나 缺陷으로 因한 것인 때에는 그러하지 아니하다.	4. 第1號 내지 第3號의 債權의 원인이 된 損害를 방지 또는 輕減하기 위한 措置에 관한 債權 또는 그 措置의 결과로 인하여 생긴 損害에 관한 債權
第747條(責任의 限度) 前條의 責任은 第1號 乃至 第5號의 債務에 對하여는 그 船舶積量海屯當 15萬圓의 總額을 超하여 過하지 못한다.	第747條(責任의 限度額) ①船舶所有者가 제한할 수 있는 責任의 限度額은 다음 各號의 금액으로 한다. 1. 旅客의 死亡 또는 身體의 傷害로 인한 損害에 관한 債權에 대한 責任의 限度額은 그 船舶의 船舶檢査證書에 기재된 旅客의 定員에 4萬6千6百6拾6 計算單位를 곱하여 얻은 금액과 2千5百萬 計算單位에 상당하는 금액중 적은 금액으로 한다. 2. 旅客 이외의 사람의 死亡 또는 身體의 傷害로 인한 損害에 관한 債權에 대한 責任의 限度額은 그 船舶의 톤數에 따라서 다음 各目에 정하는 바에 의하여 計算된 금액으로 한다. 그러나, 3百톤 미만의 船舶의 경우에는 1拾6萬7千 計算單位에 상당하는 금액으로 한다. 가. 5百톤 이하의 경우에는 3拾3萬3千 計算單位에 상당하는 금액 나. 5百톤을 초과하는 船舶의 경우에는 가目의 금액에 5百톤을 초과하여 3千톤까지의 부분에 대하여는 每톤當 5百 計算單位, 3千톤을 초과하여 3萬톤까지의 부분에 대하

여는 每톤當 3百3拾3 計算單位, 3萬톤을 초과하여 7萬톤까지의 부분에 대하여는 每톤當 2百5拾 計算單位 및 7萬톤을 초과한 부분에 대하여는 每톤當 1百6拾7 計算單位를 각 곱하여 얻은 금액을 順次로 加算한 금액

3. 第1號 및 第2號 이외의 債權에 대한 責任의 限度額은 그 船舶의 톤數에 따라서 다음 各目에 정하는 바에 의하여 計算된 금액으로 한다. 그러나 3百톤 미만의 船舶의 경우에는 8萬3千 計算單位에 상당하는 금액으로 한다.

가. 5百톤 이하의 船舶의 경우에는 1拾6萬7千 計算單位에 상당하는 금액

나. 5百톤을 초과하는 船舶의 경우에는 가目의 금액에 5百톤을 초과하여 3萬톤까지의 부분에 대하여는 每톤當 1百6拾7 計算單位, 3萬톤을 초과하여 7萬톤까지의 부분에 대하여는 每톤當 1百2拾5 計算單位 및 7萬톤을 초과한 부분에 대하여는 每톤當 8拾3 計算單位를 각 곱하여 얻은 금액을 順次로 加算한 금액

②第1項 各號의 規定에 의한 각 責任限度額은 船舶마다 동일한 事故에서 생긴 各 責任限度額에 대응하는 船舶所有者에 대한 모든 債權에 미친다.

	③第746條의 規定에 의하여 責任이 제한되는 債權은 第1項 各號의 規定에 의한 各 責任限度額에 대하여 各 債權額의 比率로 競合한다. ④第1項第2號에 의한 責任限度額이 同號의 債權의 辨濟에 부족한 때에는 第3號에 의한 責任限度額을 그 殘額債權의 辨濟에 충당한다. 이 경우에 동일한 事故에서 第3號의 債權도 발생한 때에는 이 債權과 第2號의 殘額債權은 第3號에 의한 責任限度額에 대하여 各 債權額의 比率로 競合한다. ⑤第1項에서 "計算單位"라 함은 國際通貨基金의 1特別引出權에 상당하는 금액을 이른다.
第748條(有限責任의 排除) 前2條의 規定은 다음 債務에 對한 船舶所有者의 責任에 適用하지 아니한다. 1. 船舶所有者의 故意 또는 過失로 因한 債務 2. 船舶所有者가 第746條 第8號의 行爲를 許可 또는 追認한 境遇의 債務 3. 船長, 海員 其他의 船舶使用人에 對한 雇傭契約으로 因職한 債務	第748條(有限責任의 排除) 船舶所有者는 다음 各號의 債權에 대하여는 그 責任을 제한하지 못한다. 1. 船長, 海員 기타의 使用人으로서 그 職務가 船舶의 業務에 관련된 者 또는 그 相續人, 被扶養者 기타의 利害關係人의 船舶所有者에 대한 債權 2. 海洋事故 救助 또는 共同海損分擔에 관한 債權 3. 1969年 11月 29日 成立한 油類汚染損害에 대한 民事責任에 관한 國際條約 또는 그 條約의 改正條項이 適用되는 油類汚染損害에 관한 債權 4. 沈沒, 難破, 坐礁, 遺棄 기타의 海洋事故를 당한 船舶 및 그 船舶안에 있거나 있었던 積荷 기타의 물건의 引揚,

	제거, 破壞 또는 無害措置에 관한 債權 5. 原子力損害에 관한 債權
第749條(船舶等의 價額에 對한 證明과 評價의 基準) ① 第746條의 規定에 依하여 責任의 制限을 主張하는 船舶所有者는 船舶, 運賃과 附屬物의 價額을 證明하여야 한다. ② 船舶의 評價는 다음의 時期에 있어서의 船舶狀態를 基準으로 한다. 1. 衝突 其他의 事故의 境遇에는 이와 關聯되는 모든 債權으로서 事故後 最初의 港口에 到着할 때까지 생긴 것과 共同海損으로 因하여 생긴 것에 對하여는 最初의 港口에 到着하였을 때의 船舶狀態에 의한다. 이 境遇에는 契約으로 因한 債權을 包含한다. 위의 時期以前에 前事故와 關聯없는 새로운 事故가 船舶의 價額을 減少시킨 때에는 그 價額의 減少는 前事故에 關聯되는 債權에 對하여는 이를 算入하지 아니한다. 船舶이 港口에 碇泊中에 생긴 事故에 대하여는 事故後 그 港口에서의 船舶狀態에 依한다. 2. 前號의 境遇를 除外하고 積荷에 關한 債權 또는 船荷證券으로 因하여 생긴 債權에 對하여는 積荷의 目的港 또는 航海를 中止한 곳에서의 船舶狀態에 依한다. 積荷의 目的港이 數個인 境遇에 損害가 같은 原因에서 생긴 때에는 最初의 港口에서의	第749條(동일한 事故로 인한 反對債權額의 控除) 船舶所有者가 責任의 제한을 받는 債權者에 대하여 동일한 事故로 인하여 생긴 損害에 관한 債權을 가지는 경우에는 그 債權額을 控除한 殘額에 한하여 責任의 제한을 받는 債權으로 한다.

船舶狀態에 依한다. 3. 제746條에 規定한 以外의 모든 境遇에 있어서는 그 航海를 終了한 때에 있어서의 船舶狀態에 依한다. ③運賃은 定額으로 하고 發航時에 있어서의 船舶價額의 100分의 10으로 한다. 그 航海에서 定額의 運賃을 얻지 못한 境遇에도 그 定額을 지급하여야 한다. ④船舶이 航海의 開始後에 입은 物質上의 損害로서 아직 賠償받지 아니한 것에 對한 請求權은 船舶附屬物로 한다. 保險金, 奬勵金, 補助金 其他의 國家援助金은 船舶附屬物로 하지 아니한다.	
第750條(死亡, 傷害의 境遇의 責任의 限度) ①船長, 海員, 導船使用人의 故意 또는 過失로 因하여 생긴 死亡 또는 身體의 傷害의 境遇에는 船舶所有者는 被害者 또는 그 利害關係人에 對하여 第747條의 規定에 依한 限度를 超過하여 船舶의 積量海噸當 15萬圓의 總額을 限度로 責任을 진다. 同一한 事故의 被害者 또는 그 被害關係人은 責任範圍의 金額에 대하여 競合한다.	第750條(責任制限을 할 수 있는 者의 범위) ①다음 各號에 게기한 者는 이 章의 規定에 의하여 船舶所有者의 경우와 동일하게 責任을 제한할 수 있다. 1. 傭船者, 船舶管理人 및 船舶運航者 2. 法人인 船舶所有者 및 第1號에 게기한 者의 無限責任社員 3. 자기의 행위로 인하여 船舶所有者 또는 第1號의 게기한 者에 대하여 第746條 各號의 規定에 의한 債權이 成立하게 한 船長, 海員, 導船士 기타 船舶所有者 또는 第1號에 게기한 者의 使用人 또는 代理人
②被害者 또는 그 利害關係人이 前項의 限度內에서 그 賠償額을 다 받지 못한 때에는 그 殘額에 關하여는 第	②동일한 事故에서 발생한 모든 債權에 대한 船舶所有者 및 第1項에 게기한 者에 의한 責任制限의 總額은 船舶

747條의 規定에 依한 金額에 대하여 다른 債權者와 競合한다. 이 境遇에는 優先特權의 順位에 影響을 미치지 아니한다. ③前2項의 規定은 依한 責任의 制限은 船長, 海員, 其他의 船舶使用人에 대하여는 適用하지 아니한다. ④前1項의 規定은 旅客의 死亡 또는 身體의 傷害로 因한 責任을 지는 境遇에는 適用하지 아니한다.	마다 第747條의 規定에 의한 責任限度額을 초과하지 못한다. ③船舶所有者 또는 第1項 各號에 게기한 者의 1人이 責任制限節次開始의 決定을 받은 때에는 責任制限을 할 수 있는 다른 者도 이를 援用할 수 있다.
第751條(船舶積量噸數의 計算方法) 船舶의 積量의 噸數는 다음과 같이 계산한다. 1. 汽船과 其他의 發動機船에 있어서는 純噸數를 定하기 爲하여 總噸數에서 控除된 發動機가 차지하고 있는 容積을 純톤數에 가산한 것 2. 前號外의 모든 船舶에 있어서는 總톤數	第751條(責任制限을 위한 船舶톤數) 第747條第1項에서 規定하는 船舶의 톤數는 國際航海에 종사하는 船舶의 경우에는 船舶法에서 規定하는 國際總톤數로 하고 그 밖의 船舶의 경우에는 同法에서 規定하는 總톤數로 한다.
第752條(同時船長인 境遇의 責任에 關한 特則) 船舶所有者나 共有者가 船長인 때에는 單純한 航海上의 過失 또는 海員 其他의 船舶使用人의 過失의 境遇外에는 船長의 過失에 대하여 그 責任을 主張하지 못한다.	第752條(責任制限의 節次) ①이 章의 規定에 의하여 責任을 制限하고자 하는 者는 債權者로부터 責任限度額을 초과하는 請求金額을 명시한 書面에 의한 請求를 받은 날부터 1年내에 法院에 責任制限節次開始의 申請을 하여야 한다. ②責任制限節次開始의 申請, 責任制限의 基金의 形成, 公告, 참가, 配當 기타 필요한 사항은 따로 法律로 정한다.
〈新 設〉	第752條의2(海洋事故救助者의 有限責任) ①第746條 내지 第752條의 規定은

	海洋事故救助者의 救助活動에 직접 관련하여 발생한 債權에 대한 責任의 制限에 準用한다. ②救助活動을 船舶으로부터 행하지 아니한 救助者 또는 救助를 받는 船舶에서만 행한 救助者는 第747條의 規定에 의한 責任의 限度額에 관하여 1千5百톤의 船舶에 의한 救助者로 본다. ③救助者의 責任의 限度額은 救助船마다 또는 第2項의 경우에는 救助者마다 동일한 事故로 인하여 생긴 모든 債權에 미친다.
第758條(決議反對者의 持分買受請求權) ①(省　略) ②前項의 請求를 하고자 하는 者는 그 決議가 있은 날로부터, 決議에 參加하지 아니한 境遇에는 決議通知를 받은 날로부터 3日內에 다른 共有者 또는 船舶管理人에 對하여 그 通知를 發送하여야 한다.	第758條(決議反對者의 持分買受請求權) ①(舊法과 같음) ②第1項의 ---.
第760條(船舶管理人의 選任, 登記) ①船舶共有者는 船舶管理人을 選任할 수 있다. 船舶共有者가 아닌 者를 船舶管理人으로 選任함에는 共有者全員의 同意가 있어야 한다. ②(省　略)	第760條(船舶管理人의 選任, 登記) ①-------------------- 選任하여야 한다.--. ②(舊法과 같음)
第766條(船舶賃借와 第三者에 對한 法律關係) ①(省　略) ②前項의 境遇에 船舶의 利用에 關하여 생긴 優先特權은 船舶所有者에 對하여도 그 效力이 있다. 그러나 優先特	第766條(船舶賃借와 第三者에 對한 法律關係) ①(舊法과 같음) ②第1項의 --

權者가 그 利用의 契約에 反함을 안 때에는 그러하지 아니하다.	--.
第768條(船長의 不當한 解任에 對한 損害賠償請求權) ① ~ ②(省 略) ③船長이 前項의 請求를 하고자 하는 때에는 遲滯없이 다른 共有者 또는 船舶管理人에 대하여 그 通知를 發送하여야 한다.	第768條(船長의 不當한 解任에 對한 損害賠償請求權) ① ~ ②(舊法과 같음) ③船長이 第2項의 請求를 하고자 하는 때에는 遲滯없이 다른 共有者 또는 船舶管理人에 對하여 그 通知를 發送하여야 한다.
第3章 船 長	第3章 船 長
第770條(職務上의 注意責任) ①船長은 그 職務執行에 關하여 過失이 없음을 證明하지 아니하면 船舶所有者, 傭船者, 送荷人 其他의 利害關係人에 對한 損害賠償의 責任을 免하지 못한다. ②船長의 職務執行이 船舶所有者의 指示에 따른 境遇에도 船舶所有者 以外의 利害關係因에 對한 前項의 責任을 免하지 못한다.	第770條(職務上의 注意責任) 〈削 除〉
第771條(海員의 選任監督의 責任) 船長은 海員의 選任監督에 過失이 없음을 證明하지 아니하면 海員의 그 職務執行에 關하여 他人에게 加한 損害賠償의 責任을 免하지 못한다.	第771條(海員의 選任監督의 責任) 〈削 除〉
第776條(利害關係人을 爲한 積荷의 處分) ①(省 略) ②前項의 境遇에 利害關係人은 船長의 處分으로 因하여 생긴 債權者에게 積荷의 價額을 限度로 하여 그 責任을 진다. 그러나, 그 利害關係人에게 過失	第776條(利害關係人을 위한 積荷의 處分) ①(舊法과 같음) ②第1項의 --

이 있는 때에는 그러하지 아니하다.	----------------------------.
第778條(船舶의 修繕不能) ①(省　略) ②前項第2號의 價額은 船舶이 航海中 毁損된 境遇에는 그 發港한 때의 價額으로 하고 其他의 境遇에는 그 毁損前의 價額으로 한다.	第778條(船舶의 修繕不能) ①(舊法과 같음) ②第1項---.
第4章 運　送	第4章 運　送
第1節 物件運送 第1款 通 則	第1節 物件運送 第1款 通 則
第782條(傭船契約과 船積準備完了의 通知, 船積期間) ①傭船契約을 締結한 境遇에는 船舶所有者는 運送物을 船積함에 必要한 準備가 完了된 때에는 遲滯없이 傭船者에게 그 通知를 發送하여야 한다.	第782條(傭船契約과 船積準備完了의 通知, 船積期間) ①---------------------------- 運送人은 ---.
②運送物을 船積할 期間의 約定이 있는 境遇에는 그 期間은 前項의 通知가 있은 날의 翌日로부터 起算한다. 이 期間에는 不可抗力으로 因하여 船積할 수 없는 날을 算入하지 아니한다.	②運送物을 船積할 期間의 약정이 있는 경우에는 그 期間은 第1項의 통지가 午前에 있은 때에는 그 날의 午後 1時부터 起算하고 午後에 있은 때에는 다음날 午前 6時부터 起算한다. 이 期間에는 不可抗力으로 因하여 船積할 수 없는 날과 그 港의 慣習上 船積作業을 하지 아니하는 날을 算入하지 아니한다.
③前項의 期間을 經過한 後 運送物을 船積한 때에는 船舶所有者는 相當한 報酬를 請求할 수 있다.	③第2項의 ------------------------------- 運送人은 ---------------------------.
第784條(傭船者의 發航請求權, 船長의	第784條(傭船者의 發航請求權, 船長의

發航權) ① ~ ②(省 略) ③前2項의 境遇에는 傭船者는 運賃의 全額과 運送物의 全部를 船積하지 아니함으로 因하여 생긴 費用을 支給하고 또 船舶所有者의 請求가 있는 때에는 相當한 擔保를 提供하여야 한다.	發航權) ① ~②(舊法과 같음) ③第1項과 第2項의 --- 運送人의 ---------------------------------------.
第785條(個品運送과 船積, 發航) ①個個의 物件을 運送契約의 目的으로 한 때에는 送荷人은 船長의 指示에 따라 遲滯없이 運送物을 船積하여야 한다. ②送荷人이 運送物의 船積을 懈怠한 때에는 船長은 卽時 發航할 수 있다. 이 境遇에는 送荷人은 運賃의 全額을 支給하여야 한다.	第785條(個品運送과 運送物의 제공) ①個個의 물건을 運送契約의 目的으로 한 境遇에는 送荷人은 當事者間의 合意 또는 船積港의 慣習에 의한 때와 곳에서 運送人에게 運送物을 제공하여야 한다. ②第1項의 規定에 의한 때와 곳에서 送荷人이 運送物을 제공하지 아니한 경우에는 契約을 解除한 것으로 본다. 이 경우에는 船長은 즉시 發航할 수 있고, 送荷人은 運賃의 全額을 支給하여야 한다.
第787條(堪航能力注意義務) 船舶所有者는 自己 또는 船員 其他의 船舶使用人이 發航當時 다음의 事項에 關하여 注意를 懈怠하지 아니하였음을 證明하지 아니하면 運送物의 滅失, 毁損 또는 延着으로 因한 損害를 賠償할 責任을 免하지 못한다. 1. ~ 3.(省 略)	第787條(堪航能力注意義務) 運送人은 --- 責任이 있다. 1. ~ 3.(舊法과 같음)
第788條(運送物에 관한 注意義務) ①船舶所有者는 自己 또는 船員 其他의 船舶使用人이 運送物의 受領, 船積, 積付, 運送, 保管, 揚陸과 引渡에 關하여 注意를 懈怠함으로 因하여 생긴 運送	第788條(運送物에 관한 注意義務) ①運送人은 자기 또는 船員 기타의 船舶使用人이 運送物의 受領, 船積, 積付, 運送, 保管, 揚陸과 引渡에 관하여 주의를 懈怠하지 아니하였음을 증명하지

物의 滅失, 毁損 또는 延着에 關한 損害를 賠償할 責任이 있다.	아니하면 運送物의 滅失, 훼손 또는 延着으로 인한 損害를 賠償할 責任이 있다.
②前項의 規定은 船長, 海員, 導船士 其他의 船舶使用人의 航海 또는 船舶의 管理에 關한 行爲 또는 船舶에서의 火災로 因하여 생긴 損害에는 適用하지 아니한다. 그러나 船舶所有者의 故意 또는 過失로 인한 火災를 除外한다.	②運送人은 船長, 海員, 導船士 기타의 船舶使用人의 航海 또는 船舶의 管理에 관한 행위 또는 火災로 인하여 생긴 運送物에 관한 損害를 賠償할 責任을 免한다. 그러나 運送人의 故意 또는 過失로 인한 火災의 경우에는 그러하지 아니하다.
第789條(同前 - 免責事由)	第789條(同前 - 免責事由)
①船舶所有者는 前條의 注意를 다하였음을 證明하지 아니하면 그 책임을 免하지 못한다.	①〈削　除〉
②船舶所有者는 다음 各號의 事實이 있었다는 것과 運送物에 關한 損害가 그 事實로 因하여 普通 생길 수 있는 것임을 證明한 때에는 前項의 規定에 不拘하고 前條의 責任을 免한다. 그러나 同條의 注意를 다하였더라면 그 損害를 避할 수 있었음에도 不拘하고 그 注意를 다하지 아니하였음을 證明한 때에는 그러하지 아니하다.	②運送人은 -- 이를 賠償할 責任을 免한다. ---- 第787條와 第788條第1項의 規定에 의한 ---.
1. ～ 10.(省　略)	1. ～ 10.(舊法과 같음)
〈新　設〉	11. 船舶의 숨은 瑕疵
〈新　設〉	第789條의2(責任의 限度) ①第787條 내지 第789條의 規定에 의한 運送人의 損害賠償의 責任은 당해 運送物의 每包裝當 또는 船積單位當 500計算單位의 金額을 限度로 이를 制限할 수 있다. 그러나, 運送物에 관한 損害가 運

送人 자신의 故意 또는 그 損害가 생길 염려가 있음을 認識하면서 無謀하게 한 作爲 또는 不作爲로 인하여 생긴 것인 때에는 그러하지 아니하다.

②第1項의 適用에 있어서 運送物의 包裝 또는 船積單位의 數는 다음과 같이 정한다.

1. 컨테이너 기타 이와 유사한 運送容器가 運送物을 統合하기 위하여 사용되는 경우에 그러한 運送容器에 內藏된 運送物의 包裝 또는 船積單位의 數를 船荷證券 기타 運送契約을 증명하는 文書에 기재한 때에는 그 各 包裝 또는 船積單位를 하나의 包裝 또는 船積單位로 본다. 이 경우를 제외하고는 이러한 運送容器내의 運送物 전부를 하나의 包裝 또는 船積單位로 본다.
2. 運送人이 아닌 者가 供給한 運送容器 自體가 滅失 또는 훼손된 경우에는 그 容器를 別個의 包裝 또는 船積單位로 본다.

③第1項과 第2項의 規定은 送荷人이 運送人에게 運送物을 引渡할 때에 그 종류와 價額을 告知하고 船荷證券 기타 運送契約을 증명하는 文書에 이를 기재한 경우에는 適用하지 아니한다. 그러나, 送荷人이 運送物의 종류 또는 價額을 故意로 현저하게 不實의 告知를 한 때에는 運送人은 자기 또는 그 使用人이 惡意인 경우를 제외하고 運

	送物의 損害에 대하여 責任을 免한다. ④第1項 내지 第3項의 規定은 第746條 내지 第752條의 規定의 適用에 영향을 미치지 아니한다. ⑤第1項의 計算單位는 第747條第5項의 規定에 의한 計算單位를 이른다.
〈新 設〉	第789條의3(非契約的 請求에 대한 適用) ①이 章의 運送人의 責任에 관한 規定은 運送人의 不法行爲로 인한 損害賠償의 責任에도 이를 適用한다. ②運送物에 관한 損害賠償請求가 運送人의 使用人 또는 代理人에 대하여 제기된 경우에 그 損害가 그 使用人 또는 代理人의 職務執行에 관하여 생긴 것인 때에는 그 使用人 또는 代理人은 運送人이 主張할 수 있는 抗辯과 責任制限을 援用할 수 있다. 그러나, 그 損害가 그 使用人 또는 代理人의 故意 또는 運送物의 滅失, 훼손 또는 延着이 생길 염려가 있음을 認識하면서 無謀하게 한 作爲 또는 不作爲로 인하여 생긴 것인 때에는 그러하지 아니하다. ③第2項 本文의 경우에 運送人과 그 使用人 또는 代理人의 運送物에 대한 責任制限金額의 總額은 第789條의2第1項의 規定에 의한 限度를 초과하지 못한다. ④第1項 내지 第3項의 規定은 運送物에 관한 損害賠償請求가 運送人 이외의 實際運送人 또는 그 使用人이나 代

	理人에 대하여 제기된 경우에도 이를 適用한다.
第790條(船舶所有者의 責任 등의 輕減禁止) 前3項의 規定에 反하여 船舶所有者의 義務 또는 責任을 輕減하는 當事者間의 特約은 效力이 없다.	第790條 (運送人의 責任輕減禁止) ①第787條 내지 第789條의3의 規定에 반하여 運送人의 義務 또는 責任을 輕減 또는 免除하는 當事者間의 特約은 效力이 없다. 運送物에 관한 保險의 이익을 運送人에게 讓渡하는 약정 또는 이와 유사한 약정도 또한 같다. ②第1項의 規定은 산動物의 運送 및 船荷證券 기타 運送契約을 증명하는 文書의 表面에 甲板積으로 運送할 취지를 기재하여 甲板積으로 행하는 運送에 대하여는 適用하지 아니한다. ③第1項의 規定은 第787條의 規定에 반하는 경우를 제외하고 傭船契約에는 이를 適用하지 아니한다. 그러나, 傭船契約에 따라 船荷證券이 발행된 경우에 傭船者 이외의 船荷證券所持人에 대한 運送人의 義務 또는 責任에 관하여는 그러하지 아니하다.
第791條(違法船積物의 處分) ①(省 略) ②船長이 前項의 物件을 運送하는 때에는 船積한 때와 곳에서의 同種運送物의 最高運賃의 支給을 請求할 수 있다. ③前2項의 規定은 船舶所有者 其他의 利害關係人의 損害賠償請求에 影響을 미치지 아니한다.	第791條(違法船積物의 處分) ①(舊法과 같음) ②------ 第1項의 --. ③第1項과 第2項의 ---- 運送人 ---.
〈新 設〉	第791條의2(危險物의 處分) ①引火性,

	爆發性, 기타의 危險性이 있는 運送物은 運送人이 그 性質을 알고 船積한 경우에도 그 運送物이 船舶이나 다른 運送物에 危害를 미칠 위험이 있는 때에는 船長은 언제든지 이를 揚陸, 破壞 또는 無害措置할 수 있다. ②運送人은 第1項의 處分에 의하여 그 運送物에 발생한 損害에 대하여는 共同海損分擔責任을 제외하고 그 賠償責任을 免한다.
第792條(全部傭船의 發航前의 契約解除等) ① ~ ②(省 略) ③船舶이 他港에서 船積港에 航行하여야 할 境遇에 全部傭船者가 船積港에서 發港하기 前에 契約을 解止하는 때에도 前項과 같다.	第792條(全部傭船의 發航前의 契約解除等) ① ~②(舊法과 같음) ③------------------------------ 第2項과 같다.
第793條(一部傭船과 發航前의 契約解除等) ①一部傭船者나 送荷人은 다른 傭船者와 送荷人 全員과 共同으로 하는 境遇에 限하여 前條의 解除 또는 解止를 할 수 있다. ②前項의 境遇外에는 一部傭船者나 送荷人이 發港前에 契約을 解除 또는 解止한 때에도 運賃의 全額을 支給하여야 한다. ③(省 略)	第793條(一部傭船과 發航前의 契約解除等) ①------------ 第792條의 ------------. ②第1項의 ------------------------------. ③(舊法과 같음)
第794條(附隨費用, 替當金等의 支給義務) ①傭船者나 送荷人이 第792條와 前條 第1項의 規定에 따라 契約을 解除 또는 解止를 한 때에도 附隨費用과 替當金을 支給할 責任을 免하지 못한	第794條(附隨費用, 替當金等의 支給義務) ①------------ 第793條------------------------------

다. ②第792條第2項과 第3項의 境遇에는 傭船者나 送荷人은 前項에 偈記한 것 外에 運送物의 價額에 따라 共同海損 또는 海難救助로 因하여 負擔할 金額을 支給하여야 한다.	--. ②-- 第1項에 게기한 것 외에도 ------------------------------- 海洋事故 救助로 -----------------------------.
第795條(船積, 揚陸費用의 負擔) 前2條의 境遇에 運送物의 全部 또는 一部를 船積한 때에는 그 船積과 揚陸의 費用은 傭船者 또는 送荷人이 負擔한다.	第795條(船積, 揚陸費用의 負擔) 第793條와 第794條의 ---.
第796條(船積期間內의 不船積의 效果) 傭船者나 送荷人이 船積期間內에 運送物의 船積을 하지 아니한 때에는 契約을 解除 또는 解止한 것으로 본다.	第796條(船積期間內의 不船積의 效果) 傭船者가 ---.
第798條 (傭船의 境遇와 運送物의 揚陸) ①(省 略) ②運送物을 揚陸할 期間의 約定이 있는 境遇에는 그 期間은 前項의 通知가 있은 날의 翌日로부터 起算한다. 이 期間에는 不可抗力으로 因하여 揚陸할 수 없는 날을 算入하지 아니한다. ③前項의 期間을 經過한 後 運送物을 揚陸한 때에는 船舶所有者는 相當한 報酬를 請求할 수 있다.	第798條 (傭船의 境遇와 運送物의 揚陸) ①(舊法과 같음) ②第782條第2項의 規定은 運送物의 揚陸期間의 計算에 準用한다. ③第1項의 ------------------------------ 運送人은 ----------------------------.
第799條(個品運送과 運送物의 揚陸) 個個의 物件의 運送을 契約의 目的으로 한 때에는 受荷人은 船長의 指示에 따라 遲滯없이 이 運送物을 揚陸하여야 한다.	第799條(個品運送과 運送物의 受領) 個個의 物件의 運送을 契約의 目的으로 한 경우에 運送物의 到着通知를 받은 受荷人은 當事者間의 合意 또는 揚陸港의 慣習에 의한 때와 곳에서 지체없이 運送物을 受領하여야 한다.
第800條(受荷人의 義務, 船長의 留置權)	第800條(受荷人의 義務, 船長의 留置權)

①(省 略) ②船長은 前項의 規定에 依한 金額의 支給과 相換하지 아니하면 運送物을 引渡할 義務가 없다. 〈新 設〉	①(舊法과 같음) ②------ 第1項의 --. 第800條의2(運送物의 일부 滅失, 훼손에 관한 통지) ①受荷人이 運送物의 일부 滅失 또는 훼손을 발견한 때에는 受領後 지체없이 그 概要에 관하여 運送人에게 書面에 의한 통지를 發送하여야 한다. 그러나 그 滅失 또는 훼손이 즉시 발견할 수 없는 것인 때에는 受領한 날부터 3日내에 그 통지를 發送하여야 한다. ②第1項의 통지가 없는 경우에는 運送物이 滅失 또는 훼손없이 受荷人에게 引渡된 것으로 推定한다. ③第1項과 第2項의 規定은 運送人 또는 그 使用人이 惡意인 경우에는 適用하지 아니한다. ④運送物에 滅失 또는 훼손이 발생하였거나 그 疑心이 있는 경우에는 運送人과 受荷人은 서로 運送物의 檢査를 위하여 필요한 편의를 제공하여야 한다. ⑤第1項 내지 第4項의 規定에 반하여 受荷人에게 不利한 當事者間의 特約은 效力이 없다.
第802條(同前) ①(省 略) ②前項의 期間에는 不可抗力으로 因하여 船舶이 船積港이나 航海途中에서 碇泊한 期間 또는 航海途中에서 船	第802條(同前) ①(舊法과 같음) ②第1項의 --

船을 修繕한 期間을 算入하지 아니한다. 第782條第2項 또는 第798條第2項의 境遇에 船積期間 또는 揚陸期間이 經過한 後 運送物을 船積 또는 揚陸한 日數도 같다.	-- 이와 같다.
第803條(運送物의 供託) ①受荷人이 運送物의 受領을 懈怠한 때에는 船長은 이를 供託할 수 있다. 이 境遇에는 遲滯없이 受荷人에게 그 通知를 發送하여야 한다.	第803條(運送物의 供託 등) ①受荷人이 運送物의 受領을 懈怠한 때에는 船長은 이를 供託하거나 稅關 기타 法令이 정한 官廳의 許可를 받은 곳에 引渡할 수 있다. 이 경우에는 지체없이 受荷人에게 그 통지를 發送하여야 한다.
②受荷人을 確知할 수 없거나 受荷人이 運送物의 受領을 拒否한 때에는 船長은 이를 供託하고 遲滯없이 傭船者 또는 送荷人에게 그 통지를 發送하여야 한다.	②受荷人을 確知할 수 없거나 受荷人이 運送物의 受領을 거부한 때에는 船長은 이를 供託하거나 稅關 기타 官廳의 許可를 받은 곳에 引渡하고 지체없이 傭船者 또는 送荷人 및 알고 있는 受荷人에게 그 통지를 發送하여야 한다.
	③第1項과 第2項의 規定에 의하여 運送物을 供託하거나 稅關 기타 官廳의 許可를 받은 곳에 引渡한 때에는 船荷證券所持人 기타 受荷人에게 運送物을 引渡한 것으로 본다.
第804條(船舶所有者의 運送物競賣權) ①船舶所有者는 第800條第1項의 規定에 依한 金額의 支給을 받기 爲하여 法院의 許可를 얻어 運送物을 競賣할 수 있다.	第804條(運送人의 運送物競賣權) ①運送人은 -- 競賣하여 優先辨濟를 받을 權利가 있다.
②船長이 受荷人에게 運送物을 引渡한 後에도 船舶所有者는 그 運送物에 對하여 前項의 權利를 行使할 수 있다.	②------------------------------------ 運送人은 -------------- 第1項의 ----------------

그러나, 引渡한 날로부터 30日을 經過하거나 第3者가 그 運送物에 占有를 取得한 때에는 그러하지 아니하다.	--.
第805條(競賣權不行使의 效果) 船舶所有者가 前條의 規定에 依한 權利를 行使하지 아니한 때에는 傭船者 또는 送荷人에 對한 請求權을 잃는다. 그러나 傭船者 또는 送荷人은 그 受益의 限度에서 償還할 義務가 있다.	第805條(競賣權不行使의 效果) 〈削 除〉
第806條(再運送契約과 船舶所有者의 責任) 傭船者가 第3者와 運送契約을 締結한 境遇에도 그 契約의 履行이 船長의 職務에 속한 範圍內에서는 船舶所有者만이 그 第3者에 對하여 責任을 진다. 이 境遇에도 船舶所有者는 第746條 또는 第747條의 規定에 依한 權利를 行使할 수 있다.	第806條(再運送契約과 船舶所有者의 責任) 傭船者가 자기의 名義로 第3者와 運送契約을 체결한 경우에는 그 契約의 履行이 船長의 職務에 속한 범위안에서 船舶所有者도 그 第3者에 대하여 第787條와 第788條의 規定에 의한 責任을 진다.
第807條(運送契約의 終了事由) ①(省 略) ②前項第1號 乃至 第3號의 事由가 航海途中에 생긴 때에는 傭船者 또는 送荷人은 運送의 比率에 따라 現存하는 運送物의 價額의 限度에서 運賃을 支給하여야 한다.	第807條(運送契約의 종료사유) ①(舊法과 같음) ②第1項---.
第808條(法定事由로 因한 解除) ①(省 略) ②前項의 事由가 航海途中에 생긴 境遇에 契約을 解止한 때에는 傭船者 또는 送荷人은 運送의 比率에 따라 運賃을 支給하여야 한다.	第808條(法定事由로 인한 解除) ①(舊法과 같음) ②第1項의 ---.
第809條(運送物의 一部에 關한 不可抗	第809條(運送物의 一部에 關한 不可抗

力) ①第807條第1項第4號와 前條第1項의 事由가 運送物의 一部에 對하여 생긴 때에는 傭船者 또는 送荷人은 船舶所有者의 責任이 加重되지 아니하는 範圍內에서 다른 運送物을 船積을 할 수 있다. ②傭船者 또는 送荷人이 前項의 權利를 行使하고자 하는 때에는 遲滯없이 運送物의 揚陸 또는 船積을 하여야 한다. 그 揚陸 또는 船積을 懈怠한 때에는 運賃의 全額을 支給하여야 한다.	力) ①------------------第808條 ------------------------------ ------------------------------ 運送人------------------------- ------------------------------ -----------. ②----------------- 第1項의 ---- ------------------------------ ------------------------------ ------------------------------ ----------------------------.
第810條(船長의 積荷處分과 運賃) 船舶所有者는 다음의 境遇에는 運賃의 全額을 請求할 수 있다. 1. ～ 2.(省　略)	第810條(船長의 積荷處分과 運賃) 運送人은 -------------------------- ----------------. 1. ～ 2.(舊法과 같음)
第811條(船舶所有者의 債權의 時效) 船舶所有者의 傭船者, 送荷人 또는 受荷人에 대한 債權은 1年間 行使하지 아니하면 消滅時效가 完成한다.	第811條(運送人의 債權·債務의 消滅) 運送人의 傭船者, 送荷人 또는 受荷人에 대한 債權 및 債務는 그 請求原因의 如何에 불구하고 運送人이 受荷人에게 運送物을 引渡한 날 또는 引渡할 날부터 1年내에 裁判上 請求가 없으면 消滅한다. 그러나, 이 期間은 當事者의 合意에 의하여 연장할 수 있다.
第812條(準用規定) 第121條, 第134條, 第136條 乃至 第141條와 第146條의 規定은 船舶所有者에 準用한다.	第812條(準用規定) 第134條, ---------- ---------- 第140條의 ------------ --- 運送人 ---------------.
〈新　設〉	第812條의2(定期傭船契約의 意義) 定期傭船契約은 船舶所有者 또는 賃借人이 傭船者에게 船員이 乘務하고 航海裝備를 갖춘 船舶을 일정한 期間동안 航海에 사용하게 할 것을 약정하고 傭

	船者가 이에 대하여 期間으로 정한 傭船料를 支給할 것을 약정함으로써 그 效力이 생긴다.
〈新　設〉	第812條의3(定期傭船者의　船長指揮權) ①定期傭船者는 약정한 범위안의 船舶의 사용을 위하여 船長을 指揮할 權利가 있다. ②船長, 海員 기타의 船舶使用人이 定期傭船者의 정당한 指示에 위반하여 定期傭船者에게 損害가 발생한 경우에는 船舶所有者가 이를 賠償할 責任이 있다.
〈新　設〉	第812條의4(船舶所有者의　運送物留置權 및 競賣權) ①第800條第2項과 第804條의 規定은 定期傭船者가 船舶所有者에게 傭船料, 替當金 기타 이와 유사한 定期傭船契約에 의한 債務를 履行하지 아니하는 경우에 準用한다. 그러나, 船舶所有者는 定期傭船者가 발행한 船荷證券을 善意로 取得한 第3者에게 對抗하지 못한다. ②第1項의 規定에 의한 船舶所有者의 運送物에 대한 權利는 定期傭船者가 運送物에 관하여 약정한 傭船料 또는 運賃의 범위를 넘어서 이를 행사하지 못한다.
〈新　設〉	第812條의5(傭船料의　延滯와　契約解止 등) ①定期傭船者가 傭船料를 約定期日에 支給하지 아니한 때에는 船舶所有者는 契約을 解除 또는 解止할 수 있다.

	②定期傭船者가 第3者와 運送契約을 체결하여 運送物을 船積한 후 船舶의 航海중에 船舶所有者가 第1項의 規定에 의하여 契約을 解除 또는 解止한 때에는 船舶所有者는 積荷利害關係人에 대하여 定期傭船者와 동일한 運送義務가 있다. ③船舶所有者가 第2項의 規定에 의한 契約의 解除 또는 解止 및 運送繼續의 뜻을 積荷利害關係人에게 書面에 의한 통지를 한 때에는 船舶所有者의 定期傭船者에 대한 傭船料, 替當金 기타 이와 유사한 定期傭船契約上의 債權을 擔保하기 위하여 定期傭船者가 積荷利害關係人에 대하여 가지는 傭船料 또는 運賃의 債權을 目的으로 質權을 設定한 것으로 본다. ④第1項 내지 第3項의 規定은 船舶所有者 또는 積荷利害關係人의 定期傭船者에 대한 損害賠償請求에 영향을 미치지 아니한다.
〈新 設〉	第812條의6(定期傭船契約上의 債權의 消滅) 定期傭船契約에 關하여 발생한 當事者間의 債權은 船舶이 船舶所有者에게 返還된 날부터 1年내에 裁判上 請求가 없으면 消滅한다. 그러나, 第811條 但書의 規定은 이 경우에 準用한다.
第2款 船荷證券	第2款 船荷證券
第813條(船荷證券의 發行) ①船舶所有者	第813條(船荷證券의 發行) ①運送人은

는 運送物을 受領한 後 傭船者 또는 送荷人의 請求에 依하여 1通 또는 數通의 船荷證券을 交付하여야 한다.	--.
②船舶所有者는 運送物을 船積한 後 傭船者 또는 送荷人의 請求에 依하여 1通 또는 數通의 "船積" 船荷證券을 交付하거나 前項의 船荷證券에 船積의 뜻을 表示하여야 한다.	②運送人은 -- 第1項의 ------------------------------------.
③船舶所有者는 船長 또는 其他의 使用人에게 船荷證券의 交付 또는 前項의 表示를 委任할 수 있다.	③運送人은 --長-------------- 代理人에게 ---------------- 第2項의 -----------------.
第814條(船荷證券의 記載事項) ①船荷證券에는 다음의 사항을 기재하고 發行者가 記名捺印하여야 한다.	第814條(船荷證券의 기재사항) ①船荷證券에는 다음의 사항을 기재하고 運送人이 記名捺印 또는 署名하여야 한다.
1. 船舶의 名稱, 國籍과 噸數	1. 船舶의 名稱, 國籍과 톤數
2. 船長의 姓名	2. 送荷人이 書面으로 통지한 運送物의 種類, 重量 또는 容積, 包裝의 種別, 個數와 記號
3. 運送物의 種類, 重量 또는 容積, 包裝의 種別, 個數와 記號	3. 運送物의 外觀狀態
4. 傭船者 또는 送荷人의 姓名 또는 商號	4. 傭船者 또는 送荷人의 姓名 또는 商號
5. 受荷人의 姓名 또는 商號	5. 受荷人 또는 通知受領人의 姓名 또는 商號
6. 船積港	6. 船積港
7. 揚陸港	7. 揚陸港
8. 運　賃	8. 運　賃
9. 作成地와 그 作成年月日	9. 發行地와 그 發行年月日
10. 數通의 船荷證券을 作成한 때에는 그 數	10. 數通의 船荷證券을 발행한 때에는 그 數
〈新　設〉	②第1項第2號의 기재사항중 運送物의

	重量, 容積, 個數 또는 記號가 運送人이 실제로 受領한 運送物을 정확하게 표시하고 있지 아니하다고 疑心할 만한 상당한 이유가 있는 때 또는 이를 확인할 적당한 방법이 없는 때에는 그 기재를 생략할 수 있다.
〈新　設〉	③送荷人은 第1項第2號의 기재사항이 정확함을 運送人에게 擔保한 것으로 본다.
〈新　設〉	④運送人이 船荷證券에 기재된 通知受領人에게 運送物에 관한 통지를 한 때에는 傭船者 또는 送荷人 및 船荷證券所持人 기타 受荷人에게 통지한 것으로 본다.
〈新　設〉	第814條의2(船荷證券 기재의 效力) 第814條第1項의 規定에 따라서 船荷證券이 발행된 경우에는 運送人이 그 證券에 기재된 대로 運送物을 受領 또는 船積한 것으로 推定한다. 그러나 運送人은 船荷證券을 善意로 取得한 第3者에게 對抗하지 못한다.
第815條(謄本의 交付) 船荷證券의 交付를 받은 傭船者 또는 送荷人은 發行者의 請求가 있는 때에는 船荷證券의 謄本에 記名捺印하여 交付하여야 한다.	第815條(謄本의 交付) ------------ ---------------------------- ---------------------------- -- 記名捺印 또는 署名하여 ------.
第816條(數通의 船荷證券과 揚陸港에 있어서의 運送物의 引渡) ①(省　略) ②前項의 規定에 依하여 數通의 船荷證券中 1通의 所持人이 運送物의 引渡를 받은 때에는 다른 船荷證券은 그	第816條(數通의 船荷證券과 揚陸港에 있어서의 運送物의 引渡) ①(舊法과 같음) ②第1項의 -------------------- ---------------------------- ----------------------------

效力을 잃는다.	------------.
第818條(2人以上 所持人에 依한 運送物 引渡請求와 供託) ①(省　略) ②船長이 第816條第1項의 規定에 依하여 運送物의 一部를 引渡한 後 다른 所持人이 運送物의 引渡를 請求한 境遇에도 그 引渡하지 아니한 運送物에 對하여는 前項과 같다.	第818條(2人以上 所持人에 依한 運送物 引渡請求와 供託) ①(舊法과 같음) ②--- 第1項과 같다.
第819條(數人의 船荷證券所持人의 順位) ①前條의 規定에 依하여 供託한 運送物에 對하여는 數人의 船荷證券所持人에게 共通되는 前者로부터 먼저 交付를 받은 證券의 所持人이 다른 所持人에 優先하여 權利를 행사한다. ②(省　略)	第819條(數人의 船荷證券所持人의 順位) ①第818條의 -- 證券所持人의 權利가 다른 所持人의 權利에 優先한다. ②(舊法과 같음)
第820條(準用規定) 第129條 乃至 第133條의 規定은 船荷證券에 準用한다.	第820條(準用規定) 第129條, 第130條, 第132條와 第133條의 規定은 ------------------.
第822條(食事提供義務) 旅客의 航海中의 食事는 다른 約定이 없으면 船舶所有者의 負擔으로 한다.	第822條(食事提供義務) --- 運送人-------------.
第823條(船舶修繕中의 居處, 食事提供義務) ①航海의 中途에서 船舶을 修繕하는 境遇에는 船舶所有者는 그 修繕中 旅客에게 相當한 居處와 食事를 提供하여야 한다. 그러나 旅客의 權利를 害하지 아니하는 範圍內에서 上陸港까지의 運送의 便宜를 提供한 때에는 그러하지 아니하다. ②前項의 境遇에 旅客은 航海의 比率	第823條(船舶修繕中의 居處, 食事提供義務) ①------------------------------------ 運送人은 --. ②第1項의 -------------------

에 따른 運賃을 支給하고 契約을 解止할 수 있다.	--.
第824條(手荷物無賃運送義務) 旅客이 契約에 依하여 船內에서 携帶할 수 있는 手貨物에 對하여는 船舶所有者는 다른 約定이 없으면 따로 運賃을 請求하지 못한다.	第824條(手荷物無賃運送義務) -- 運送人은 -------------------------.-------------------.
第825條(乘船遲滯와 船長의 發航權) ① 旅客이 乘船時期까지 乘船하지 아니한 때에는 船長은 卽時發航할 수 있다. 航海中途의 碇泊港에서도 같다. ②前項의 境遇에는 旅客은 運賃의 全額을 支給하여야 한다.	第825條(乘船遲滯와 船長의 發航權) ① -- 이와 같다. ②第1項의 ---------------------------------------.
第827條(法定事由에 依한 解除) 旅客이 發航前에 死亡, 疾病 其他의 不可抗力으로 因하여 航海할 수 없게 된 때에는 船舶所有者는 運賃의 10分의 3을 請求할 수 있고 發航後에 그 事由가 생긴 때에는 船舶所有者의 選擇으로 運賃의 10分의 3 또는 運送의 比率에 따른 運賃을 請求할 수 있다.	第827條(法定事由에 依한 解除) -- 運送人은 -- 運送人의 --.
第2節 旅客運送	第2節 旅客運送
第830條(準用規定) ①第148條 乃至 第150條, 第808條와 第811條의 規定은 海上旅客運送에 準用한다. ②第791條와 第810條의 規定은 旅客의 手荷物에 準用한다.	第830條(準用規定) ①第148條, 第787條, 第790條第1項과 第806條의 規定은 海上旅客運送에 準用한다. ②第134條, 第136條, 第149條第2項, 第787條 내지 第791條의2, 第800條, 第800條의2, 第806條, 第808條와 第811條의 規定은 運送人이 委託을 받은 旅客의 手荷物의 運送에 準用한다.

	③第150條, 第789條의2第1項과 第4項, 第789條의3, 第790條第1項, 第806條와 第811條의 規定은 運送人이 委託을 받지 아니한 旅客의 手荷物에 準用한다.
第831條(同前) 旅客運送을 하기 위하여 傭船契約을 締結한 境遇에는 船舶所有者와 傭船者의 關係에는 第781條 乃至 第784條, 第786條, 第789條 내지 第809條와 第811條의 規定을 準用한다.	第831條(同前) 旅客運送을 하기 위하여 傭船契約을 체결한 경우에는 運送人과 傭船者의 관계에는 第781條, 第782條第1項, 第783條, 第784條, 第786條, 第787條, 第790條第1項, 第791條, 第792條 내지 第797條, 第802條, 第807條, 第808條와 第811條의 規定을 準用한다.
第5章　共同海損	第5章　共同海損
第835條(共同海損分擔者의 有限責任) 前2條의 規定에 依하여 共同海損의 分擔責任이 있는 者는 船舶이 到達하거나 積荷를 引渡한 때에 現存하는 價額의 限度에서 責任을 진다.	第835條(共同海損分擔者의 有限責任) 第833條와 第834條의 --.
第839條(共同海損分擔請求에서의 除外) ①(省　略) ②甲板에 積載한 荷物에 對하여도 前項과 같다. 그러나 沿岸航行의 境遇에는 그러하지 아니하다.	第839條(共同海損分擔請求에서의 除外) ①(舊法과 같음) ②--------------------- 第1項과 --.
第840條(積荷價格의 不實記載와 共同海損) ①(省　略) ②前項의 規定은 積荷의 價格에 影響을 미칠 事項에 關하여 虛僞의 記載를 한 境遇에 準用한다.	第840條(積荷價格의 不實記載와 共同海損) ①(舊法과 같음) ②第1項의 --.
第842條(共同海損債權의 時效) 共同海損	第842條(共同海損債權의 消滅) 共同海損

으로 因하여 생긴 債權은 그 計算이 終了한 날부터 1年間 行使하지 아니하면 消滅時效가 完成한다.	으로 인하여 생긴 債權 및 第837條에 의한 求償債權은 그 計算이 종료한 날부터 1年내에 裁判上 請求가 없으면 消滅한다. 그러나, 第811條 但書의 規定은 이 경우에 準用한다.
第6章　船舶衝突	第6章　船舶衝突
第843條(船舶衝突에의 適用法規) 航海船相互間 또는 航海船과 內水抗行船間의 衝突이 있은 境遇에 船舶 또는 船舶內에 있는 物件이나 사람에 關하여 생긴 損害의 賠償에 對하여는 어떠한 水面에서 衝突한 때라도 本章의 規定을 適用한다.	第843條(船舶衝突에의 適用法規) ----- -- 이 章의 ----------------.
第846條(雙方의 過失로 因한 衝突) ①(省　略) ②前項의 境遇에 第3者의 死傷에 對한 損害賠償은 雙方의 船舶所有者가 連帶하여 그 責任을 진다.	第846條(雙方의 過失로 因한 衝突) ①(舊法과 같음) ②第1項의 --.
第847條(導船士의 過失로 因한 衝突) 船舶의 衝突이 導船士의 過失로 因하여 發生한 境遇에도 船舶所有者는 前2條의 規定에 依하여 損害를 賠償할 責任이 있다.	第847條(導船士의 過失로 因한 衝突) -- --- 第845條와 第846條의 ---------------------------.
第848條 (船舶衝突債權의 時效) 船舶의 衝突로 因하여 생긴 損害賠償의 請求權은 그 衝突이 있은 날부터 2年間 行使하지 아니하면 消滅時效가 完成한다.	第848條 (船舶衝突債權의 消滅) ------ -- 2年내에 裁判上 請求가 없으면 消滅한다. 그러나, 第811條 但書의 規定은 이 경우에 準用한다.

第7章　海難救助	第7章　海洋事故 救助
第850條(救助料의 決定) 救助의 報酬에 關한 約定이 없는 경우에 그 額에 對하여 當事者間에 合意가 成立하지 아니한 때에는 法院은 當事者의 請求에 依하여 危難의 程度, 救助의 勞力, 費用과 救助의 效果 其他의 諸般事情을 參酌하여 그 額을 定한다.	第850條(救助料의 決定) --, 環境損害防止를 위한 노력 其他의 諸般事情을 참작하여 ---------------------.
第851條(約定救助料의 變更請求) 海難當時에 救助의 報酬額에 關한 約定을 한 境遇에도 그 額이 顯著하게 不當한 때에는 法院은 前條의 事情을 參酌하여 그 額을 增減할 수 있다.	第851條(約定救助料의 變更請求) -- 第850條의 --------------------------------.
第853條(共同救助者間의 救助料分配) ①(省　略) ②人命의 救助에 從事한 者도 前項의 規定에 따라 救助의 報酬額의 分配를 받을 수 있다.	第853條(共同救助者間의 救助料分配) ①(舊法과 같음) ②---------------------- 第1項의 --.
第854條(1船舶內部의 救助料分配) ①(省　略) ②前項의 規定에 依하여 海員에게 支給할 報酬額의 分配는 船長이 各海員의 勞力, 그 效果와 事情을 參酌하여 그 航海의 終了前에 分配案을 作成하여 海員에게 告示하여야 한다.	第854條(1船舶內部의 救助料分配) ①(舊法과 같음) ②第1項의 --.
第858條(救助者의 優先特權) ①(省　略) ②前項의 優先特權에는 船舶債權者의 優先特權에 關한 規定을 準用한다.	第858條(救助者의 優先特權) ①(舊法과 같음) ②第1項의 ---.

舊法	新法
第860條(救助料請求權의 時效) 救助에 대한 報酬의 請求權은 救助가 完了한 날부터 2年間 行使하지 아니하면 消滅時效가 完成한다.	第860條(救助料請求權의 消滅) ------ ------------------------------ ----- 2年내에 裁判上 請求가 없으면 消滅한다. 그러나, 第811條 但書의 規定은 이 경우에 準用한다.
第8章 船舶債權	第8章 船舶債權
第861條(船舶優先特權있는 債權)	第861條(船舶優先特權있는 債權)
①(本文 省略)	①(本文 舊法과 같음)
1. ~ 3.(省 略)	1. ~ 3.(舊法과 같음)
4. 船舶의 衝突 또는 其他의 航海事故로 因한 航海施設 및 航路에 대한 損害, 船員이나 旅客의 生命, 身體에 對한 損害의 賠償債權	4. 船舶의 충돌로 인한 損害 기타의 航海事故로 인한 航海施設, 港灣施設 및 航路에 대한 損害와 船員이나 旅客의 生命, 身體에 대한 損害의 賠償債權
5. 船舶의 保存 또는 航海繼續의 必要로 因하여 船長의 船積港外에서 그 權限에 依하여 締結한 契約 또는 그 履行으로 因한 債權	〈削 除〉
6. 最後의 航海準備에 要한 船舶의 裝備, 食糧과 燃料에 關한 債權	〈削 除〉
②前項의 優先特權을 가진 船舶債權者는 本法 其他의 法律의 規定에 따라 前項의 財産에 對하여 다른 債權者보다 自己債權의 優先辨濟를 받을 權利가 있다. 이 境遇에는 그 性質에 反하지 아니하는 限 民法의 抵當權에 關한 規定을 準用한다.	②第1項의 ---------------------- ---- 이 法 -------------------- 第1項의 ---------------------- ------------------------------ ------------------------------ ------------------------------ ---------------.
第862條(船舶, 運賃에 附隨한 債權) 前條의 規定에 依한 船舶과 運賃에 附隨한	第862條(船舶, 運賃에 附隨한 債權) 第861條의 ----------------------

債權은 다음과 같다.	------------------.
第866條(優先特權의 順位) ①(省　略)	第866條(優先特權의 順位) ①(舊法과 같음)
②第861條第1項第3號와 第5號의 債權은 그 各號의 優先特權이 競合하는 때에는 後에 생긴 債權이 前에 생긴 債權에 優先한다. 同一한 事故로 因한 債權은 同時에 생긴 것으로 본다.	②---------第3號의 規定에 의한 債權의 --.
第868條(同一順位의 優先特權이 競合한 境遇) 前3條의 規定에 依한 同一順位의 優先特權이 競合하는 때에는 各債權額의 比率에 따라 辨濟를 받는다.	第868條(同一順位의 優先特權이 競合한 境遇) 第865條 내지 第867條의 --- 辨濟한다.
第870條(優先特權의 時效等) ①船舶債權者의 優先特權은 그 債權이 생긴 날로부터 1年間 行使하지 아니하면 消滅時效가 完成한다.	第870條(優先特權의 消滅) ①--- 1年내에 實行하지 아니하면 消滅한다.
②第861條第1項第6號의 規定에 依한 優先特權은 그 船舶의 發航으로 因하여 消滅한다.	②〈削　除〉
第874條(建造中의 船舶에의 準用) 本章의 規定은 建造中의 船舶에 準用한다.	第874條(建造中의 船舶에의 準用) 이 章의 ---------------------------.

현행법과 개정안 대비표

(2005.1.17. 국회제출정부안)

현 행	개 정 안
第126條(運送狀) ①送荷人은 運送人의 請求에 依하여 運送狀을 交付하여야 한다. ②運送狀에는 다음의 事項을 記載하고 送荷人이 記名捺印 또는 署名하여야 한다. 1. ~ 4.(생 략) 5. 運送狀의 作成地와 作成年月日	제126조(화물명세서) ①------------ ---------- 화물명세서를 ------- ----. ②화물명세서------------------ ------------------------------ --------. 1. ~ 4.(현행과 같음) 5. 화물명세서----------------
第127條(運送狀의 虛僞記載에 對한 責任) ①送荷人의 運送狀에 虛僞 또는 不正確한 記載를 한 때에는 運送人에 對하여 이로 因한 損害를 賠償할 責任이 있다. ②(생 략)	제127조(화물명세서--------------- --) ①-------- 화물명세서------ ------------------------------ ------------------------------ ----. ②(현행과 같음)
第5編 海 商	제5편 해 상
第1章 船 舶	제1장 해상기업
<신 설>	제1절 선 박
第740條(船舶의 意義) 이 법에서 船舶이라 함은 商行爲 其他 營利를 目的으로 航海에 使用하는 船舶을 이른다.	제740조(선박의 의의) ------ "선박"-- ------------ 그 밖의 ---------- ------------------- 말한다.
第741條(短艇 또는 櫓櫂船) 이 編의 規定은 短艇 또는 主로 櫓櫂로 運轉하는 船舶에 適用하지 아니한다.	제741조(적용범위) ①항해용 선박에 대하여는 상행위 그 밖의 영리를 목적으로 하지 아니하더라도 이 편의 규정을 준용한다. 그러나 국유 또는 공유의 선박에 대하여는 「선박법」 제29조 단서

현행	개정안
	의 규정에 불구하고 항해의 목적·성질 등을 고려하여 이 편의 규정을 준용하는 것이 적합하지 아니한 경우로서 대통령령이 정하는 경우에는 그러하지 아니하다. ②이 편의 규정은 단정(短艇) 또는 주로 노 또는 상앗대로 운전하는 선박에 적용하지 아니한다.
第742條(船舶의 從物) (생 략)	제742조(선박의 종물) (현행과 같음)
第743條(船舶에 關한 權利의 移轉) 船舶에 關한 權利의 移轉은 當事者間의 合意만으로써 效力이 생긴다. (단서 생략)	제743조(선박소유권의 이전) 등기 및 등록할 수 있는 선박의 경우 그 소유권의 이전은 당사자 사이의 합의만으로 그 효력이 생긴다. (현행 제743조 단서와 같음) <삭 제>
第744條(船舶의 押留, 假押留) (생략) <신 설>	제744조(선박의 압류·가압류 등) (현행과 같음)
第745條(小型船舶) 第743條와 第744條의 規定은 總噸數 20噸 未滿의 船舶에 適用하지 아니한다.	<삭 제>
第2章 船舶所有者	제2절 선 장
第767條(船長의 選任, 解任) (생 략)	제745조(선장의 선임·해임) (현행 제767조와 같음)
第768條(船長의 不當한 解任에 對한 損害賠償請求權) ①船舶所有者가 正當한 事由없이 船長을 解任한 때에는 船長은 이로 因하여 생긴 損害의 賠償을 請求할 수 있다. ②船長이 船舶共有者인 境遇에 그 意思에 反하여 解任된 때에는 다른 共有者에 對하여 相當한 價額으로 그 持分	제746조(선장의 부당한 해임에 대한 손해배상청구권) --. (개정안 제762조 제1항으로 이동)

현행	개정안
을 買受할 것을 請求할 수 있다.	
③船長이 第2項의 請求를 하고자 하는 때에는 遲滯없이 다른 共有者 또는 船舶管理人에 對하여 그 通知를 發送하여야 한다.	(개정안 제762조 제2항으로 이동)
第769條(船長의 繼續職務執行의 責任) (생 략)	제747조(선장의 계속직무집행의 책임) (현행 제769조와 같음)
第772條(代船長의 選任의 責任) (생 략)	제748조(대선장의 선임의 책임) (현행 제772조와 같음)
第773條(代理權의 範圍) (생 략)	제749조(대리권의 범위) (현행 제773조와 같음)
第774條(特殊한 行爲에 對한 權限) ①船長은 船舶修繕料, 海洋事故 救助料 其他 航海의 繼續에 必要한 費用을 支給하여야 할 境遇 外에는 다음의 行爲를 하지 못한다.	제750조(특수한 행위에 대한 권한) ①-------------·해난구조료 그 밖에 ---.
1. ~ 3.(생 략)	1. ~ 3.(현행 제774조 제1항 제1호 내지 제3호와 같음)
②(생 략)	②(현행 제774조 제2항과 같음)
第775條(代理權에 對한 制限) (생 략)	제751조(대리권에 대한 제한) (현행 제775조와 같음)
第776條(利害關係人을 爲한 積荷의 處分) (생 략)	제752조(이해관계인을 위한 적하의 처분) (현행 제776조와 같음)
第777條(船舶競賣權) (생 략)	제753조(선박경매권) (현행 제777조와 같음)
第778條(船舶의 修繕不能) (생 략)	제754조(선박의 수선불능) (현행 제778조와 같음)
第779條(報告, 計算의 義務) (생 략)	제755조(보고·계산의 의무) (현행 제779조와 같음)
<신 설>	제3절 선박공유
第753條(船舶共有者의 業務決定)	제756조(선박공유자의 업무결정)

(생 략)	(현행 제753조와 같음)
第754條(船舶共有와 費用의 負擔)	제757조(선박공유와 비용의 부담)
(생 략)	(현행 제754조와 같음)
第755條(損益分配)	제758조(손익분배)
(생 략)	(현행 제755조와 같음)
第756條(持分의 讓渡)	제759조(지분의 양도)
(생 략)	(현행 제756조와 같음)
第757條(共有船舶의 國籍喪失과 持分의 買受 또는 競賣請求) ①船舶共有者의 持分의 移轉 또는 그 國籍喪失로 因하여 船舶이 大韓民國의 國籍을 喪失할 때에는 다른 共有者는 相當한 代價로 그 持分을 買受하거나 그 競賣를 法院에 請求할 수 있다.	제760조(공유선박의 국적상실과 持分의 매수 또는 경매청구) --.
②社員의 持分의 移轉으로 會社의 所有에 屬하는 船舶이 大韓民國의 國籍을 喪失할 때에는 合名會社에 있어서는 다른 社員, 合資會社에 있어서는 다른 無限責任社員이 相當한 代價로 그 持分을 買受할 수 있다.	<삭 제>
第758條(決議反對者의 持分買受請求權)	제761조(결의반대자의 지분매수청구권)
(생 략)	(현행 제758조와 같음)
第768條(船長의 不當한 解任에 對한 損害賠償請求權)	제762조(해임선장의 지분매수청구권)
①船舶所有者가 正當한 事由없이 船長을 解任한 때에는 船長은 이로 因하여 생긴 損害의 賠償을 請求할 수 있다.	(개정안 제746조로 이동)
②船長이 船舶共有者인 境遇에 그 意思에 反하여 解任된 때에는 다른 共有者에 對하여 相當한 價額으로 그 持分을 買受할 것을 請求할 수 있다.	①선박공유자가 선장---.

현행	개정안
③船長이 第2項의 請求를 하고자 하는 때에는 遲滯없이 다른 共有者 또는 船舶管理人에 對하여 그 通知를 發送하여야 한다.	②선박공유자가 제1항--.
第759條(航海中船舶等의 讓渡) (생 략)	제763조(항해 중 선박 등의 양도) (현행 제759조와 같음)
第760條(船舶管理人의 選任, 登記) (생 략)	제764조(선박관리인의 선임ㆍ등기) (현행 제760조와 같음)
第761條(船舶管理人의 權限) (생 략)	제765조(선박관리인의 권한) (현행 제761조와 같음)
第762條(船舶管理人의 權限의 制限) (생 략)	제766조(선박관리인의 권한의 제한) (현행 제762조와 같음)
第763條(帳簿의 記載, 備置) (생 략)	제767조(장부의 기재ㆍ비치) (현행 제763조와 같음)
第764條(船舶管理人의 報告, 承認) (생 략)	제768조(선박관리인의 보고ㆍ승인) (현행 제764조와 같음)
<신 설>	제4절 선박소유자 등의 책임제한
第746條(船舶所有者의 有限責任) 船舶所有者는 請求原因의 如何에 불구하고 다음 各號의 債權에 대하여 第747條의 規定에 의한 금액의 限度로 그 責任을 제한할 수 있다. 그러나 그 債權이 船舶所有者 자신의 故意 또는 損害發生의 염려가 있음을 認識하면서 無謀하게 한 作爲 또는 不作爲로 인하여 생긴 損害에 관한 것인 때에는 그러하지 아니하다.	제769조(선박소유자의 유한책임) --제770조---.
1. ~ 4.(생 략)	1. ~ 4.(현행 제746조 제1호 내지 제4호와 같음)
第747條(責任의 限度額) ①船舶所有者가 제한할 수 있는 責任의 限度額은 다음	제770조(책임의 한도액) ①--

各號의 금액으로 한다.	------------------------.
1. 旅客의 死亡 또는 身體의 傷害로 인한 損害에 관한 債權에 대한 責任의 限度額은 그 船舶의 船舶檢查證書에 기재된 旅客의 定員에 4萬6千6百6拾6 計算單位를 곱하여 얻은 금액과 2千5百萬 計算單位에 상당하는 금액 중 적은 금액으로 한다.	1. -- 17만5천 계산단위를 곱하여 얻은 금액으로 한다.
2.·3.(생 략)	2.·3.(현행 제747조제1항제2호 및 제3호와 같음)
②(생 략)	②(현행 제747조제2항과 같음)
③第746條의 規定에 의하여 責任이 제한되는 債權은 第1項 各號의 規定에 의한 各 責任限度額에 대하여 各 債權額의 比率로 競合한다.	③제769조--.
④·⑤(생 략)	④·⑤(현행 제747조제4항 및 제5항과 같음)
第749條(동일한 事故로 인한 反對債權額의 控除) (생 략)	제771조(동일한 사고로 인한 반대채권액의 공제) (현행 제749조와 같음)
第751條(責任制限을 위한 船舶톤數) 第747條第1項에서 規定하는 船舶의 톤數는 國際航海에 종사하는 船舶의 경우에는 船舶法에서 規定하는 國際總톤數로 하고 그 밖의 船舶의 경우에는 同法에서 規定하는 總톤數로 한다.	제772조(책임제한을 위한 선박톤수) 제770조제1항---「선박법」---.
第748條(有限責任의 排除) 船舶所有者는 다음 各號의 債權에 대하여는 그 責任을 制限하지 못한다.	제773조(유한책임의 배제) --.
1.(생 략)	1.(현행 제748조제1호와 같음)
2. 海洋事故 救助 또는 共同海損分擔에 관한 債權	2. 해난구조로 인한 구조료 채권 및 공동해손의 분담에 관한 채권
3. ~ 5.(생 략)	3. ~ 5.(현행 제748조제3호 내지 제5

현행	개정안
	호와 같음)
第750條(責任制限을 할 수 있는 者의 범위) ①다음 各號에 게기한 者는 이 章의 規定에 의하여 船舶所有者의 경우와 동일하게 責任을 제한할 수 있다.	제774조(책임제한을 할 수 있는 자의 범위) ①---- 각 호의 어느 하나에 해당하는 자는 이 절--.
1.·2.(생 략)	1.·2.(현행 제750조제1항제1호 및 제2호와 같음)
3. 자기의 행위로 인하여 船舶所有者 또는 第1號의 게기한 者에 대하여 第746條 各號의 規定에 의한 債權이 成立하게 한 船長, 海員, 導船士 기타 船舶所有者 또는 第1號에 게기한 者의 使用人 또는 代理人	3. ------------------------------ 제1호의 규정된 ---------- 제769조 각 호----------------------------- 선장·해원·도선사 그 밖의 ------------- 규정된 ----------------
②동일한 事故에서 발생한 모든 債權에 대한 船舶所有者 및 第1項에 게기한 者에 의한 責任制限의 總額은 船舶마다 第747條의 規定에 의한 責任限度額을 초과하지 못한다.	②-- 규정된 ------------------------------- 제770조--------------------------------------.
③(생 략)	③(현행 제750조제3항과 같음)
第752條의2(海洋事故救助者의 有限責任) ①第746條 내지 第752條의 規定은 海洋事故救助者의 救助活動에 직접 관련하여 발생한 債權에 대한 責任의 제한에 準用한다.	제775조(구조자의 책임제한) ①구조자 또는 그 피용자의 구조활동과 직접 관련하여 발생한 사람의 사망, 신체의 상해, 재산의 멸실이나 훼손, 계약상 권리 외의 타인의 권리의 침해로 인하여 생긴 손해에 관한 채권 및 그러한 손해를 방지 혹은 경감하기 위한 조치에 관한 채권 또는 그 조치의 결과로 인하여 생긴 손해에 관한 채권에 대하여는 제769조 내지 제774조(제769조제2호 및 제770조제1항제1호를 제외한다)의 규정에 따라 구조자도 책임을 제한할 수 있다.

②救助活動을 船舶으로부터 행하지 아니한 救助者 또는 救助를 받는 船舶에서만 행한 救助者는 第747條의 規定에 의한 責任의 限度額에 관하여 1千5百톤의 船舶에 의한 救助者로 본다.	②-- 제770조 -------------------------------------.
③(생 략)	③(현행 제752조의2제3항과 같음)
<신 설>	④제1항에서 "구조자"라 함은 구조활동에 직접 관련된 용역을 제공한 자를 말하며, "구조활동"이라 함은 해난구조 시의 구조활동은 물론 침몰·난파·좌초 또는 유기 그 밖의 해양사고를 당한 선박 및 그 선박 안에 있거나 있었던 적하 그 밖의 물건의 인양·제거·파괴 또는 무해조치 및 이와 관련된 손해를 방지 또는 경감하기 위한 모든 조치를 말한다.
第752條(責任制限의 節次) ①이 章의 規定에 의하여 責任을 제한하고자 하는 者는 債權者로부터 責任限度額을 초과하는 請求金額을 명시한 書面에 의한 請求를 받은 날부터 1年내에 法院에 責任制限節次開始의 申請을 하여야 한다.	제776조(책임제한의 절차) ①-- 절--.
②(생 략)	②(현행 제752조제2항과 같음)
第8章 船舶債權	제5절 선박담보
第861條(船舶優先特權있는 債權) ①다음의 債權을 가진 者는 船舶, 그 屬具, 그 債權이 생긴 航海의 運賃, 그 船舶과 運賃에 附隨한 債權에 對하여 優先特權이 있다.	제777조(선박우선특권 있는 채권) ①-------------- 선박·---.
1. 債權者의 共同利益을 爲한 訴訟費	1. ----------------------------

현행	개정안
用, 船舶과 屬具의 競賣에 關한 費用, 航海에 關하여 船舶에 課한 諸稅金, 導船料와 曳船料, 最後入港後의 船舶과 그 屬具의 保存費와 檢査費	--, 항해에 관하여 선박에 과한 제세금, 도선료·예선료, 최후 입항 후의 선박과 그 속구의 보존비·검사비
2.(생 략)	2.(현행 제861조제1항제2호와 같음)
3. 船舶의 救助에 對한 報酬와 共同海損의 分擔에 對한 債權	3. ----에 대한 해난구조로 인한 구조료 채권과--------------------
4. 船舶의 충돌로 인한 損害 기타의 航海事故로 인한 航海施設, 港灣施設 및 航路에 대한 損害와 船員이나 旅客의 生命, 身體에 대한 損害의 賠償債權	4. 선박의 충돌 그 밖의 항해사고로 인한 손해, 항해시설·항만시설 및 항로에 대한 손해---------------- 생명·------------------------ ----
②(생 략)	②(현행 제861조제2항과 같음)
第862條(船舶, 運賃에 附隨한 債權) 第861條의 規定에 依한 船舶과 運賃에 附隨한 債權은 다음과 같다.	제778조(선박·운임에 부수한 채권) 제777조------------------------- ----------------------.
1.· 2.(생 략)	1.· 2.(현행 제862조제1호 및 제2호와 같음)
3. 海洋事故 救助로 因하여 船舶所有者에게 支給할 報酬	3. 해난구조------------------- ----------------
第863條(運賃에 對한 優先特權) 運賃에 對한 優先特權은 支給을 받지 아니한 運賃, 支給을 받은 運賃으로 船舶所有者나 그 代理人이 所持한 金額에 限하여 이를 行使할 수 있다.	제779조(운임에 대한 우선특권) ------ ------------------------------ ---------------- 및 ----------- 운임 중 ----------------------- -------------------.
第864條(保險金等의 除外) 保險契約에 依하여 船舶所有者에게 支給할 保險金과 其他의 奬勵金이나 補助金에 對하여는 第862條의 規定을 適用하지 아니한다.	제780조(보험금 등의 제외) --------- ------------------------------ ---- 그 밖의 ----------------- ------ 제778조---------------- ------.
第865條(船舶使用人의 雇傭契約으로 因한 債權) 第861條第1項第2號의 規定에	제781조(선박사용인의 고용계약으로 인한 채권) 第777조제1항제2호-------

依한 債權은 雇傭契約存續中의 모든 航海로 因한 運賃의 全部에 對하여 優先特權이 있다.	--.
第866條(優先特權의 順位) ①同一航海로 因한 債權의 優先特權이 競合하는 때에는 그 優先의 順位는 第861條第1項 各號의 順序에 依한다.	제782조(동일항해로 인한 채권의 우선특권의 순위) ①-- 제777조제1항 ---------------------------.
②第861條第1項第第3號의 規定에 의한 債權의 優先特權이 競合하는 때에는 後에 생긴 債權이 前에 생긴 債權에 優先한다. 同一한 事故로 因한 債權은 同時에 생긴 것으로 본다.	②제777조제1항제3호--.
第867條(同前) ①(생　략)	제783조(수회항해로 관한 채권에 대한 우선특권의 순위) ①(현행 제867조제1항과 같음)
②第865條의 規定에 依한 優先特權은 그 最後의 航海에 關한 다른 債權과 同一한 順位로 한다.	②제781조---.
第868條(同一順位의 優先特權이 競合한 境遇) 第865條 내지 第867條의 規定에 依한 同一順位의 優先特權이 競合하는 때에는 各債權額의 比率에 따라 辨濟한다.	제784조(동일순위의 우선특권이 경합한 경우) 제781조 내지 제783조---.
第869條(優先特權의 追及權) (생　략)	제785조(우선특권의 추급권) (현행 제869조와 같음)
第870條(優先特權의 消滅) ①船舶債權者의 優先特權은 그 債權이 생긴 날로부터 1年내에 實行하지 아니하면 消滅한다. ②削除 <1991.12.31>	제786조(우선특권의 소멸) ---------------------------------- 날로부터 1년 내에 ---------------------.
第871條(船舶抵當權)	제787조(선박저당권)

현행	개정안
(생 략)	(현행 제871조와 같음)
第872條(船舶抵當權等과 優先特權의 競合) (생 략)	제788조(선박저당권 등과 우선특권의 경합) (현행 제872조와 같음)
第873條(登記船舶의 入質不許) (생 략)	제789조(등기선박의 입질불허) (현행 제783조와 같음)
第874條(建造中의 船舶에의 準用) 이 章의 規定은 建造中의 船舶에 準用한다.	제790조(건조 중의 선박에의 준용) -- 절 ------------------------------.
第4章 運 送	제2장 운송과 용선
第1節 物件運送	제1절 개품운송
第1款 通則	<삭 제>
第780條 (運送契約의 種類) 物件의 運送契約은 다음의 2種으로 한다. 1. 船舶의 全部 또는 一部를 物件의 運送에 提供함을 目的으로 하는 傭船契約 2. 個個의 物件의 運送을 目的으로 하는 契約	<삭 제>
<신 설>	제791조(개품운송계약의 의의) 개품운송계약은 운송인이 개개의 물건을 해상에서 선박으로 운송할 것을 인수하고, 송하인이 이에 대하여 운임을 지급하기로 약정함으로써 그 효력이 생긴다.
第785條(個品運送과 運送物의 제공) ① 個個의 물건을 運送契約의 目的으로 한 경우에는 送荷人은 當事者間의 合意 또는 船積港의 慣習에 의한 때와 곳에서 運送人에게 運送物을 제공하여야 한다.	제792조(운송물의 제공) ①송하인은 당사자 사이의 ---.
②(생 략)	②(현행 제785조제2항과 같음)

현행	개정안
第786條(運送에 必要한 書類의 交付) 傭船者 또는 送荷人은 船積期間內에 運送에 必要한 書類를 船長에게 交付하여야 한다.	제793조(운송에 필요한 서류의 교부) 송하인--.
第787條(堪航能力注意義務) (생 략)	제794조(감항능력주의의무) (현행 제787조와 같음)
第788條(運送物에 관한 注意義務) (생 략)	제795조(운송물에 관한 주의의무) (현행 제788조와 같음)
第789條(同前-免責事由) ①削除<1991.12.31> ②運送人은 다음 各號의 事實이 있었다는 것과 運送物에 關한 損害가 그 事實로 因하여 普通 생길 수 있는 것임을 證明한 때에는 이를 賠償할 責任을 免한다. 그러나 第787條와 第788條第1項의 規定에 의한 注意를 다하였더라면 그 損害를 避할 수 있었음에도 不拘하고 그 注意를 다하지 아니하였음을 證明한 때에는 그러하지 아니하다. 1. ~ 11.(생 략)	제796조(운송인의 면책사유) -- 제794조 및 제795조제1항---. 1. ~ 11.(현행 제789조제2항제1호 내지 제11호와 같음)
第789條의2(責任의 限度) ①第787條 내지 第789條의 規定에 의한 運送人의 損害賠償의 責任은 당해 運送物의 每包裝當 또는 船積單位當 500計算單位의 金額을 限度로 이를 制限할 수 있다. 그러나, 運送物에 관한 損害가 運送人 자신의 故意 또는 그 損害가 생길 염려가 있음을 認識하면서 無謀하게 한 作爲 또는 不作爲로 인하여 생긴 것인 때에는 그러하지 아니하다.	제797조(책임의 한도) ①제794조 내지 제796조-- 666.67 계산단위의 금액과 중량 1킬로그램당 2 계산단위의 금액 중 큰 -- 손해발생의 --.---------------

현행	개정안
	---------------.
②·③(생 략)	②·③(현행 제789조의2제2항 및 제3항과 같음)
④第1項 내지 第3項의 規定은 第746條 내지 第752條의 規定의 適用에 영향을 미치지 아니한다.	④------------------- 제769조 내지 제774조 및 제776조------------------------------.
⑤第1項의 計算單位는 第747條第5項의 規定에 의한 計算單位를 이른다.	⑤----------------- 제770조제5항 ---------------------- 말한다.
第789條의3(非契約的 請求에 대한 適用) ①이 章의 運送人의 責任에 관한 規定은 運送人의 不法行爲로 인한 損害賠償의 責任에도 이를 適用한다.	제798조(비계약적 청구에 대한 적용) ①-- 절--.
②(생 략)	②(현행 제789조의3제2항과 같음)
③第2項 本文의 경우에 運送人과 그 使用人 또는 代理人의 運送物에 대한 責任制限金額의 總額은 第789條의2第1項의 規定에 의한 限度를 초과하지 못한다.	③-- 제797조제1항--------------------------------------.
④(생 략)	④(현행 제789조의3제4항과 같음)
第790條(運送人의 責任輕減禁止) ①第787條 내지 第789條의3의 規定에 반하여 運送人의 義務 또는 責任을 輕減 또는 免除하는 當事者間의 特約은 效力이 없다. 運送物에 관한 保險의 이익을 運送人에게 讓渡하는 약정 또는 이와 유사한 약정도 또한 같다.	제799조(운송인의 책임경감금지) ①제794조 내지 제798조--사이의 --.
②(생 략)	②(현행 제790조제2항과 같음)
③第1項의 規定은 第787條의 規定에 반하는 경우를 제외하고 傭船契約에는 이를 適用하지 아니한다. 그러나, 傭船契約에 따라 船荷證券이 발행된 경우에 傭船者 이외의 船荷證券所持	<삭 제>

人에 대한 運送人의 義務 또는 責任에 관하여는 그러하지 아니하다.	
第791條(違法船積物의 處分) (생 략)	제800조(위법선적물의 처분) (현행 제791조와 같음)
第791條의2(危險物의 處分) (생 략)	제801조(위험물의 처분) (현행 제791조의2와 같음)
第799條(個品運送과 運送物의 受領) 個個의 물건의 運送을 契約의 目的으로 한 경우에 運送物의 到着通知를 받은 受荷人은 當事者間의 合意 또는 揚陸港의 慣習에 의한 때와 곳에서 지체없이 運送物을 受領하여야 한다.	제802조(운송물의 수령) 운송물의 도착통지를 받은 수하인은 당사자 사이의 합의 또는 양륙항의 관습에 의한 때와 곳에서 지체없이 운송물을 수령하여야 한다.
第803條(運送物의 供託등) (생 략)	제803조(운송물의 공탁 등) (현행과 같음)
第800條의2(運送物의 일부 滅失, 훼손에 관한 통지) (생 략)	제804조(운송물의 일부 멸실, 훼손에 관한 통지) (현행 제800조의2와 같음)
第801條(運賃) (생 략)	제805조(운송물의 중량·용적에 따른 운임) (현행 제801조와 같음)
第802條(同前) ①(생 략)	제806조(운송기간에 따른 운임) ①(현행 제802조제1항과 같음)
②第1項의 期間에는 不可抗力으로 因하여 船舶이 船積港이나 航海途中에서 碇泊한 期間 또는 航海途中에서 船舶을 修繕한 期間을 算入하지 아니한다. 第782條第2項 또는 第798條第2項의 境遇에 船積期間 또는 揚陸期間이 經過한 後 運送物을 船積 또는 揚陸한 日數도 이와 같다.	②--. <후단 삭제>
第800條(受荷人의 義務, 船長의 留置權) ①受荷人이 運送物을 受領하는 때에는 運送契約 또는 船荷證券의 趣旨에 따라 運賃, 附隨費用, 替當金, 碇泊料,	제807조(수하인의 의무, 선장의 유치권) ①-- 운임·부수비용·체당금·체선

運送物의 價額에 따른 共同海損 또는 海洋事故 救助로 因한 負擔額을 支給하여야 한다.	료, ---------------------------- 해난구조--------------------- -----------.
②(생 략)	②(현행 제800조제2항과 같음)
第804條(船舶所有者의 運送物競賣權) ① 運送人은 第800條第1項의 規定에 依한 金額의 支給을 받기 爲하여 法院의 許可를 얻어 運送物을 競賣하여 優先辨濟를 받을 權利가 있다.	제808조(운송인의 운송물경매권) ①--- ------ 제807조제1항------------ ------------------------------ ------------------------------ ------------------.
②(생 략)	②(현행 제804조제2항과 같음)
第806條(再運送契約과 船舶所有者의 責任) 傭船者가 자기의 名義로 第3者와 運送契約을 체결한 경우에는 그 契約의 履行이 船長의 職務에 속한 범위안에서 船舶所有者도 그 第三者에 대하여 第787條와 第788條의 規定에 의한 責任을 진다.	제809조(항해용선자 등과 개품운송계약시 선박소유자의 책임) 항해용선자 또는 정기용선자------------------ ------------------------------ ------------------------------ -- 제794조 및 제795조----------- --------------.
第807條(運送契約의 終了事由) ①(생 략)	제810조(운송계약의 종료사유) ①(현행 제807조제1항과 같음)
②第1項第1號 乃至 第3號의 事由가 航海途中에 생긴 때에는 傭船者 또는 送荷人은 運送의 比率에 따라 現存하는 運送物의 價額의 限度에서 運賃을 支給하여야 한다.	②-------------------------- --------------------- 송하인-- ------------------------------ ------------------------------ -----------.
第808條(法定事由로 因한 解除)	제811조(법정사유로 인한 해제 등)
①(생 략)	①(현행 제808조제1항과 같음)
②第1項의 事由가 航海途中에 생긴 境遇에 契約을 解止한 때에는 傭船者 또는 送荷人은 運送의 比率에 따라 運賃을 支給하여야 한다.	②-------------------------- ---------------------- 송하인-- ------------------------------ --------------------.
第809條(運送物의 一部에 關한 不可抗力) ①第807條第1項第4號와 第808條	제812조(운송물의 일부에 관한 불가항력) ①제810조제1항제4호 및 제811조

第1項의 事由가 運送物의 一部에 對하여 생긴 때에는 傭船者 또는 送荷人은 運送人의 責任이 加重되지 아니하는 範圍內에서 다른 運送物을 船積을 할 수 있다. ②傭船者 또는 送荷人이 第1項의 權利를 行使하고자 하는 때에는 遲滯없이 運送物의 揚陸 또는 船積을 하여야 한다. 그 揚陸 또는 船積을 懈怠한 때에는 運賃의 全額을 支給하여야 한다.	제1항------------------------ 송하인---- ---. ②송하인--.
第810條(船長의 積荷處分과 運賃) 運送人은 다음의 境遇에는 運賃의 全額을 請求할 수 있다.	제813조(선장의 적하처분과 운임) -------- 다음 각 호의 하나에 해당하는 ------------------------------.
1. 船長이 第774條第1項의 規定에 依하여 積荷를 處分하였을 때	1. ------ 제750조제1항----------------------------------
2. 船長이 第832條의 規定에 依하여 積荷를 處分하였을 때	2. ------ 제866조------------------------------------
第811條(運送人의 債權·債務의 消滅) 運送人의 傭船者, 送荷人 또는 受荷人에 대한 債權 및 債務는 그 請求原因의 如何에 불구하고 運送人이 受荷人에게 運送物을 引渡한 날 또는 引渡할 날부터 1年내에 裁判上 請求가 없으면 消滅한다. 그러나, 이 期間은 當事者의 合意에 의하여 연장할 수 있다. <신 설>	제814조(운송인의 채권·채무의 소멸) ① -------- 송하인 또는 수하인----- --. ②운송인이 인수한 운송을 다시 제3자에게 위탁한 경우에 송하인 또는 수하인이 제1항의 기간 내에 운송인과 배상 합의를 하거나 운송인에게 재판상 청구를 하였다면, 그 합의 또는 청구가 있은 날부터 3월이 경과하기 이전에는 그 제3자에 대한 운송인의 채권 · 채무

	는 제1항의 규정에 불구하고 소멸하지 아니한다. 운송인과 그 제3자 사이에 제1항과 동일한 취지의 약정이 있는 경우에도 또한 같다. ③제2항의 경우에 있어서 재판상 청구를 받은 운송인이 그로부터 3월 내에 그 제3자에 대하여 소송고지를 하면 3월의 기간은 그 재판이 확정 그 밖에 종료된 때부터 기산한다.
第812條(準用規定) 第134條, 第136條 乃至 第140條의 規定은 運送人에 準用한다.	제815조(준용규정) ---------------- -------------- 이 절에서 정한 운송인에 준용한다.
<신 설>	제816조(복합운송인의 책임) ① 운송인이 인수한 운송에 해상 외의 운송구간이 포함된 경우 운송인은 손해가 발생한 운송구간에 적용될 법에 따라 책임을 진다. ②어느 운송구간에서 손해가 발생하였는지 불분명한 경우 및 손해의 발생이 성질상 특정한 지역으로 한정되지 아니하는 경우에는 운송인은 주된 운송구간에 적용될 법에 따라 책임을 진다. ③제2항의 경우에 법원은 운송거리·운임 기타 제반사정을 참작하여 주된 운송구간을 정한다.
<신 설>	제817조(적용범위) 운송물의 수령지·선적지·양륙지 그 밖의 어느 한 곳이 대한민국인 경우에 있어서 운송인의 의무 또는 책임을 감경 또는 면제하는 것을 내용으로 하는 특약은 개품운송계약의 준거법에 관계없이 이 절의 규

현행	개정
	정에 의하여 허용되지 아니하는 범위 내에서는 무효이다.
第2節 旅客運送	제2절 여객운송
<신 설>	제818조(해상여객운송계약의 의의) 해상여객운송계약은 운송인이 특정한 여객을 출발지에서 도착지까지 해상에서 운송할 것을 인수하고, 이에 대하여 상대방이 운임을 지급할 것을 약정함으로써 그 효력이 생긴다.
第821條(記名式의 船票) (생 략)	제819조(기명식의 선표) (현행 제821조와 같음)
第822條(食事提供義務) 旅客의 航海中의 食事는 다른 約定이 없으면 運送人의 負擔으로 한다.	제820조(식사·거처제공의무 등) ①--.
第823條(船舶修繕中의 居處, 食事提供義務) ①航海의 中途에서 船舶을 修繕하는 境遇에는 運送人은 그 修繕中 旅客에게 相當한 居處와 食事를 提供하여야 한다. 그러나 旅客의 權利를 害하지 아니하는 範圍內에서 上陸港까지의 運送의 便宜를 提供한 때에는 그러하지 아니하다.	②--.
②第1項의 境遇에 旅客은 航海의 比率에 따른 運賃을 支給하고 契約을 解止할 수 있다.	③제2항--.
第824條(手荷物無賃運送義務) (생 략)	제821조(수하물무임운송의무) (현행 제824조와 같음)
第825條(乘船遲滯와 船長의 發航權) (생 략)	제822조(승선지체와 선장의 발항권) (현행 제825조와 같음)
第826條(旅客의 契約解除와 運賃) (생 략)	제823조(여객의 계약해제와 운임) (현행 제826조와 같음)

현행	개정안
第827條(法定事由에 依한 解除) (생 략)	제824조(법정사유에 의한 해제) (현행 제827조와 같음)
第828條(死亡한 旅客의 手荷物處分義務) (생 략)	제825조(사망한 여객의 수하물처분의무) (현행 제828조와 같음)
第829條(法定終了事由) 運送契約은 第807條第1項第1號 乃至 第3號의 事由로 因하여 終了한다. 그 事由가 航海의 中途에서 생긴 때에는 旅客은 運送의 比率에 따른 運賃을 支給하여야 한다.	제826조(법정종료사유) 운송계약은 제810조제1항제1호 내지 제3호---.
第830條(準用規定) ①第148條, 第787條, 第790條第1項과 第806條의 規定은 海上旅客運送에 準用한다.	제827조(준용규정) ①제148조·제794조·제799조제1항 및 제809조-----------------------------.
②第134條, 第136條, 第149條第2項, 第787條 내지 第791條의2, 第800條, 第800條의2, 第806條, 第808條와 第811條의 規定은 運送人이 委託을 받은 旅客의 手荷物의 運送에 準用한다.	②제134조·제136조·제149조제2항·제794조 내지 제801조·제804조·제807조·제809조·제811조 및 제814조--.
③第150條, 第789條의2第1項과 第4項, 第789條의3, 第790條第1項, 第806條와 第811條의 規定은 運送人이 委託을 받지 아니한 旅客의 手荷物에 準用한다.	③제150조, 제797조제1항·제4항, 제798조, 제799조제1항, 제809조 및 제814조--.
第831條(同前) 旅客運送을 하기 위하여 傭船契約을 체결한 경우에는 運送人과 傭船者의 관계에는 第781條, 第782條第1項, 第783條, 第784條, 第786條, 第787條, 第790條第1項, 第791條, 第792條 내지 第797條, 第802條, 第807條, 第808條와 第811條의 規定을 準用한다.	<삭 제>
<신 설>	제3절 항해용선
<신 설>	제828조(항해용선계약의 의의) ①항해용선계약은 특정한 항해를 할 목적으로

	선박소유자가 용선자에게 선원이 승무하고 항해장비를 갖춘 선박의 전부 또는 일부를 물건의 운송에 제공하기로 약정하고 용선자가 이에 대하여 운임을 지급하기로 약정함으로써 그 효력이 생긴다. ②이 절의 규정은, 그 성질에 반하지 아니하는 한 여객운송을 목적으로 하는 항해용선계약에도 준용한다. ③선박소유자가 일정한 기간 동안 용선자에게 선박을 제공할 의무를 지지만, 항해를 단위로 운임을 계산하여 지급하기로 약정한 경우에도, 그 성질에 반하지 않는 한, 이 절의 규정을 준용한다.
第781條(傭船契約과 運送契約書) 傭船契約의 當事者는 相對方의 請求에 依하여 運送契約書를 交付하여야 한다.	제829조(용선계약서) --- 용선계약서-----------------.
第782條(傭船契約과 船積準備完了의 通知, 船積期間) ①傭船契約을 締結한 境遇에는 運送人은 運送物을 船積함에 必要한 準備가 完了된 때에는 遲滯없이 傭船者에게 그 通知를 發送하여야 한다. ②(생 략) ③第2項의 期間을 經過한 後 運送物을 船積한 때에는 運送人은 相當한 報酬를 請求할 수 있다.	제830조(선적준비완료의 통지, 선적기간) ①선박소유자--. ②(현행 제782조제2항과 같음) ③-- 선박소유자-------------------------------.
第783條(第三者가 船積人인 境遇의 通知, 船積) (생 략)	제831조(제3자가 선적인인 경우의 통지·선적) (현행 제783조와 같음)
第784條(傭船者의 發航請求權, 船長의 發航權) ①·②(생 략)	제832조(용선자의 발항청구권, 선장의 발항권) ①·②(현행 제784조제1항 및

	제2항과 같음)
③第1項과 第2項의 境遇에는 傭船者는 運賃의 全額과 運送物의 全部를 船積하지 아니함으로 因하여 생긴 費用을 支給하고 또 運送人의 請求가 있는 때에는 相當한 擔保를 提供하여야 한다.	③제1항과 제2항의 경우에 -- 선박소유자--.
第792條(全部傭船의 發航前의 契約解除等) (생 략)	제833조(전부용선의 발항전의 계약해제 등) (현행 제792조와 같음)
第793條(一部傭船과 發航前의 契約解除等) ①一部傭船者나 送荷人은 다른 傭船者와 送荷人 全員과 共同으로 하는 境遇에 限하여 第792條의 解除 또는 解止를 할 수 있다.	제834조(일부용선과 발항전의 계약해제 등) ①--- 제833조--------------------------------.
②·③(생 략)	②·③(현행 제793조제2항 및 제3항과 같음)
第794條(附隨費用, 替當金等의 支給義務) ①傭船者나 送荷人이 第792條와 第793條第1項의 規定에 따라 契約을 解除 또는 解止를 한 때에도 附隨費用과 替當金을 支給할 責任을 免하지 못한다.	제835조(부수비용·체당금 등의 지급의무) ①--------------- 제833조 및 제834조제1항--.
②第792條第2項과 第3項의 境遇에는 傭船者나 送荷人은 第1項에 게기한 것 외에도 運送物의 價額에 따라 共同海損 또는 海洋事故 救助로 因하여 負擔할 金額을 支給하여야 한다.	②제833조제2항 및 제3항---.
第795條(船積, 揚陸費用의 負擔) 第793條와 第794條의 境遇에 運送物의 全部 또는 一部를 船積한 때에는 그 船積과 揚陸의 費用은 傭船者 또는 送荷人이 負擔한다.	제836조(선적·양륙비용의 부담) 제834조 및 제835조---.

第796條(船積期間內의 不船積의 效果) (생 략)	제837조(선적기간내의 불선적의 효과) (현행 제796조와 같음)
第797條(發航後의 契約解止) 發航後에는 傭船者나 送荷人은 運賃의 全額, 替當金, 碇泊料와 共同海損 또는 海洋事故救助의 負擔額을 支給하고 그 揚陸하기 爲하여 생긴 損害를 賠償하거나 이에 對한 相當한 擔保를 提供하지 아니하면 契約을 解止하지 못한다.	제838조(발항 후의 계약해지) ------, ------------------------체당금·체선료--------------- 해난구조---------------- -------- -- ----------------------.
第798條(傭船의 境遇와 運送物의 揚陸) ①傭船契約을 締結한 境遇에 運送物을 揚陸함에 必要한 準備가 完了된 때에는 船長은 遲滯없이 受荷人에게 그 通知를 發送하여야 한다. ②第782條第2項의 規定은 運送物의 揚陸期間의 計算에 準用한다. ③第2項의 期間을 經過한 後 運送物을 揚陸한 때에는 運送人은 相當한 報酬를 請求할 수 있다.	제839조(운송물의 양륙) ①운송물을 양륙함에 필요한 준비가 완료된 때에는 선장은 지체없이 수하인에게 그 통지를 발송하여야 한다. ②제830조제2항--------------------------------------. ③------ 양륙기간-------------- ---------- 선박소유자는 ------- --------------.
<신 설>	제840조(선박소유자의 책임경감금지) ①제794조의 규정에 반하여 이 절에서 정한 선박소유자의 의무 또는 책임을 경감 또는 면제하는 당사자 사이의 특약은 효력이 없다. 운송물에 관한 보험의 이익을 선박소유자에게 양도하는 약정 또는 이와 유사한 약정도 또한 같다. ②제799조제2항의 규정은 제1항의 경우에 준용한다.
第811條(運送人의 債權·債務의 消滅) 運送人의 傭船者, 送荷人 또는 受荷人에 대한 債權 및 債務는 그 請求原因의	제841조(선박소유자의 채권·채무의 소멸) ①선박소유자의 용선자 또는 수하인---------------------------

현행	개정안
如何에 불구하고 運送人이 受荷人에게 運送物을 引渡한 날 또는 引渡할 날부터 1年내에 裁判上 請求가 없으면 消滅한다. 그러나, 이 期間은 當事者의 合意에 의하여 연장할 수 있다.	------------------------------ ------------------------------ ------- 2년 내에 -------------- ------. 이 경우 제814조제1항 단서의 규정을 준용한다.
<신 설>	②제1항의 기간을 단축하는 선박소유자와 용선자의 약정은 이를 운송계약에 명시적으로 기재하지 아니하면 그 효력이 없다.
<신 설>	제842조(준용규정) ①제134조, 제136조, 제137조, 제140조, 제793조 내지 제797조, 제798조제1항 내지 제3항, 제800조, 제801조, 제803조, 제804조제1항 내지 제4항, 제805조 내지 제808조와 제810조 내지 제813조의 규정은 항해용선계약에 준용한다. ②제1항에 따라 제806조의 운임을 계산함에 있어 제830조제2항의 선적기간 또는 제839조제2항의 양륙기간이 경과한 후에 운송물을 선적 또는 양륙한 경우에는 그 기간 경과 후의 선적 또는 양륙기간에 산입하지 아니하고 제830조제3항 및 제839조제3항에 따라 별도로 보수를 정한다.
<신 설>	제4절 정기용선
第812條의2(定期傭船契約의 意義) 定期傭船契約은 船舶所有者 또는 賃借人이 傭船者에게 船員이 乘務하고 航海裝備를 갖춘 船舶을 일정한 期間동안 航海에 사용하게 할 것을 약정하고 傭船者가 이에 대하여 期間으로 정한 傭	제843조(정기용선계약의 의의) ------ -------- 선박소유자가 용선자에게 ------------------------------ ------------------------------ ------------------------------ ------------------------------

船料를 支給할 것을 약정함으로써 그 效力이 생긴다.	-----------------------------.
第812條의3(定期傭船者의 船長指揮權) (생 략)	제844조(정기용선자의 선장지휘권) (현행 제812조의3과 같음)
第812條의4(船舶所有者의 運送物留置權 및 競賣權) ①第800條第2項과 第804條의 規定은 定期傭船者가 船舶所有者에게 傭船料, 替當金 기타 이와 유사한 定期傭船契約에 의한 債務를 이행하지 아니하는 경우에 準用한다. 그러나, 船舶所有者는 定期傭船者가 발행한 船荷證券을 善意로 取得한 第三者에게 對抗하지 못한다.	제845조(선박소유자의 운송물유치권 및 경매권) ①제807조제2항 및 제808조---------------------------------- 용선료·------ 그 밖에 --.
②(생 략)	②(현행 제812조의4제2항과 같음)
第812條의5(傭船料의 延滯와 契約解止 등) (생 략)	제846조(용선료의 연체와 계약해지 등) (현행 제812조의4와 같음)
第812條의6(定期傭船契約上의 債權의 消滅) 定期傭船契約에 관하여 발생한 當事者間의 債權은 船舶이 船舶所有者에게 返還된 날부터 1年내에 裁判上 請求가 없으면 消滅한다. 그러나, 第811條 但書의 규정은 이 경우에 準用한다.	제847조(정기용선계약상의 채권의 소멸) ①---------------------------------- 사이의 ------------------------------------ 2년 내에 ------------------. ------ 제814조제1항 단서-------------------------.
<신 설>	②제841조제2항의 규정은 제1항에 준용한다.
<신 설>	제5절 나용선
<신 설>	제848조(나용선계약의 의의) ①나용선계약은 용선자의 관리·지배 하에 선박을 운항할 목적으로 선박소유자가 용선자에게 선박을 제공할 것을 약정하고 용선자가 이에 따른 용선료를 지급

	할 것을 약정함으로써 그 효력이 생긴다. ②선박소유자가 선장 그 밖의 해원을 공급할 의무를 지는 경우에도 용선자의 관리·지배 하에서 해원이 선박을 운항하는 것을 목적으로 하면 이를 나용선계약으로 본다.
<신 설>	제849조(법적 성질) ①나용선계약은 그 성질에 반하지 아니하는 한 「민법」상 임대차에 관한 규정을 준용한다. ②용선기간이 종료된 후에 용선자가 선박을 매수 혹은 인수할 권리를 갖는 경우 및 금융의 담보를 목적으로 채권자를 선박소유자로 하여 나용선계약을 체결한 경우에도 용선기간 중에는 당사자 사이에서는 이 절의 규정에 따라 권리와 의무가 있다.
第765條(船舶賃借人의 登記請求權, 登記의 效力) ①船舶賃借人은 船舶所有者에 對하여 賃貸借登記에 協力할 것을 請求할 수 있다. ②船舶賃貸借를 登記한 때에는 그 때로부터 第三者에 對하여 效力이 생긴다.	제850조(나용선자의 등기청구권, 등기의 효력) ①나용선자는 ------------- --------나용선등기------------- -------------. ②나용선을 ----------------- 때부터 ---------------------------.
第766條(船舶賃借와 第三者에 對한 法律關係) ①船舶賃借人이 商行爲 其他 營利를 目的으로 船舶을 航海에 使用하는 境遇에는 그 利用에 關한 事項에는 第三者에 對하여 船舶所有者와 同一한 權利義務가 있다. ②(생 략)	제851조(나용선과 제3자에 대한 법률관계) ①나용선자가 ------ 그 밖에 ------------------------------ ------------------------------ ------------------------------ -------------. ②(현행 제766조제2항과 같음)
<신 설>	제852조(나용선계약상의 채권의 소멸)

현행	개정안
	①나용선계약에 관하여 발생한 당사자 사이의 채권은 선박이 선박소유자에게 반환된 날부터 2년 내에 재판상 청구가 없으면 소멸한다. 그러나, 제814조제1항 단서의 규정은 이 경우에 준용한다. ②제841조제2항의 규정은 제1항에 준용한다.
第2款 船荷證券	제6절 운송증서
第813條(船荷證券의 發行) ①運送人은 運送物을 受領한 後 傭船者 또는 送荷人의 請求에 依하여 1通 또는 數通의 船荷證券을 交付하여야 한다. ②運送人은 運送物을 船積한 後 傭船者 또는 送荷人의 請求에 依하여 1通 또는 數通의 「船積」 船荷證券을 交付하거나 第1項의 船荷證券에 船積의 뜻을 表示하여야 한다. ③(생 략)	제853조(선하증권의 발행) ①------------------------ 송하인---. ②--------------------------송하인----------------------------------- 선적 ---. ③(현행 제813조제3항과 같음)
第814條(船荷證券의 기재사항) ①船荷證券에는 다음의 사항을 기재하고 運送人이 記名捺印 또는 署名하여야 한다. 1. ~ 10.(생 략) <신 설> <신 설> ②·③(생 략) ④運送人이 船荷證券에 기재된 通知受領人에게 運送物에 관한 통지를 한 때에는 傭船者 또는 送荷人 및 船荷證	제854조(선하증권의 기재사항) ①--. 1. ~ 10.(현행 제814조제1항제1호 내지 제10호와 같음) 11. 운송인의 성명 또는 상호 12. 운송인의 주된 영업소 소재지 ②·③(현행 제814조제2항 및 제3항과 같음) ④--- 송하인 ------------------

현행법	개정안
券所持人 기타 受荷人에게 통지한 것으로 본다.	-- 그 밖의 -----------------------------.
第814條의2(船荷證券 기재의 效力) 第814條第1項의 規定에 따라서 船荷證券이 발행된 경우에는 運送人이 그 證券에 기재된 대로 運送物을 受領 또는 船積한 것으로 推定한다. 그러나 運送人은 船荷證券을 善意로 取得한 第三者에게 對抗하지 못한다.	제855조(선하증권 기재의 효력) ①제854조제1항의 규정에 따라 선하증권이 발행된 경우, 운송인과 송하인 사이에 선하증권에 기재된 대로 개품운송계약이 체결되고 운송물을 수령 또는 선적한 것으로 추정한다.
<신 설>	②제1항의 선하증권을 선의로 취득한 소지인에 대하여 운송인은 선하증권에 기재된 대로 운송물을 수령 혹은 선적한 것으로 보고 선하증권에 기재된 바에 따라 운송인으로서 책임을 진다.
<신 설>	제856조(용선계약과 선하증권) ①용선자의 청구가 있는 경우 선박소유자는 운송물을 수령한 후에 제853조 및 제854조의 규정에 따라 선하증권을 발행한다. ②제1항의 규정에 따라 선하증권이 발행된 경우 선박소유자는 선하증권에 기재된 대로 운송물을 수령 또는 선적한 것으로 추정한다. ③제3자가 선의로 제1항의 선하증권을 취득한 경우 선박소유자는 제855조제2항의 규정에 따라 운송인으로서 권리와 의무가 있다. 용선자의 청구에 따라 선박소유자가 제3자에게 선하증권을 발행한 경우에도 또한 같다. ④제3항의 경우에 그 제3자는 제834조 내지 제836조 및 제838조에서의 송하

	인으로 본다. ⑤제3항의 경우 제799조의 규정에 위반하여 운송인으로서의 의무와 책임을 감경 또는 면제하는 특약을 하지 못한다.
第815條(謄本의 交付) (생 략)	제857조(등본의 교부) (현행 제815조와 같음)
第816條(數通의 船荷證券과 揚陸港에 있어서의 運送物의 引渡) (생 략)	제858조(수통의 선하증권과 양륙항에 있어서의 운송물의 인도) (현행 제816조와 같음)
第817條(數通의 船荷證券과 揚陸港外에서의 運送物의 引渡) (생 략)	제859조(수통의 선하증권과 양륙항외에서의 운송물의 인도) (현행 제817조와 같음)
第818條(2人以上 所持人에 依한 運送物引渡請求와 供託) ①(생 략) ②船長이 第816條第1項의 規定에 依하여 運送物의 一部를 引渡한 後 다른 所持人이 運送物의 引渡를 請求한 境遇에도 그 引渡하지 아니한 運送物에 對하여는 第1項과 같다.	제860조(2인 이상 소지인에 의한 운송물인도청구와 공탁) ①(현행 제818조제1항과 같음) ②------ 제858조제1항--.
第819條(數人의 船荷證券所持人의 順位) ①第818條의 規定에 依하여 供託한 運送物에 對하여는 數人의 船荷證券所持人에게 共通되는 前者로부터 먼저 交付를 받은 證券所持人의 權利가 다른 所持人의 權利에 優先한다. ②(생 략)	제861조(수인의 선하증권소지인의 순위) ①제860조-- 전 소지인으로부터 --. ②(현행 제819조제2항과 같음)
第820條(準用規定) 第129條, 第130條, 第132條와 第133條의 規定은 船荷證券에 準用한다.	제862조(준용규정) 제129조 · 제130조 · 제132조와 제133조의 규정은 제853조 및 제856조의 선하증권에 준용한다.
<신 설>	제863조(전자선하증권) ①제853조 또는

현행법	개정안
	제856조의 선하증권을 발행하는 대신에 송하인 또는 용선자의 동의를 얻어 법무부장관이 지정하는 등록기관에 등록을 하는 방식으로 전자선하증권을 발행할 수 있다. ②전자선하증권에는 제854조제1항 각 호의 정보가 포함되어야 하며, 운송인이 전자서명을 하여 송신하고 용선자 또는 송하인이 이를 수신하여야 그 효력이 생긴다. ③전자선하증권의 권리자는 배서의 뜻을 기재한 전자문서를 작성한 다음 전자선하증권을 첨부하여 지정된 등록기관을 통하여 상대방에게 송신하는 방식으로 그 권리를 양도할 수 있다. ④제3항에 정한 방식에 따라 전자적 배서를 상대방이 수신하면 제853조 및 제856조의 선하증권을 배서하여 교부한 것과 동일한 효력이 있고, 제2항 및 제3항의 전자문서를 수신한 권리자는 제853조 및 제856조의 선하증권을 교부받은 소지인과 동일한 권리를 취득한다. ⑤전자선하증권의 등록기관의 지정요건, 발행 및 배서의 전자적인 방식, 운송물의 구체적인 수령절차 그 밖에 필요한 사항은 대통령령으로 정한다.
<신 설>	제864조(해상화물운송장의 발행) ①운송인은 용선자 또는 송하인의 청구가 있으면 제853조 또는 제856조의 선하증권을 발행하는 대신 해상화물운송장

	을 발행할 수 있다. 해상화물운송장은 당사자 사이의 합의에 따라 전자식으로도 발행할 수 있다. ②해상화물운송장에는 해상화물운송장임을 표시하는 외에 제854조제1항 각 호 사항을 기재하고 운송인이 기명날인 또는 서명하여야 한다. ③제854조제2항 및 제4항은 이를 해상화물운송장에 준용한다.
<신 설>	제865조(해상화물운송장의 효력) ①제864조제1항의 규정에 따라 해상화물운송장이 발행된 경우 운송인이 그 운송장에 기재된 대로 운송물을 수령 또는 선적한 것으로 추정한다. ②운송인이 운송물을 인도함에 있어 해상화물운송장에 기재된 수하인 또는 그 대리인임을 확인하기 위한 모든 합리적인 주의를 다하였음을 증명하는 경우에는 운송물의 수령인이 권리자가 아니었다 하더라도 운송인은 그 책임을 면한다.
<신 설>	제3장 해상위험
第5章 共同海損	제1절 공동해손
第832條(共同海損의 要件) (생 략)	제866조(공동해손의 요건) (현행 제832조와 같음)
第833條(共同海損의 分擔) (생 략)	제867조(공동해손의 분담) (현행 제833조와 같음)
第834條(共同海損分擔額의 算定) (생 략)	제868조(공동해손분담액의 산정) (현행 제834조와 같음)
第835條(共同海損分擔者의 有限責任) 第	제869조(공동해손분담자의 유한책임) 제

현행	개정안
833條와 第834條의 規定에 依하여 共同海損의 分擔責任이 있는 者는 船舶이 到達하거나 積荷를 引渡한 때에 現存하는 價額의 限度에서 責任을 진다.	867조 및 제868조---.
第836條(共同海損의 損害額算定) (생 략)	제870조(공동해손의 손해액산정) (현행 제836조와 같음)
第837條(責任있는 者에 對한 求償權) (생 략)	제871조(책임있는 자에 대한 구상권) (현행 837조와 같음)
第838條(共同海損分擔除外) (생 략)	제872조(공동해손분담제외) (현행 제838조와 같음)
第839條(共同海損分擔請求에서의 除外) ①(생 략)	제873조(공동해손분담청구에서의 제외) ①(현행 제839조제1항과 같음)
②甲板에 積載한 荷物에 對하여도 第1項과 같다. 그러나 沿岸航行의 境遇에는 그러하지 아니하다.	②-------------------------------------. ----- 갑판에 선적하는 것이 관습상 허용되는 경우와 그 항해가 연안항행에 해당되는 경우에는 그러하지 아니하다.
第840條(積荷價格의 不實記載와 共同海損) (생 략)	제874조(적하가격의 부실기재와 공동해손) (현행 제840조와 같음)
第841條(共同海損인 損害의 回復) (생 략)	제875조(공동해손인 손해의 회복) (현행 제760조와 같음)
第842條(共同海損債權의 消滅) 共同海損으로 인하여 생긴 債權 및 第837條에 의한 求償債權은 그 計算이 종료한 날부터 1年내에 裁判上 請求가 없으면 消滅한다. 그러나, 第811條 但書의 規定은 이 경우에 準用한다.	제876조(공동해손 채권의 소멸) -------------------------- 제871조---. ------ 제814조제1항 단서---------------------.
第6章 船舶衝突	제2절 선박충돌
第843條(船舶衝突에의 適用法規) 航海船相互間 또는 航海船과 內水抗行船間의 衝突이 있은 境遇에 船舶 또는 船	제877조(선박충돌에의 적용법규) ①---

船內에 있는 物件이나 사람에 關하여 생긴 損害의 賠償에 對하여는 어떠한 水面에서 衝突한 때라도 이 章의 規定을 適用한다.	--- 절------- ----------.
<신 설>	②이 절에서 "선박의 충돌"이라 함은 2척 이상의 선박이 그 운용상 작위 또는 부작위로 다른 선박 또는 선박 내에 있는 사람 또는 물건에 손해를 생기게 하는 것을 말하며, 직접적인 접촉의 유무를 묻지 아니한다.
第844條(不可抗力으로 因한 衝突) (생 략)	제878조(불가항력으로 인한 충돌) (현행 제844조와 같음)
第845條(一方의 過失로 因한 衝突) (생 략)	제879조(일방의 과실로 인한 충돌) (현행 제845조와 같음)
第846條(雙方의 過失로 因한 衝突) ①·②(생 략)	제880조(쌍방의 과실로 인한 충돌) ①·②(현행 제846조와 같음)
第847條(導船士의 過失로 因한 衝突) 船舶의 衝突이 導船士의 過失로 因하여 發生한 境遇에도 船舶所有者는 第845條와 第846條의 規定에 依하여 損害를 賠償할 責任이 있다.	제881조(도선사의 과실로 인한 충돌) 선박의 충돌이 도선사의 과실로 인하여 발생한 경우에도 선박소유자는 제879조 및 제880조의 규정을 준용하여 손해를 배상할 책임이 있다.
第848條(船舶衝突債權의 消滅) 船舶의 충돌로 인하여 생긴 損害賠償의 請求權은 그 충돌이 있은 날부터 2年내에 裁判上 請求가 없으면 消滅한다. 그러나, 第811條 但書의 規定은 이 경우에 準用한다.	제882조(선박충돌채권의 소멸) -- --, 제814조제1항 단서----------- ---------.
第7章 海洋事故 救助	제3절 해난구조
第849條(海洋事故 救助의 要件) 航海船 또는 그 積荷 其他의 物件이 어떠한 水面에서 危難에 遭遇한 境遇에도 義	제883조(해난구조의 요건) ---------- ---------- 그 밖의 ------------ ------------------ 경우에는 --

현행법	개정안
務없이 이를 救助한 者는 그 結果에 對하여 相當한 報酬를 請求할 수 있다. 航海船과 內水抗行船間의 救助도 같다.	------------------------------ ------------------------------ -------------------- 구조의 경우에도 또한 같다.
第850條(救助料의 決定) 救助의 報酬에 關한 約定이 없는 境遇에 그 額에 對하여 當事者間에 合意가 成立하지 아니한 때에는 法院은 當事者의 請求에 依하여 危難의 程度, 救助의 勞力, 費用과 救助의 效果, 環境損害防止를 위한 노력 其他의 諸般事情을 參酌하여 그 額을 定한다.	제884조(보수의 결정) ------------ ------------------------------ ---------- 사이에 ------------ ------------------------------ ------ 구조된 선박 기타 재산의 가액, 위난의 정도, 구조자의 노력과 비용, 구조자나 그 장비가 조우했던 위험의 정도, ---------------------- -------- 그 밖의 -------------- ----------.
第852條(救助料의 限度) ①(생 략)	제885조(보수의 한도) ①(현행 제852조와 같음)
<신 설>	제886조(환경손해방지작업에 대한 특별보상) ①선박 또는 그 적하로 인하여 환경손해가 발생할 우려가 있는 경우에 손해의 경감 또는 방지의 효과를 수반하는 구조작업에 종사한 구조자는 구조의 성공 여부 및 제885조의 규정과 상관없이 구조에 소요된 비용을 특별보상으로 청구할 수 있다. ②제1항에서 "비용"이라 함은 구조작업에 실제로 지출한 합리적인 비용 및 사용된 장비와 인원에 대한 정당한 보수를 말한다. ③구조자는 구조작업으로 인하여 발생할 환경손해가 실제로 감경 또는 방지된 때에는 보상의 증액을 청구할 수 있고, 법원은 제884조의 사정을 참작

	하여 증액 여부 및 그 금액을 정한다. 그러나 이에 따라 증액된다 하더라도 구조료는 제1항의 비용의 배액을 초과할 수 없다. ④구조자의 고의 또는 과실로 인하여 손해의 감경 또는 방지에 지장을 가져온 경우 법원은 제1항 및 제3항에서 정한 금액을 감액 혹은 부인할 수 있다. ⑤하나의 구조작업을 시행한 구조자가 제1항 내지 제4항에서 정한 특별보상을 청구하는 것 외에 제883조에서 정한 보수도 청구할 수 있는 경우 그 중 큰 금액을 구조료로 청구할 수 있다.
<신 설>	제887조(구조료의 지급의무) 선박소유자와 그 밖의 구조된 재산의 권리자는 그 구조된 선박 또는 재산의 가액에 비례하여 구조에 대한 보수를 지급하고 특별보상을 하는 등 구조료를 지급할 의무가 있다.
第851條(約定救助料의 變更請求) <신 설>	제888조(구조에 관한 약정) ①당사자가 미리 구조계약을 하고 그 계약에 따라 구조가 이루어진 경우에도 그 성질에 반하지 아니하는 한 구조계약에서 정하지 아니한 사항은 이 절의 규정을 준용한다.
海洋事故당시에 救助의 報酬額에 關한 約定을 한 境遇에도 그 額이 顯著하게 不當한 때에는 法院은 第850條의 事情을 參酌하여 그 額을 增減할 수 있다.	②해난 당시에 구조료의 금액에 대하여 -------------- 금액---------- -------------------- 제884조-- ----------------- 금액---------- --------.

第853條(共同救助者間의 救助料分配) ① 數人이 共同으로 救助에 從事한 境遇에 그 報酬額分配의 比率에 關하여는 第850條의 規定을 準用한다. ②人命의 救助에 從事한 者도 第1項의 規定에 따라 救助의 報酬額의 分配를 받을 수 있다.	제889조(공동구조자간의 구조료분배) ① ---------------------------------- 구조료의 분배비율---------- 제884조-----------------. ②-------------------------------------- 구조료------------------------.
第854條(一船舶內部의 救助料分配) ①船舶이 救助에 從事하여 그 報酬를 받은 境遇에는 먼저 船舶의 損害額과 救助에 要한 費用을 船舶所有者에게 支給하고 殘額을 折半하여 船長과 海員에게 支給하여야 한다. ②第1項의 規定에 依하여 海員에게 支給할 報酬額의 分配는 船長이 各海員의 勞力, 그 效果와 事情을 參酌하여 그 航海의 終了前에 分配案을 作成하여 海員에게 告示하여야 한다.	제890조(1선박내부의 구조료분배) ①------------------- 구조료--. ②-------------------------------- 구조료--.
第855條(曳船의 救助의 境遇) 曳船의 本船 또는 그 積荷에 對한 救助에 關하여는 曳船契約의 履行으로 볼 수 없는 特殊한 勞力을 提供한 境遇가 아니면 救助의 報酬를 請求하지 못한다.	제891조(예선의 구조의 경우) -- 구조료-------------.
第856條(同一所有者에 屬한 船舶間의 報酬) 同一所有者에 屬한 船舶의 相互間에 있어서도 救助에 從事한 者는 相當한 報酬를 請求할 수 있다.	제892조(동일소유자에 속한 선박간의 보수) --- 구조료---------------.
第857條(救助料請求權없는 者) 다음의 者는 救助의 報酬를 請求하지 못한다. 1.(생 략) 2. 故意 또는 過失로 因하여 海洋事故를 惹起한 者	제893조(구조료 청구권 없는 자) ------------- 구조료---------------. 1.(현행 제857조제1호와 같음) 2. --------------------- 해난사고 ----------

3.·4.(생 략)	3.·4.(현행 제857조제3호 및 제4호와 같음)
第858條(救助者의 優先特權) ①救助에 從事한 者의 報酬債權은 救助된 積荷에 對하여 優先特權이 있다. 그러나, 債務者가 그 積荷를 第三取得者에게 引渡한 後에는 그 積荷에 對하여 이 權利를 行使하지 못한다. ②第1項의 優先特權에는 船舶債權者의 優先特權에 關한 規定을 準用한다.	제894조(구조자의 우선특권) ①------------------ 구조료채권---. ②-------------- 그 성질에 반하지 아니하는 한 제777조---.
第859條(救助料支給에 關한 船長의 權限) ①船長은 報酬를 支給할 債務者에 갈음하여 그 支給에 關한 裁判上 또는 裁判外의 모든 行爲를 할 權限이 있다. ②船長은 그 報酬에 關한 訴訟의 當事者가 될 수 있고 그 確定判決은 救助의 報酬額의 債務者에 對하여도 效力이 있다.	제895조(구조료지급에 관한 선장의 권한) ①------ 구조료---. ②-------- 구조료--------------------------------------- 구조료-----------------------.
第860條(救助料請求權의 消滅) 救助에 대한 報酬의 請求權은 救助가 완료한 날부터 2年내에 裁判上 請求가 없으면 消滅한다. 그러나, 第811條 但書의 規定은 이 경우에 準用한다.	제896조(구조료청구권의 소멸) 구조료청구권--. ------, 제814조제1항 단서---------------------.

찾아보기(국문)

ㅅ

ㅇ

기타

찾아보기(영문)

서 동 희(徐 東 熙)

1960년 전북 정읍 출생

서울대학교 법과대학 졸업	1984. 2. 법학사
Tulane 대학교 법과대학원 졸업	1996 .5. 해상법 석사(LL.M. in Admiralty)
사법연수원 (15기) 수료	1985. 12.
김 · 장 법률사무소	1992-2000.5.
뉴욕 주 변호사 자격취득	1997. 2.
해양수산부 고문변호사	2001. 2.-현재
법무부 상법개정특별분과 위원회 위원	2004. 6.-2005. 6.

〈주요 논문〉

선주책임제한절차의 준거법(1998. 6. 법조)
국제항공화물인도와 관련된 법률문제(2000. 4. 한국해법학회지 제22권 1호)
Recent Developments in Korea Maritime Law Improved Shipowners Remedy in Wrongful Arrest(Spring 2002. Tulane Maritime Law Journal)
수입화물의 흐름에 대한 실무적 이해(2006. 12. 국제거래 법학회지 제15권 2호)
LOF 2000의 도입의 배경 및 주요조항에 대한 검토(2007. 4. 한국해법학회지 제29권 제1호)

사례별로 본
실무해상법 · 해상보험법

2007년 6월 11일 초판 인쇄
2007년 6월 15일 초판 1쇄발행

저 자 서 동 희
발행인 배 효 선
발행처 도서출판 法 文 社

413-756 경기도 파주시 교하읍 문발리 526-3
등 록 1957년 12월 12일 제 2-76호 (윤)
전화 031-955-6500~6, 팩스 031-955-6500
e-mail(영업) : bms @ bobmunsa. co. kr
(편집) : edit66 @ bobmunsa. co. kr
홈페이지 http : // www. bobmunsa. co. kr
조 판 대 경 문 화 사

정가 23,000 원
ISBN 978-89-18-01865-2